上海高水平地方高校重点创新团队
"中国特色社会主义涉外法治体系研究"项目资助

Competition Promotion of
Public-Private Partnerships in Public Utilities

公用事业公私合作的竞争促进

王秋雯 著

北京大学出版社
PEKING UNIVERSITY PRESS

图书在版编目(CIP)数据

公用事业公私合作的竞争促进/王秋雯著. —北京:北京大学出版社,2023.6
ISBN 978-7-301-34022-6

Ⅰ.①公… Ⅱ.①王… Ⅲ.①公用事业—政府投资—合作—社会资本—研究—中国 Ⅳ.①F832.48 ②F124.7

中国国家版本馆 CIP 数据核字(2023)第 089962 号

书　　　名	公用事业公私合作的竞争促进 GONGYONG SHIYE GONGSI HEZUO DE JINGZHENG CUJIN
著作责任者	王秋雯　著
责 任 编 辑	刘秀芹
标 准 书 号	ISBN 978-7-301-34022-6
出 版 发 行	北京大学出版社
地　　　址	北京市海淀区成府路 205 号　100871
网　　　址	http://www.pup.cn　新浪微博:@北京大学出版社
电 子 信 箱	zpup@pup.cn
电　　　话	邮购部 010-62752015　发行部 010-62750672　编辑部 021-62071998
印 刷 者	河北滦县鑫华书刊印刷厂
经 销 者	新华书店 730 毫米×1020 毫米　16 开本　14.5 印张　260 千字 2023 年 6 月第 1 版　2023 年 6 月第 1 次印刷
定　　　价	58.00 元

未经许可,不得以任何方式复制或抄袭本书之部分或全部内容。
版权所有,侵权必究
举报电话:010-62752024　电子信箱:fd@pup.cn
图书如有印装质量问题,请与出版部联系,电话:010-62756370

目录
contents

第一章 绪 论 ······ 001
一、研究意义 ······ 001
二、国内外研究现状综述 ······ 002
三、研究方法与研究框架 ······ 008

第二章 公用事业引入竞争机制的理论基础 ······ 011
一、公用事业自然垄断理论之反思 ······ 011
二、可竞争市场理论 ······ 013
三、公共选择理论 ······ 014
四、产权理论与委托代理理论 ······ 015
五、标尺竞争管制与特许权投标竞争管制理论 ······ 017
六、管制契约引入竞争的相关理论 ······ 019

第三章 放松管制趋势下公用事业公私合作中的竞争政策定位 ······ 021
一、公用事业管制政策与竞争政策的经济学与法学理论 ······ 023
二、放松管制趋势下公私合作对公用事业的竞争性重塑 ······ 027
三、放松管制趋势下公用事业管制政策的竞争促进功能 ······ 029
四、放松管制趋势下竞争政策在受管制公用事业中的功能 ······ 032
五、公用事业公私合作中管制政策与竞争政策的协调 ······ 035

第四章 公用事业公私合作中的限制竞争问题 ······ 040
一、公用事业公私合作模式中的垄断协议问题 ······ 040
二、公用事业公私合作模式中的滥用市场支配地位问题 ······ 046
三、公用事业公私合作项目企业经营者集中的垄断问题 ······ 050

四、公用事业公私合作模式中的行政垄断问题 ············ 053
　　五、公用事业公私合作模式中的竞争性缔约问题 ·········· 057
　　六、我国公用事业公私合作模式垄断问题的典型案例评析 ····· 060
　　七、我国台湾地区相关法律实践 ····················· 074

第五章　比较法视域下公用事业公私合作的竞争规制 ············ 084
　　一、国际组织发布的涉及公私合作竞争规制的相关规范 ······ 084
　　二、主要国家和地区公私合作法律制度中的竞争规制 ········ 101

第六章　公用事业公私合作中竞争促进的竞争执法实现路径 ······ 140
　　一、公用事业公私合作中的竞争价值 ·················· 142
　　二、公用事业公私合作模式的竞争规制 ················ 144
　　三、公用事业公私合作中垄断规制与监管制度的协调 ······ 168
　　四、公私合作中竞争抑制的法律责任与司法救济 ·········· 174

第七章　公用事业公私合作中竞争促进的竞争倡导实现路径 ······ 182
　　一、公用事业公私合作中通过竞争倡导路径促进竞争的
　　　　必要性 ··· 182
　　二、完善公用事业公私合作的法律制度体系 ············· 184
　　三、在涉及竞争问题的立法时落实"公平竞争审查"机制 ····· 189
　　四、逐步缩减公用事业领域的反垄断法适用除外 ·········· 191
　　五、推动产业管制与竞争政策的协调运作，共同促进公私合作
　　　　模式的竞争性 ····································· 193
　　六、通过改善准入管制来扩大公用事业公私合作的私人参与 ··· 194
　　七、在公用事业公私合作中采用促进竞争的契约设计 ······· 197
　　八、建立监管中立的政策环境，促进公用事业公私合作
　　　　的竞争 ··· 202

主要参考文献 ··· 207

后记 ··· 225

第一章
绪 论

一、研究意义

公用事业领域的公私合作（Public-Private Partnership，PPP）是指公共行政部门与私人部门围绕公用事业的投资与经营而建立起来的不同合作模式，从而实现政府公共部门的职能并同时也为民营部门带来利益。[1] 广义的 PPP 是指，在政府公共部门与私人部门合作过程中，允许私人部门的资源参与提供公共产品和服务，从而既能够实现政府公共部门的职能，也能够同时为私人部门带来好处。其管理模式包含与这种公部门与私部门合作特点相符的诸多各种具体形式。通过这种公部门与私部门合作的过程，可以更有效地为社会提供公共产品和服务，同时也可以适当满足私营部门的投资盈利目标，使有限的资源发挥更大的作用。[2] 狭义的 PPP 是指，政府与私人部门组成特殊目的载体（Special Purpose Vehicle，SPV），引入社会资本，共同设计开发，共同承担风险，在项目运营全过程中政府资本和社会资本进行合作，项目期满后再移交给政府的公共服务开发与运营方式。本书将在广义上使用 PPP 概念，在更为广义的范围内讨论公用事业公私合作的竞争促进。

2013 年 11 月 12 日中国共产党第十八届中央委员会第三次全体会议通过的《中共中央关于全面深化改革若干重大问题的决定》明确指出，要积极发展

---

[1] 贾康、孙洁：《公私合作伙伴关系（PPP）的概念、起源与功能》，载《经济研究参考》2014 年第 13 期，第 6 页。

[2] 贾康、孙洁：《公私合作伙伴机制：新型城镇化投融资的模式创新》，载《中共中央党校学报》2014 年第 1 期，第 64—65 页。

混合所有制经济，实现国有资本、集体资本、非公有资本等交叉持股、相互融合。PPP作为一种公共资源配置与公共服务提供的模式，不仅是混合所有制经济改革的具体形式，也是转变政府职能、拓宽公共产品和公共服务供给渠道的重要方式。[①] 目前，PPP被视为化解地方政府债务风险、减轻财政压力、开启民间投资的重要手段。在此轮PPP热潮中，财政部和国家发改委均颁发指导意见要求地方政府大力推广PPP模式。然而，公私合作制绝非简单的产权改革，而是市场机制回归与政府监管革新相互作用、良性互动的过程。竞争机制与有效监管是PPP成功的关键。若没有法治主导、竞争机制保障以及成熟的治理文化，不仅政府部门与私营部门"利益共享、风险共担"的合作将被行政垄断彻底挫败，民众利益也会因为"政企合谋"受到侵害。就中国的实践来看，PPP模式还处于地方政府探索和实践阶段，缺少系统的法律制度安排和必要的"顶层设计"来维持有序竞争，实施有效监管。缺少法治主导，而仅靠相互冲突的部门指导意见，不但无法消除PPP中的各种利益冲突，反而有可能引发立法冲突和监管失效问题，而且可能面临管制俘获、国有资产流失的风险。[②] 因此，如何通过法律制度在PPP过程中维持适度竞争、约束行政特权、规制垄断行为，是本书希望解决的核心问题。

二、国内外研究现状综述

（一）国内研究现状综述

国内对于公用事业的研究成果非常丰富，包括公用事业民营化、市场化、特许经营、政府采购等诸多论题，但公用事业领域公私合作的研究则集中在近10年。在中国期刊网全文数据库（包括学术期刊、博硕士论文、重要报纸与会议论文）中以"公私合作"为主题检索词的文献共计1937篇，其中法学文献共计330篇（包括行政法类216篇、经济法类95篇、法理学类19篇）。现有研究主要体现出两大特点：

[①] 陈婉玲：《公私合作制的源流、价值与政府责任》，载《上海财经大学学报》2014年第5期，第77页。

[②] 喻文光：《PPP规制中的立法问题研究——基于法政策学的视角》，载《当代法学》2016年第2期，第77页。

第一章
绪 论

一是对 PPP 的研究主要集中在经济学与管理学领域，不仅有涉及宏观经济学、政治经济学、管理学的理论研究，还有应用 PPP 解决交通运输、卫生医疗、教育体制、农业保险、城镇化进程中的投融资、保障性住房等涉及国计民生具体问题的应用研究。从这些研究所采用的理论框架来看，有代表性的包括：以代理理论为视角研究 PPP 的具体运作思路，并探索与具体运行相适应的 PPP 交易治理模式。[①] 采用信息论与契约理论考查 PPP 的效率，发现适当的 PPP 合同条款设计及规制模式设计，是在公私合作模式下实现公共服务供给效率的关键。重点特别在于如何将 PPP 项目的运营收益和运营风险在公共和民营部门之间进行适当配置。[②] 也有研究从公共选择理论与管制理论出发分析 PPP 下的合适监管模式。[③] 最有代表性的研究则从经济制度主义理论入手研究 PPP 的出现与中国经济、政治制度的互动关系，认为 PPP 这种公私合作新型关系的出现，是在旧的制度土壤——缺乏一般性的法律、政府角色不明确以及监管体系不健全——里发生的，虽然 PPP 取得了一些局部的成功，但失败的案例也不乏其数，因此它能否带动基本正式制度的建立，抑或被旧的制度惯性淹没或扭曲，目前尚难预料。[④] 这些经济学、管理学研究为法学研究，尤其是以法律经济分析为主要方法的研究奠定了扎实的理论基础，现有关于 PPP 的法学研究也在一定程度上借鉴了其他学科的研究结论。但可惜的是，法学研究较少关注真正影响经济学研究、管理学研究变迁的理论基础，仍然集中在法律解释、法条起草、公私法二元论划分为基础的研究，缺少站在经济学研究、管理学研究巨人肩膀上将其信息理论、代理理论、管制理论、国家理论、制度变迁理论、公共选择理论与法学研究融会贯通之成果。

二是法学类研究主要集中在行政法、经济法方向。行政法研究主要关注 PPP 中的行政权约束、政府责任、行政法研究范式转变，提出了以下三个方面的问题：（1）PPP 中政府承担着"三重角色"，既是规则的制定者，又是公

[①] 汤伟钢等：《公共项目交易中的治理模式研究》，载《财经问题研究》2006 年第 7 期，第 71—76 页。
[②] 赖丹馨、费方域：《公私合作制（PPP）的效率：一个综述》，载《经济学家》2010 年第 7 期，第 98 页。
[③] 刘燕：《公共选择、政府规制与公私合作：文献综述》，载《浙江社会科学》2010 年第 6 期，第 108—114 页。
[④] 余晖、秦虹主编：《公私合作制的中国试验——中国城市公用事业绿皮书 No.1》，上海：上海人民出版社 2005 年版，第 1 页。

共服务的采购者和提供者,还是市场监管者,因此必须合理界定政府多重角色的各自限度,防止其将行政权滥用到民事活动中;[①](2)PPP中公共部门通常因其行政特权而处于强势地位,致使私人部门在寻求救济方面要屈服于公共部门,因此需要运用公私法原则约束行政特权,考虑将政府违约纳入国家赔偿;[②](3)PPP将传统行政法的二元主体扩展至行政主体、私人主体与作为消费者的民众之间的"三方关系",这种主体多元化、公与私相互依赖所带来的合作治理模式要求学术界对PPP中的"聚合责任"现象进行研究,探索私人主体承担行政法义务的可行性。[③] 上述研究对于PPP中行政权约束乃至行政法的未来走向具有重大价值,但其缺陷在于忽视了PPP中行政权滥用所可能产生的垄断问题,完全把PPP中垄断规制问题的研究交给经济法学者,造成了行政垄断规制与行政控权制度的割裂,会使未来PPP法律制度的"顶层设计"缺少统筹协调与宏观视野。

经济法研究涉及公用事业、公用事业民营化、市场化过程及其中的政府管制、公共利益保护等诸多问题,尤其关注公用事业民营化后的垄断问题。较早主张在公用事业领域引入竞争机制的是史际春与肖竹,其研究强调公用事业管理监督机构与PPP项目具体出资者之间的政资分离与政企分离,纯化政府公共事务管理者的角色,以消除潜在的利益冲突,从而使监管者真正维护市场公平竞争。[④] 也有研究注意到"公用事业企业"滥用优势地位、卡特尔等垄断行为,主张对公用事业企业的竞争性业务与自然垄断性业务进行分离,构建不同的监管与治理模式,将其竞争性业务向市场开放。[⑤] 有研究提出以《中华人民共和国反垄断法》(以下简称《反垄断法》)为核心确立公用企业垄断力滥用行为规制制度的观点,并认为应从规制目标、规制范围、规制主体、配套制度的完善等多方面构建一个较为完善的公用企业垄断力滥用行为规制制度体系。[⑥] 还有研究将公用事业中的行业价格垄断作为关键点,认为有效规制价格

[①] 湛中乐、刘书燃:《PPP协议中的法律问题辨析》,载《法学》2007年第3期,第61页。
[②] 邹焕聪:《国家担保责任视角下公私协力国家赔偿制度的构建》,载《天津行政学院学报》2013年第6期,第80页。
[③] 高秦伟:《私人主体的行政法义务?》,载《中国法学》2011年第1期,第166页。
[④] 史际春、肖竹:《公用事业民营化及其相关法律问题研究》,载《北京大学学报(哲学社会科学版)》2004年第4期,第84页。
[⑤] 胡鞍钢、过勇:《从垄断市场到竞争市场:深刻的社会变革》,载《改革》2002年第1期,第22页。
[⑥] 郑艳馨:《论公用企业滥用垄断力行为》,载《河北法学》2011年第11期,第96—104页。

垄断有利于重塑公用事业的行业管理体制。[①] 这些研究对于我国破除公用事业垄断问题具有重要意义，甚至在一定程度上促进了反垄断法的出台，但其不足在于：(1) 公用事业PPP中的各种垄断形式仍尚待厘清与全面总结。(2) 较多研究单纯以公用事业为研究对象，忽视了近年来公私合作为公用事业带来的动态改变，会导致公私合作在提升公用事业竞争性上的作用被低估。

我国台湾地区自1989年开始推动公用事业公私合作，从20世纪90年代至今已经累积了较多的学术研究成果。与大陆研究的文献数量特征一致，我国台湾地区在公用事业PPP的研究上也是以行政法领域的文献数量最多。代表性学者包括林明锵[②]、程明修[③]、詹镇荣[④]等，其研究涉及PPP项目企业所从事任务属性的定性问题（行政任务还是单纯私经济活动）、PPP法律关系的定性问题（行政行为、行政契约、普通契约还是公私混合契约）、PPP合宪性、甄审决定之正当程序与递补签约机制、竞争者无歧视程序、国家最后担保责任与国家赔偿，以及由PPP引发的公法私法化、经济行政法、公经济法等法学理论变迁。也有研究从公司治理视角研究公用事业PPP，具体论述PPP中公用事业企业释股方式与经营权归属、员工权益保障等问题。虽然研究偏重于从公司治理视角研究PPP，但也注意到公用事业PPP的垄断问题。例如，王文宇指出，在公营事业民营化后应积极规划相关法规环境，从而确保过去近乎处于垄断地位的事业在完成民营化之后能够稳健地运行下去，使消费者权益在仍

---

① 卞彬：《论公用事业行业垄断价格的特征与规制》，载《经济体制改革》2007年第1期，第34页。
② 林明锵：《BOT契约与给付拒绝：评台北高等行政法院九五年诉字第二七一〇号判决》，载《台湾法学杂志》2007年第6期；林明锵：《促进民间参与公共建设法事件法律性质之分析》，载《台湾法学杂志》2006年第5期；林明锵：《公营事业组织民营化之法律问题——以公营事业移转民营条例为中心》，载《月旦法学》2013年第10期；林明锵：《促进民间参与公共建设法制与检讨——从地方自治团体有效管制观点出发》，载《月旦法学》2014年第11期。
③ 程明修：《经济行政法中"公私协力"行为形式的发展》，载《月旦法学》2000年第4期；程明修：《公私协力契约相对人之选任争议——以"最高行政法院"九十五年判字第一二三九号判决（ETC案）之若干争点为中心》，载《月旦法学》2006年第11期；程明修：《公私协力契约与行政合作法：以德国联邦行政程序法之改革构想为中心》，载《兴大法学》2010年第7期。
④ 詹镇荣：《论民营化类型中之"公私协力"》，载《月旦法学》2003年第11期；詹镇荣：《促进民间参与公共建设法之现实与理论——评台北高等行政法院之ETC相关裁判》，载《月旦法学》2006年第7期；詹镇荣：《民营化后国家影响与管制义务之理论与实践——以组织私法化与任务私人化之基本型为中心》，载《东吴法律学报》2003年第1期；詹镇荣：《论公私协力法制上之"递补签约机制"》，载《月旦法学》2014年第2期；詹镇荣：《公私协力与行政合作法》，台北：新学林出版股份有限公司2014年版。

具垄断性质的市场结构下能够获得保障。[①] 此外，还有研究关注公用事业PPP中的契约关系，并探索诸如情势变更、诚实信用、协商修约等民法原则在PPP中的适用。[②]

苏永钦较早开始关注公用事业公私合作中的垄断与不公平交易问题，重点探讨了民营化与解除管制下竞争政策如何定位的问题。[③] 2012年台电与民营电厂之间的纠纷使学者们更为关注公用事业公私合作模式中公平交易的法律问题。有研究从竞争政策与产业管制政策协调的视角探索PPP垄断规制问题，主张维持产业竞争政策与产业辅助原则的衡平运作，将公用事业中可竞争性部分与不可竞争性部分分离，将法律规范透明化从而明确政府可以介入的情况。[④] 这些研究既有理论深度，又有重要的实践价值，但仍然存在一些不足之处：（1）虽有众多研究涉及公用事业PPP，但是对于其中垄断问题的研究仍然只有少数文献，因此对于这一问题的研究亟待深入；（2）现有比较研究主要以德国法学理论、欧盟相关法律规定、德国民营化实践为参照对象，对英国、美国等国家PPP的相关法律制度与实践关注相对较少，因此在比较研究上缺乏全球化视野。

（二）国外研究现状综述

20世纪末，英国政府日益面临预算紧张和公共服务需求多元化的双重压力，提出民营化与公私合作的概念，并得到西方发达国家的广泛响应。基于PPP在发达国家的广泛使用，国外学者对该问题有较为全面和深入的研究。在理论研究上，最有代表性的当属美国民营化与公私伙伴关系理论方面的著名学者萨瓦斯（E.S. Savas），其在分析了公用事业的公共物品属性与其市场结构的自然垄断特征的基础上，指出引入私人部门来建设和运营公用事业可以通过引入自由市场机制提高经济绩效。[⑤]

[①] 王文宇：《政府、民间与法律：论公营事业民营化的几个基本问题》，载《月旦法学》1998年第4期，第37页。

[②] 王文宇：《正本清源——评台电与民营电厂纷争涉及的多重法律议题》，载《月旦法学》2013年第6期，第73—80页。

[③] 苏永钦：《自由化、解除管制与公平交易法》，载《月旦法学》1997年第2期，第15—21页。

[④] 王文宇：《正本清源——评台电与民营电厂纷争涉及的多重法律议题》，载《月旦法学》2013年第6期，第70页。

[⑤] 〔美〕E.S. 萨瓦斯：《民营化与公私部门的伙伴关系》，周志忍等译，北京：中国人民大学出版社2002年版，第124—125页。

第一章 绪 论

然而，对 PPP 效果的实证研究结果却与理论研究存在较大差异。例如，有研究显示，引入私人资本后欧盟和发展中国家公用事业整体价格涨幅超过一般物价增长水平。[1] 与理论研究不一致的实践结果引起学界反思制度、产权、竞争与公共品供给效率之间的关系。垄断与限制竞争问题一直是民营化与 PPP 遭受诟病的原因之一。[2] 学术研究开始强调竞争机制对于提升公用事业运营效率的重要作用。诺贝尔经济学奖获得者斯蒂格利茨（Joseph Stiglitz）认为，在维持垄断的前提下实施 PPP 不能起到改进绩效的作用。[3] 另外一位诺贝尔经济学奖获得者梯若尔（Jean Tirole）也强调在受规制网络产业中竞争机制的重要作用，认为即使公用事业只允许一家企业获得经营权，政府也可以通过拍卖经营权来创造竞争。[4]

还有研究指出，PPP 能否成功与法律制度以及规制框架之间有明显联系。例如，耶鲁大学的恩格尔（Eduardo Engel）等人在对成功的 PPP 项目的制度进行研究后指出，法律制度与法治环境对于 PPP 的成功而言至关重要。在缺乏法治的环境中，PPP 项目的投资者可能会被敲诈，或遭受监管部门的盘剥，还可能因为项目运营良好的高回报率而面临被征用或者收回的风险。这些会限制私营部门参与具有长期性的 PPP 项目。[5] 彭斯瑞（Nutavoot Pongsiri）的研究显示，如果在推进 PPP 模式的过程中缺乏与之相匹配的监管制度，公用事业企业就容易成为实际的市场垄断者，当企业的利润目标与公共利益目标相冲突时，政府便不得不以重新启动行政命令的方式管制企业经营活动，从而

---

[1] David Hall, Evaluating Network Services in Europe: A Critique of the EC Evaluation of the Performance of Network Industries, Public Services International Research Unit, Working Paper, 2006, p. 25; David Hall and Emanuele Lobina, Pipe Dreams: The Failure of the Private Sector to Invest in Water Services in Developing Countries, Public Services International Research Unit, Working Paper, 2006, p. 51.

[2] Alexander Volokh, Privatization and Competition Policy, in Thomas K. Cheng et al., Competition and the State, Stanford, California: Stanford University Press, 2014, p. 15.

[3] Joseph Stiglitz, Promoting Competition in Telecommunications, CEER Working Paper Series No. 2, 1999, p. 7.

[4] 〔法〕让-雅克·拉丰、让·梯若尔：《政府采购与规制中的激励理论》，石磊、王永钦译，上海：格致出版社、上海三联书店、上海人民出版社 2014 年版，第 259 页。

[5] Eduardo Engel et al., Public-Private Partnerships: When and How, July 19, 2008, https://www.researchgate.net/publication/251176256_Public-Private_Partnerships_When_and_How, p. 17, last visited on October 20, 2020.

背离 PPP 模式的初衷。① 目前，学术界的共识是，PPP 能否成功依赖于竞争机制的存在与有效治理规则的建立。

尽管如此，国外有关 PPP 理论与实践的研究仅供我国制度构建参考，而不宜奉为圭臬。一则因为制度背景和治理文化的差异，西方有关 PPP 的研究往往受到放松规制理论的指导和推动，由于国外公用事业行业政府管制的制度条件与经济条件与中国有很大差异，与经济乃至政治制度改革和转型相联系的研究往往较为少见，未必完全适合中国的实践。二则因为中国的公用事业由于存在国家垄断、经济垄断、行政垄断、自然垄断等多种垄断形态和多种利益的交织而呈现出特异性和复杂性，国外学者往往对于中国的垄断样态、经济体制与司法制度缺乏深入了解。因此，他山之石能否为我所用，尚有待进一步的比较研究。

三、研究方法与研究框架

（一）研究方法

1. 文献分析方法。配合所研究的公用事业公私合作中的垄断问题，笔者认真检视国内外有关公用事业民营化、公私合作问题与垄断问题的文献，包括公用事业民营化、公私合作与垄断规制的专著、学术期刊、博硕士论文、政府出版物、报刊、有关的最新报道及相关论述，在此基础上加以归纳、整理，并随时补充、修正研究内容，以求最大限度地使本书更具前瞻性。文献研究的对象不仅包括国内外学术资料，还包括国内外较为成功的公用事业 PPP 项目的契约文本。

2. 比较研究方法。公用事业公私合作浪潮，就经济发展阶段言，涵盖发达国家、发展中国家等不同经济发展程度的国家；在经济制度上，无论是资本主义国家还是社会主义国家，皆有推动公私合作的实践；在地理分布上，不限于某一地区或国家，在全球范围内广泛地开展；在各国公私合作的产业项目选择上，也并未集中于某些特定产业，而是广泛地遍及农业、工业建筑、医疗、

---

① Nutavoot Pongsiri, Regulation and Public Private Partnership, International Journal of Public Sector Management, Volume 15, Issue 2, 2002, pp. 487-495.

服务业等各个产业。这一公私合作潮流,可以说已经成为一种超越地域、经济制度、产业及经济发展阶段的全球性行动。因此,笔者将对西方国家与我国的制度环境和PPP治理文化,特别是PPP竞争治理方面进行比较研究,以期通过这种比较研究的方法汲取各国在公用事业公私合作改革中的经验。考虑到我国台湾地区的民营化实践开始较早,而且无论是治理模式还是法律制度体系都与大陆有着紧密的历史联结,本书不仅将对我国台湾地区公用事业PPP有关的竞争促进制度进行分析,还将重点分析台电与民营电厂纠纷案等PPP案例,以此为大陆公用事业PPP治理提供借鉴。透过纠纷案件暴露出的制度不足,预先考量解决办法与应对策略,探索大陆PPP竞争促进制度的构建。

3. 法律经济分析方法。著名法学家波斯纳(Richard Posner)的《自然垄断与管制》被认为是法学领域有关公用事业规制研究领域的重要著作。这一著作成功地将经济学的研究方法与范式应用到法学领域关于公用事业规制问题的研究之中,为法律经济学的发展奠定了基础。本书将充分学习借鉴波斯纳的法经济学研究方法与理论框架,尝试利用经济学,尤其是政治经济学中管制理论等分析PPP治理的竞争促进问题。

4. 法制度主义分析方法。从经济制度主义和历史制度主义中汲取灵感,"法律制度主义"(Legal Institutionalism)的研究理论与框架正成为英美法学界的新亮点。以皮斯托(Katharina Pistor)、米尔哈特(Curtis Milhaupt)、霍奇森(Geoffrey Hodgson)等为代表的学者将这一分析架构广泛应用于产权、契约、公司治理、金融规制、法律与资本主义等一系列研究对象中,在西方产生了较大的学术影响。本书试图将这一新的尝试应用到我国PPP治理与反垄断法律制度的分析中。

5. 融入产业组织理论、新规制经济学方法。新规制经济学最重要的特点是将激励问题引入规制分析之中,将规制问题视为一个如何设计最优机制的问题。从组织经济学的视角来看,PPP是"混合型组织"(Hybrid Organization)在公共部门的延伸,它具有混合型组织的一般特点:一方面,组成PPP的公私合作双方既相互依存又相对独立,因此存在一定的不稳定性;另一方面,获得更高的准剩余是PPP双方共享资源、进行长期合作的主要激励,只有通过适当的利润分享、责任分担和风险分担机制设计才能实现资源共享与长期合作。PPP还具有不同于一般的生产性混合型组织的特殊性:一方面,PPP的效率实现主要体现在增进社会福利上,另一方面,作为PPP一方的政府,其目标往往具有多元化、复杂性的特质,而且政府拥有广泛的资源及政治权威,将增加 PPP 契约执行和修订上的不确定性。[1] 本书结合 PPP 在组织结构上的这些特点,探索如何完善公用事业公私合作的法律规制体系,如何通过契约缔结和契约修订的程序以及政府担保责任机制推动公用事业 PPP 项目的竞争性。

(二) 研究框架

本书以公用事业 PPP 项目的有效治理规则构建、竞争机制维护为立足点,以实现组织效率、保护公共利益为原则,使 PPP 的竞争促进制度建构既重视实现 PPP 项目的组织效率,保护公共利益,又要重视私人投资者利益的保护。第一,从理论上挑战公用事业的垄断传统,论证公用事业需要引入竞争机制,并将分析嵌入中国的制度背景中,构成整个研究的理论基础。第二,从 PPP 的价值诉求、产业管制与竞争规制协调、行业监管与竞争治理的结合互动视角,论述公用事业 PPP 中的竞争政策定位。主张公用事业 PPP 中的竞争促进应当坚持政府适当干预下的竞争,维持产业竞争政策与产业辅助政策的平衡运作,共同推动 PPP 的有效开展。第三,在竞争促进的实现方式上,充分考虑到我国现阶段反垄断法治、竞争环境与竞争文化尚不成熟,在 PPP 竞争促进的实现方式上既注重竞争执法路径中的竞争促进,也注重竞争倡导路径中的竞争促进。在竞争执法层面,根据美国民营化与公私伙伴关系理论方面的著名学者萨瓦斯有关 PPP 实现方式的分析框架讨论竞争规制问题,以突显委托授权、政府撤资、政府淡出的不同 PPP 实现方式中竞争法律规制的不同侧重点,探索如何通过将政府规制与竞争规制进行有效协调,构建政府与市场良性互动的公用事业发展机制,以及公私合作中竞争抑制的法律责任与司法救济问题。在竞争促进层面,提出为了促进经济性规制的理性发展,首要任务在于建立更为一贯适用的制度框架,以制度理性引领公用事业公私合作的可持续发展。主张我国公用事业公私合作竞争倡导制度构建的重点在于完善公用事业公私合作的法律制度供给,落实公平竞争审查制度,逐步缩减公用事业领域的反垄断法适用除外,通过改善准入管制来扩大社会资本参与,健全对管制的竞争评估,推动竞争性磋商以及建立公私企业监管中立的法律与政策环境。

---

[1] 赖丹馨、费方域:《公私合作制(PPP)的效率:一个综述》,载《经济学家》2010 年第 7 期,第 98 页。

第二章
公用事业引入竞争机制的理论基础

一、公用事业自然垄断理论之反思

公用事业具有自然垄断（Natural Monopoly）的特性，因此国外对公用事业的研究最早在自然垄断理论的框架内进行。自然垄断理论回答了公用事业中垄断得以存在的经济学基础。基于公用事业具有服务提供上的必需性、规模经济性、固定资本投资的巨额性和资本沉淀性的特征，传统理论认为公用事业多具有自然垄断性质，需要政府直接经营或由政府管制。穆勒（John Stuart Mill）在其《政治经济学原理》一书中首先提出自然垄断概念，并强调在公用事业服务中传输设施重复建设所可能导致的浪费问题。[①] 史普博（Daniel Spulber）在其名著《管制与市场》中将自然垄断定义为："自然垄断是指这样一种生产技术特征：面对一定规模的市场需求，与两家或更多的企业相比，某单个企业能够以更低的成本供应市场。自然垄断起因于规模经济或多样产品生产经济。"[②] 瓦尔拉斯（Leon Walras）通过对铁路建设营运的研究将产业的自然垄断特征与国家管制联系在一起，建议国家以公共物品和自然垄断为由对铁路业进行管制以维护公共利益，国家所有和对运营企业进行价格控制是国家干预的两种方式。[③]

[①] John Stuart Mill, Principles of Political Economy, William J. Ashley ed., New York: A. M. Kelley, 1965, p. 962.

[②] 〔美〕丹尼尔·F. 史普博：《管制与市场》，余晖等译，上海：格致出版社、上海三联书店、上海人民出版社 2008 年版，第 4 页。

[③] Leon Walras, The State and the Railways, translated by P. Holmes, Journal of Public Economics, Volume 13, Issue 1, 1980, pp. 81-100.

公用事业公私合作的竞争促进

政府直接经营公用事业或由政府管制公用事业的具体理由体现在三个方面：第一，当经营公用事业的企业在市场上处于独家垄断地位时，如果不存在任何外部监管与约束，它就不再是市场中的"价格接受者"（Price Taker），而成为市场中的"价格制定者"（Price Maker），为了获得独家垄断利润，可能制定出远超过成本的价格。因此，为了防止经营公用事业的企业设定垄断价格，维护社会分配公正，它们需要由政府直接经营或由政府管理。第二，如果缺少政府的规制，在信息不对称的情况下，很多企业就可能会盲目进入自然垄断产业，由于自然垄断产业的高投资成本，这种多家企业的重复投资会造成社会资源的浪费。因此，需要由政府进行规制，抑制企业盲目过度地进入市场，提升社会生产效率。[1] 第三，为了确保公用企业满足社会对公共产品的普遍需求，保证公共服务在定价上的合理性以及服务提供过程的可靠性和稳定性，维护其他需要接入自然垄断业务的经营者的接入权，也需要政府对运营公用事业的企业进行价格、质量、接入等方面的规制。[2]

但随着经济学研究的演进，人们逐渐认识到公用事业的自然垄断特征并不足以构成公用事业由政府专营或公权力垄断的基础：首先，正如柏格（Sanford Berg）和奇尔哈特（John Tschirhart）的研究指出，政府规制能够克服自然垄断的潜在缺陷，但是规制自然垄断可以采用多种规制方式，确立政府所有权仅是多种规制方式中的一种，价格监管、特许制度、质量控制、激励机制的构建等其他规制方式也可以达到有效的规制效果。[3] 其次，自然垄断的强弱程度在每种公用事业之间以及公用事业产业内部业务之间呈现不同状态，有必要区分每一公用事业内部的自然垄断性业务和可竞争性业务，在不同的产业层级中引入竞争机制，以解决公共服务政府提供机制的无效率问题。[4] 最后，从消费者权利保护视角，即使在具有自然垄断性质的业务上，也可以通过特许权竞争等制度构建通过引入事前竞争确保公用事业服务提供的价格与质量。德姆塞

---

[1] Giles H. Burgess, Jr., The Economics of Regulation and Antitrust, New York: Harper Collins College Publishers, 1995, pp. 43-44.

[2] 王俊豪：《垄断性产业市场结构重组后的分类管制与协调政策——以中国电信、电力产业为例》，载《中国工业经济》2005年第11期，第71页。

[3] Sanford V. Berg and John Tschirhart, Natural Monopoly Regulation: Principles and Practice, New York: Cambridge University Press, 1988, p. 480.

[4] 史际春、肖竹：《公用事业民营化及其相关法律问题研究》，载《北京大学学报（哲学社会科学版）》2004年第4期，第80页。

茨（Harold Demsetz）就提出在公用事业领域开展特许权投标竞争，以事前竞争力量替代正常的市场竞争，通过在市场准入环节引入竞争机制实现低价位优质的公共服务供给。[1]

世界银行指出，决策者或监管机构通过开放市场和促进竞争，将经营者置于竞争压力中，有三种基本路径。第一种路径是让多家运营商在市场上竞争客户，这被称为"市场内的竞争"（Competition in the Market），例子包括多个移动通信服务提供商和多个发电厂运营商。第二种路径为"为获得市场而竞争"（Competition for the Market），是让运营商通过竞标获得服务提供商的权利来竞争市场。通过特许经营投标经营城市供水系统就是此种方法的一个例子。[2] 为获得市场而进行的竞争可以对市场内竞争实现某种形式的替代。[3] 第三种路径被称为"市场间竞争"（Competition between Markets），也称为"标尺竞争"（Yardstick Competition），是让不同市场的运营商通过比较其运营的效率和效果进行竞争，并奖励那些表现优异的运营商。[4]

二、可竞争市场理论

可竞争市场理论（Theory of Contestable Markets）由美国新福利经济学家鲍莫尔（William Baumol）等人提出。鲍莫尔、潘扎（John Panzar）和威利格（Robert Willig）于1982年在《可竞争市场与产业结构理论》一书中所建立的框架解决了规模经济与完全自由竞争之间的"马歇尔冲突"难题（Marshall's Dilemma）。[5] 可竞争市场理论假定：第一，所有企业都具备相同

---

[1] Harold Demsetz, Why Regulate Utilities?, Journal of Law and Economics, Volume 11, Issue 1, 1968, p. 56.

[2] World Bank Body of Knowledge on Infrastructure Regulation, First Approach: Competition, http://regulationbodyofknowledge.org/overview/first-approach-competition/, last visited on October 20, 2020.

[3] Eduardo Engel et al., Public-Private Partnerships: When and How, July 19, 2008, https://www.researchgate.net/publication/251176256_Public-Private_Partnerships_When_and_How, p. 14, last visited on October 20, 2020.

[4] World Bank Body of Knowledge on Infrastructure Regulation, First Approach: Competition, http://regulationbodyofknowledge.org/overview/first-approach-competition/, last visited on October 20, 2020.

[5] William J. Baumol, John C. Panzar and Robert D. Willig, Contestable Markets and the Theory of Industry Structure, New York: Harcourt Brace Jovanovich, 1982.

技术，并且能够有效使用技术，其产品也相似，与现有在位企业相比，潜在的进入者在生产技术、产品质量、成本等方面不存在劣势；第二，企业进入和退出市场是完全自由的；第三，所有消费者和企业都能够获取完备的价格信息与需求信息。潜在的进入者可以采取"打了就跑"（Hit and Run）的策略，即使是短暂的盈利机会也会促使潜在竞争者进入市场，参与竞争。在原有竞争者和潜在竞争者之间的不断博弈中，市场机制作为"看不见的手"起着资源优化配置的调节作用。根据可竞争市场理论，只要市场准入和退出自由，市场中即使存在垄断也并不必然导致福利损失，垄断者会出于对潜在进入者的担心而采取符合市场供求的价格策略，市场准入和退出自由使垄断者无法获取超额垄断利润。[①] 即使在自然垄断结构的市场中，潜在企业的进入威胁可以有效地制约在位企业，因为潜在的进入者也能够对现有在位企业的定价策略施加竞争性约束。[②] 因此，自然垄断的企业也可以为提供市场服务而展开竞争。放松公用事业管制，消除进入原本处于垄断状态的产业市场的各种壁垒，允许新企业进入市场进行竞争，是一种更为有效的提供公共物品、规制公用事业的方法。

三、公共选择理论

公共选择理论（Public Choice Theory）的出现，对西方国家公用事业的民营化与公私合作改革与创新产生了很大推动作用。以布坎南（James Buchanan）和塔洛克（Gordon Tullock）为代表的公共选择理论将"经济人"（Economic Man）假定嵌入政府决策过程，在"经济人"假定之下，官僚体系中的决策者不仅是关心个人利益的理性人，也是效用最大化的追逐者。[③] 布坎南指出，过去关于财政问题的讨论常忽略政治因素的干扰，行政官僚、选民以及利益集团利用扩张公共部门经营者的公用事业或增加预算的方式，寻求自身政治利益。如果政府部门垄断公共服务的供给，官僚机构就会有更多的机会和空间通过牺牲效率和公共利益来追求自己的利益，从而导致官僚体系在提供公

---

① William J. Baumol, Contestable Markets: An Uprising in the Theory of Industry Structure, The American Economic Review, Volume 72, Issue 1, 1982, p. 2.
② William J. Baumol, John C. Panzar and Robert D. Willig, Contestable Markets and the Theory of Industry Structure, New York: Harcourt Brace Jovanovich, 1982, p. 7.
③ Dennis C. Mueller, Public Choice, New York: Cambridge University Press, 2003, p. 475.

共服务时缺乏优胜劣汰的竞争机制，致使供给低效率。[①]

公共选择理论认为，没有任何逻辑理由证明公共服务必须由政府官僚机构来提供，摆脱公共服务供给困境的最好路径反而是打破政府垄断，在公共机构与私人机构之间建立竞争。[②] 根据政治领域的"经济人"假设，20 世纪 80 年代公共选择学派将传统上适用于市场领域的竞争理论引入公共领域，将私人部门提供产品和服务中的竞争机制移植到公共产品与服务的提供中，将竞争作为激活公共部门的工具。基于此，各国出现了公共产品和服务领域的契约外包、公私合作等。公共选择理论为私主体进入公共领域提供了经济学基础，为采用PPP 模式运营公用事业的出现提供了理论支持。[③]

四、产权理论与委托代理理论

以学者阿尔奇安（Armen Alchian）和德姆塞茨为代表的产权理论（Theory of Property Rights）强调财产权归属和经营效果之间的关系，认为利润最大化的激励会促使私有财产的所有权人积极回应市场需求，竞争会产生促进效率提升的效果。然而，公用事业的所有权往往属于国家，政府由于必须负担许多政治性任务，其经营公用事业时一般并不以效率提升或利润最大化作为首要目标，最终将造成资源的低度利用。因此，国家应该尽量让渡出公用事业的所有权，将公用事业交由民间机构运营，从而提高效率。[④] 产权理论因此成为论证公用事业引入民间资本、排斥政府专营的理论基础之一。但是也有学者批评产权与提高公用事业运营效率之间并无直接联系。例如，我国台湾地区学者张晋芬指出，产权私有、竞争和效率之间并没有必然联系。公部门经营者经营公用事业的效率未必不如私营企业，产业内的竞争也不必然会刺激效率的提升。[⑤]

委托代理理论则在产权理论的基础上，从所有权与控制权分离所引致的公

[①] James M. Buchanan, The Economics Theory of Politics Reborn, Challenge, Volume 31, Issue 2, 1988, pp. 4-10.

[②] 周志忍：《当代国外行政改革比较研究》，北京：国家行政学院出版社 1999 年版，第 23 页。

[③] 付大学、林芳竹：《论公私合作伙伴关系（PPP）中"私"的范围》，载《江淮论坛》2015 年第 5 期，第 111 页。

[④] Harold Demsetz, The Private Production of Public Goods, Journal of Law and Economics, Volume 13, Issue 2, 1970, p. 293.

[⑤] 张晋芬：《台湾公营事业民营化：经济迷思的批判》，台北："中研院"社会科学研究所 2001 年版，第 44 页。

用事业治理困境视角论述了公用事业引入民间资本如何解决代理所引起的治理难题。委托代理理论的分析框架通常用于分析在所有权、控制权两权分离以及利益分离的情况下,委托人和代理人之间的关系模式以及行为动机与规则设计等问题。用该分析框架考察代理人是否可以根据合同中规定的委托人的权限和意图来代表委托人行事,其核心问题在于如何设计激励机制,尽可能降低委托人的监督成本,使得在监督成本较低的情形下,组织内成员(代理人)的利益能够与组织(委托人)利益结合在一起。[1] 在公共选择领域,选民和政治家、政治家和官僚构成了委托代理关系。作为代理人,官僚负责提供公共服务,并应当忠实地执行委托人的意愿。然而,在实际操作中,由于公共产品不具有一般商品的市场性质,缺乏利润带来的激励机制以及官僚机构的实际垄断地位,政府机构存在严重的委托代理问题。官僚所追求的自身利益在一定程度上与委托人的利益存在冲突。同时,官僚与政治家能够获得的公共服务供给的信息在种类和数量上存在差异,在这种信息不对称中官僚处于更加有利的地位。为了减少官僚的投机行为,政治家就必须获得足够的信息来进行监督,这将大大增加代理成本。[2] 委托代理理论对新公共管理的影响主要在于,它通过对公共行政领域委托代理问题的分析,指出了如何减少公共部门的委托代理问题的方向。[3] 由于私营部门的委托代理问题没有公共部门中的委托代理问题严重,因此,可以通过将供给与生产相分离、合同外包等方式,将公共部门中存在的委托代理问题转移到私营部门中去,从而减少公共部门的委托代理问题。[4] 但是对于委托代理理论,很多学者曾经对这一理论作为支撑民营化合理性的依据提出异议,例如斯蒂格利茨就指出,不论是公共部门还是私人部门,所有组织都存在委托代理问题。因此讨论公营与民营的重点并不在何者能防止代理问题的发生,而是代理问题较容易在何种模式中获得解决。尽管公私部门都面临需要

---

[1] Armen A. Alchian and Harold Demsetz, Production, Information Costs, and Economic Organization, The American Economic Review, Volume 62, Issue 5, 1972, pp. 777-778.
[2] 陈国权、曾军荣:《经济理性与新公共管理》,载《浙江大学学报(人文社会科学版)》2005年第2期,第69页。
[3] 徐增辉:《新公共管理研究:兼论其对我国行政改革的启示》,吉林大学2005年博士学位论文,第40—41页。
[4] 陈国权、曾军荣:《经济理性与新公共管理》,载《浙江大学学报(人文社会科学版)》2005年第2期,第70页。

解决委托代理问题的激励机制如何设计的问题，但是在公共部门内，由于公共机构对雇员补偿的限制使委托代理问题看起来更难以获得解决。①

五、标尺竞争管制与特许权投标竞争管制理论

标尺竞争管制理论与特许权投标竞争管制理论都回应了如何在市场存在垄断状态特别是自然垄断的状态下，规制者如何创造激励机制，促进垄断者之间进行竞争，从而达到规制政策的目的。

标尺竞争管制理论（Yardstick Competition Regulation）由施莱弗（Andrei Shleifer）于1985年在《标尺竞争理论》一文中提出。在一个管制体系中，已获得垄断授权的企业往往不存在激励机制来降低运营成本，因此施莱弗提出了一种全新的管制理论，管制者可以在成本具有相关性的产业或不同地区的公司中建立起横向绩效比较机制，在与其他地区的企业进行业绩比较而形成的刺激下，特定地区的企业就会提高自身运营效率。标尺竞争管制理论有效解决了管制者与被管制者之间的信息不对称问题，使管制者通过对比相似条件下其他企业的运营来了解某一垄断企业的实际运营绩效，在与标尺企业之间构建竞争关系的过程中，管制者不仅可以有效获取被管制企业的运营信息，也可以通过标尺企业对当地垄断企业施加竞争压力，从而实现有效管制。② 自施莱弗提出标尺竞争管制理论后，该理论被应用到涉及电力、电信、天然气、自来水供应等一系列自然垄断产业，研究如何改善自然垄断产业的竞争，对通过地区竞争的方法改革自然垄断产业的管制产生了重要影响。③

但是，阻碍标尺管制广泛应用的一个困难就是难以寻找到真正类似的企业进行比较。④ 正如乔斯科（Paul Joskow）和史马兰奇（Richard Schmalensee）

---

① Joseph E. Stiglitz, Economics of the Public Sector, New York, London: W. W. Norton and Company, 2000, p. 204.

② Andrei Shleifer, A Theory of Yardstick Competition, Rand Journal of Economics, Volume 16, Issue 3, 1985, p. 320.

③ 姜树元、周勤:《标尺竞争管制理论及其应用》，载《南京航空航天大学学报（社会科学版）》2001年第4期，第46—47页。

④ W. Kip Viscusi et al., Economics of Regulation and Antitrust, Cambridge: MIT Press, 2005, p. 443.

指出，公用事业部门彼此之间也存在很多差异，不仅市场条件会导致形成差异，企业的历史性投资等问题也会导致形成差异，因此，寻找到大量真正相似的企业来进行比较是较为困难的。由于本地自然资源状况不同，某些成本和税收在价格中的比重不同等差异，公共产品和服务的最终价格将受到影响，因此，在使用评估指标进行评价时，只有剔除或调整这些不具可比性的因素，才能真正发挥标尺竞争的作用。[1]

特许权投标竞争管制理论（Franchise Bidding Regulation）由德姆塞茨在1968年提出，该理论主张用特许权投标竞争来代替公用事业的费率管制，以事前竞争力量替代正常的市场竞争，通过在市场准入环节引入竞争机制实现低价位优质的公共服务供给。[2] 德姆塞茨指出，尽管多年来公用事业因其运营低效而备受批评，但是学者们实际上并不否认对公用事业予以有效规制的必要性，即便那些主张对公用事业进行产权革新的倡导者也接受公用事业需要政府规制的主张。如果存在足够多符合资质的投标者并且这些投标者之间不存在共谋，最后开出最低单价的企业才会竞标成功，这一最低竞标价格与特许项目的单位生产成本不会存在巨大价差。[3] 通过特许权投标在市场准入阶段引入竞争，可以在保留自然垄断产业运营所需的规模经济的同时引入竞争，特许权投标竞争实际上是以市场化方式避免了传统规制手段的诸多弊端，成为政府行使规制权的有效手段。但是威廉姆森（Oliver Williamson）的后续研究指出了更深层次的问题，由于质量的可变性，在缺少有效监管的情况下，投标企业可能会通过降低质量补偿低价竞标的成本损失，因此，特许权拍卖未必一定能够产生最佳的价格质量组合。威廉姆森指出，由于合同的不完全性，必须对被授予特许权者进行相应的政府监管。[4]

---

[1] Paul L. Joskow and Richard Schmalensee, Incentive Regulation for Electric Utilities, Yale Journal on Regulation, Volume 4, Issue 1, 1986, pp. 1-49.

[2] Harold Demsetz, Why Regulate Utilities?, Journal of Law and Economics, Volume 11, Issue 1, 1968, p. 56.

[3] Ibid., p. 61.

[4] Oliver E. Williamson, Franchise Bidding for Natural Monopolies in General and with Respect to CATV, Bell Journal of Economics, Volume 7, Issue 1, 1976, p. 80.

六、管制契约引入竞争的相关理论

乔斯科在《交易成本经济学在反垄断和公用事业管制政策中的角色》一文中将管制机制视为一种契约，即"管制契约"（Regulatory Contract）。在这种契约下，受管制的经营公用事业的企业被授予事实上的排他性特许经营权，向被许可的特定地域内的消费者提供公共服务，而且有义务以监管机构确定的价格来提供具有经济性、可靠性的服务。为了履行义务并保证产品和服务的数量和质量，企业通常需要进行大量事前投资。但是，在这种契约下，消费者并没有义务必须向该企业购买服务，比如用电用户可以减少用电需求，或者转而使用天然气。因此，对于公用事业的经营者而言，排他性特许权为其提供了一定程度的保护。[①] 在这一契约中，监管者有双重责任：一方面，监管者要负责对公用事业企业的价格进行规制，防止其过高定价或者不合理歧视性定价损害终端消费者利益；另一方面，监管者应当确定合理的定价机制，能够让经营公用事业的企业获得合理的利润回报。如果没有合理的定价，公用事业企业很可能在预期无法收回投资成本的情况下拒绝提供公共服务或者低效提供服务。因此，通过监管者对于价格的合理确定与规制的义务，终端消费者与公用事业的经营者之间默示形成了长期的"照付不议契约"（Take or Pay Contract），消费者因此能够获得稳定的公共服务供应，而公用事业经营者也可以获得合理的投资回报。[②]

美国管制经济学家西达克（J. Gregory Sidak）和史普博的研究特别关注了公用事业放松管制趋势下引入竞争机制问题。在《放松管制与管制契约》一书中，西达克和史普博将公用事业放松管制背景下管制契约引入竞争问题视为对公用事业在位运营者的财产的"放松管制的征用"（Regulatory Taking），认为如果管制者允许竞争者进入此前由被管制企业独家经营的网络型产业，管制者实际上没收了公用事业在位企业的财富，因此当政府违反管制契约而采取了鼓励竞争性的进入政策时，政府宣称它不向公用事业提供任何救济的说法，是

[①] Paul L. Joskow, The Role of Transaction Cost Economics in Antitrust and Public Utility Regulatory Policies, Journal of Law, Economics and Organization, Volume 7, Special Issue, 1991, p. 67.

[②] Ibid., p. 68.

不能令人信服的。^① 如果政府管制采用对在位企业和新进入者适用不平等规则的形式，在位企业的管制并没有被平等施加于新进入者的话，就会造成"在位企业负担"（Incumbent Burdens）。西达克和史普博以美国贝尔电话公司的例子说明了电信行业的在位企业负担问题，贝尔公司所面临的普遍运营规定、隔离、普遍服务要求和公开申报费率等多种管制限制，限制了贝尔公司与新进入者竞争的能力，等于为竞争者提供了价格保护伞。随着市场上竞争者的进入，管制者应逐渐减少对在位企业所实施的管制，以防止对其构成不公平的市场限制。^②

---

① J. Gregory Sidak and Daniel F. Spulber, Deregulatory Takings and the Regulatory Contract: The Competitive Transformation of Network Industries in the United States, Cambridge: Cambridge University Press, 1998, p. 10.

② Ibid., p. 31.

第三章
放松管制趋势下公用事业公私合作中的竞争政策定位

"公用事业"(Public Utility)是对服务于社会公众基本生活所必需的商品或服务的各项事业的总称。尽管我国现行法律法规对公用事业的概念与范畴界定不一,但总体而言,我国的公用事业包括供水、供热、供气、城市公交、排水、污水、垃圾处理、园林绿化、环境卫生等市政公用事业,以及道路与桥梁等基础设施、电信、供电、邮政、铁路、公路、水路和民航运输等行业。[1] 公用事业通常需要巨额投资,并且网络结构设施的公用事业需要维持一定的规模经济才能有效经营,因此在特定地域范围内往往形成独家经营的自然垄断市场结构。传统的管制理念将公用事业的自然垄断属性作为管制正当化的基础。传统管制理念认为,由于公用事业的网络产业(Network Industry)特性以及自然垄断属性,需要限制竞争性运营商的进入使公用事业避免市场竞争,管制者需要寻求行政控制手段来对垄断者进行约束。正如美国管制经济学家史普博指出,自然垄断的存在经常伴随着政府对价格、服务质量和市场准入的管制。[2] 著名法学家波斯纳也指出,对于自然垄断问题,传统的解决方案是由政府管制该公用事业,这种管制包括利润控制、市场准入控制、价格结构控制三方面

---

[1] 史际春、肖竹:《公用事业民营化及其相关法律问题研究》,载《北京大学学报(哲学社会科学版)》2004年第4期,第79页。

[2] 〔美〕丹尼尔·F. 史普博:《管制与市场》,余晖等译,上海:格致出版社、上海三联书店、上海人民出版社2008年版,第5页。

要素。①

然而，随着技术的进步使产业分拆成为可能，以及新公共管理理论的兴起使国家在经济管制上扮演的角色产生转变，公用事业出现了放松管制的趋势。公用事业放松管制的趋势伴随着民营化与公私合作的开展，对产业管制与竞争政策的协调提出挑战。自20世纪80年代，产业结构重整与放松管制成为欧美发达国家公用事业的发展趋势。② 在公用事业放松管制的过程中，政府对公用事业的结构以业务功能为基础进行具体的分类切割，并引入民营资本，采用商业化和民营化等方式将一部分具有竞争性的业务交由民营部门完成，甚至开放产业中部分具有规模经济的业务部门，放宽市场准入限制，引入竞争机制。在放松管制趋势下，公用事业通过自由竞争机制使相关产业的效率获得提升，消费者也得以在合理的价格下享受更高质量的服务。在放松管制的过程中，政府角色逐渐由产业所有者和经营者转变为维护市场秩序的监管者。③ 由于发达国家在这种转变趋势前已经颁布了竞争法，竞争政策、产业管制与贸易政策之间形成了较为有机的平衡，产业放松管制与自由化的结果只是导致竞争法适用范围的扩大。在放松管制的产业内，企业的活动不再享有管制机构的庇护而适用市场自由竞争原则。同时，"在公用事业放松管制的过程中原有的管制体系与规则依然可以发挥作用。但是，对于包括中国在内的发展中国家与新兴经济体而言，公用事业民营化与公私合作的开展却是在政府对公用事业的原有管制规则不适应，同时产业管制与竞争政策之间的协调关系也尚不完善的前提下进行的。"④ 因此，如何推进公用事业公私合作，完善特许经营、价格管制、准入限制等公用事业的政府规制改革措施，并将产业管制与《反垄断法》的适用有机协调，对于我国公用事业的发展具有重要意义。

我国正在逐步确立竞争政策基础地位。2015年10月中共中央、国务院发布的《中共中央国务院关于推进价格机制改革的若干意见》明确要"逐步确立

---

① 〔美〕理查德·波斯纳：《法律的经济分析（第七版）》，蒋兆康译，北京：法律出版社2012年版，第513—514页。
② 张玉山、李淳：《公用事业自由化后管制组织之初探：以电力事业为例》，载《公营事业评论》1999年第3期，第28页。
③ 王文宇：《公用事业管制与竞争理念之变革：以电信与电业法制为基础》，载《台大法学论丛》2000年第4期，第87页。
④ 李建琴、汪基强：《公用事业民营化与政府规制》，载《经济社会体制比较》2004年第2期，第57页。

第三章
放松管制趋势下公用事业公私合作中的竞争政策定位

竞争政策的基础性地位"。党的十九届四中全会强调,要强化竞争政策基础地位,落实公平竞争审查制度。要营造良好的市场环境,使各种所有制主体依法平等使用资源要素、公开公平公正参与市场竞争、同等受到法律保护。十三届全国人大四次会议通过的《国民经济和社会发展第十四个五年规划和2035年远景目标纲要》也指出要"强化竞争政策基础地位","推进能源、铁路、电信、公用事业等行业竞争性环节市场化改革,放开竞争性业务准入,进一步引入市场竞争机制,加强对自然垄断业务的监管"。可见,党的十八大以来,竞争政策在我国经济治理中,地位不断提升,并逐步确立其基础地位,形成了相对完备的内容和健全的实施框架。[①] 市场监管总局、国家发展改革委、财政部、商务部、司法部联合出台的《公平竞争审查制度实施细则》中也要求未经公平竞争不得授予经营者特许经营权。虽然公用事业中很多行业具有自然垄断的性质,无法充分竞争,在适用竞争规则时须尊重公用事业的特性,给予一定的特殊对待,但是,竞争政策可以保障公用事业PPP项目授权与操作中机会的开放性,同时严密防范滥用市场支配地位的行为。《国务院关于在市场体系建设中建立公平竞争审查制度的意见》特别禁止PPP项目所涉及的行政机关通过行政权力排除或限制竞争,要求PPP项目所涉及的政府机关不得设置不合理和歧视性的准入和退出条件,不得未经公平竞争授予经营者特许经营权,不得设置没有法律法规依据的审批或者事前备案程序,不得对市场准入负面清单以外的行业、领域、业务等设置审批程序,不得违法给予特定经营者优惠政策,不得超越定价权限进行政府定价。

一、公用事业管制政策与竞争政策的经济学与法学理论

经济学对管制的研究主要集中在政府干预与市场机制的关系上,特别是出现"市场失灵"时政府如何介入从而矫正市场失灵、优化资源配置的问题上。古典经济学沿袭亚当·斯密(Adam Smith)的理论框架,认为市场机制可以通过价格自主调节使社会资源达到最优分配。在古典经济学的理论框架下,国家的功能仅限于提供国防、必要公共建设。然而由于外部性、信息不对称以及

[①] 黄勇:《完善反垄断法律制度,强化竞争政策基础地位》,http://www.npc.gov.cn/npc/c30834/202104/2c6651232feb47b0824d72c81d9ac578.shtml,2021年5月6日最后访问。

垄断的存在，使市场机制和价格机能无法充分发挥作用，从而产生市场失灵现象，需要政府管制来实现资源的最优配置。具有自然垄断特征的公用事业是经济学管制理论的重点研究对象，讨论集中在公用事业的管制能否取代竞争，应当如何构建公用事业管制的最优制度安排等问题上。美国公用事业管制的著名研究者卡恩（Alfred Kahn）在1970年出版的《管制经济学》一书中将公共部门和公用事业视为两种竞争性市场模型无法分析的经济，认为管制的实质是以政府命令取代竞争，以此实现和维护良好的经济绩效。[①] 卡恩将公用事业管制界定为，管制者通过政府规定的方式，对产业结构以及经济绩效所作的监管，具体包括对产业内市场准入进行规制，对价格、服务条件、服务质量等进行监管。乔斯科和诺尔（Roger Noll）则认为应当区分竞争性市场结构产业和垄断性产业采取不同的价格和准入管制。[②] 以施蒂格勒（George Stigler）、波斯纳和佩尔兹曼（Sam Peltzman）为代表的"芝加哥学派"将管制与官僚理论联系在一起，认为如果有组织利益集团会因其在管制过程中获得的利益而对政治家贡献选票和政治献金，那么管制的过程将导致利润和收入向有组织利益集团转移。[③] 施蒂格勒通过对比受管制和不受管制的供电企业，得出管制无效的结论。[④]他在1971年发表的《经济管制理论》一文中提出"管制俘虏理论"（Theory of Regulatory Capture），该理论认为，为了满足产业对于监管的需求，才产生了政府管制，而且管制者在设计管制政策和执行管制政策时往往是为了被管制产业的利益服务。[⑤]

法学研究对公用事业管制的关注则集中在如何构建市场规则，通过完善司法、行政执法等程序使市场运作具有效率。法学研究者所关注的经济管制的核心理念在于，期望通过一定的制度机制使市场运作出现有效率的结果，因此法学研究中的经济管制主要指政府借由其所制定的法律规章来引导或控制企业的

---

① Alfred E. Kahn, The Economics of Regulation: Principles and Institutions, New York: Wiley and Sons, 1970, p. 3.
② Paul L. Joskow and Roger C. Noll, Regulation in Theory and Practice: An Overview, in Gary Fromm, ed., Studies in Public Regulation, Cambridge, Massachusetts: MIT Press, 1981, p. 3.
③ Ibid., p. 36.
④ George J. Stigler and Claire Friedland, What Can Regulators Regulate?, The Case of Electricity, Journal of Law and Economics, Volume 5, Issue 1, 1962, p. 11.
⑤ George J. Stigler, The Theory of Economic Regulation, Bell Journal of Economics and Management Science, Volume 2, Issue 1, 1971, p. 3.

第三章
放松管制趋势下公用事业公私合作中的竞争政策定位

运营及其相关决策。[①] 著名法学家波斯纳的《自然垄断与管制》被认为是法学领域有关公用事业管制研究的名作。该书成功地将经济学的研究方法与范式应用到法学问题的研究之中，为法律经济学的发展奠定了重要基础。在书中，波斯纳指出，由于管制者的信息不对称和激励机制问题以及管制者被俘获问题的存在，与其认为管制能够产生合理的价格产出组合，不如说管制更有可能带来更大的资源配置扭曲，从而导致"管制失灵"（Regulatory Failure）。这种管制失灵可能比其所意图矫正的市场失灵问题更为严重。[②] 除了法律的经济分析，围绕公共规制问题的研究，现代行政法学中也产生了"政府规制学派"（Government Regulation Scholarship），意在探索政府规制的目的与对象、有效规制的基本要素、维护社会公共利益等主题。"政府规制学派"立足于法律规范与司法实践，将程序问题与实体问题结合起来进行分析，在此基础上探索公共政策的形成过程以及国家与政府的具体行政活动。[③]

经济学管制理论与法学理论在如何看待法律特别是竞争法律制度与政府管制的关系问题上出现了交融。波斯纳认为，私人实施权利的普通法体系和直接进行公共控制的行政体系是公共控制的两种方法。采用普通法进行社会控制对官僚体系的依赖较小，而主要依赖公民，即受害者及其律师，守法的激励来自加害人必须对受害者进行损害赔偿的威慑。而直接管制则主要依赖于官僚体系来主动阻止侵害而不是事后赔偿。[④] 盖尔霍恩（Ernest Gellhorn）和皮尔斯（Richard Pierce）指出了直接管制和法律限制之间的区别，认为直接管制主要是"规定性的"（prescriptive），而法律限制主要是"禁止性的"（proscriptive）。[⑤] 也有学者将竞争法以及其他法律制度视为管制的替代机制。例如，布雷耶法官（Stephen Breyer）就认为美国的反托拉斯法是管制的替代措施之

[①] 王文宇：《公用事业管制与竞争理念之变革：以电信与电业法制为基础》，载《台大法学论丛》2000年第4期，第93—94页。

[②] Richard A. Posner, Natural Monopoly and Its Regulation, Washington, D. C.: Cato Institute, 1999, p. vii.

[③] 朱新力、宋华琳：《现代行政法学的建构与政府规制研究的兴起》，载《法律科学》2005年第5期，第41页。

[④] 〔美〕理查德·波斯纳：《法律的经济分析（第七版）》，蒋兆康译，北京：法律出版社2012年版，第540—541页。

[⑤] Ernest Gellhorn and Richard J. Pierce, Regulated Industries in a Nutshell, St. Paul: West Publishing, 1982, pp. 7-8.

一。① 虽然在某些产业政府管制是产业享有反托拉斯法豁免的合法性基础，但是当该产业完全或部分放松管制时，反托拉斯法豁免就可能会缩小甚至消失，放松管制会导致反托拉斯法适用的扩张。布雷耶法官认为，在这种情况下，将反托拉斯法视为规制的补充可能比将其视为规制的完全替代机制更为实用。②

还有另外一个研究重点反映在法律体系对管制行为的司法控制层面。美国管制经济学家史普博指出，管制虽然由政府直接进行，但是也要遵守相应的行政程序，并受到立法、执法、司法三方面约束。③ 德国著名法学家巴泽多（Jürgen Basedow）认为，法律对管制进行限制的效果尤其表现在管制所涉及的单个利益载体能够据此来诉诸法律救济。④ 陈冬华等人特别研究了法律不完备情况下的政府管制，指出在法律不完备的国家中更可能出现管制权力外溢问题。例如，对于某些无法诉诸法律来解决的纠纷或诉诸法律不经济的纠纷，虽然解决这些纠纷并不属于管制机构的权力或职责范围之内，但是当管制机构与纠纷当事方存在共同利益，并且管制机构对于纠纷所涉及的事项存在某种管制性决策权时，管制机构就会运用其决策权来实施管制从而导致管制权外溢。管制权外溢虽然可能在一定程度上弥补法律的不完备，但却可能造成原定目标的偏离和扭曲。⑤

目前较为主流的观点主张公用事业产业中竞争政策与管制政策的共存来实现竞争促进的目标。拉丰（Jean-Jacques Laffont）和梯若尔在《电信竞争》中的研究就指出，虽然竞争政策与管制之间在程序与控制权、监督时效性、信息掌握程度、政治独立性方面存在不同，应当赋予竞争政策更加突出的作用，但这并不意味着竞争政策将取代政府管制。竞争政策与政府管制的并存可以实现互补，降低管制俘获的可能，使其集中在各自分工上，并通过在管制机构和竞

---

① Stephen Breyer, Regulation and Its Reform, Cambridge, Massachusetts: Harvard University Press, 1982, pp. 156-161.
② Ibid., p. 156.
③ 〔美〕丹尼尔·F. 史普博：《管制与市场》，余晖等译，上海：格致出版社、上海三联书店、上海人民出版社 2008 年版，第 36 页。
④ 〔德〕于尔根·巴泽多：《限制与促进竞争的经济管制》，董一梁、刘鸿雁译，载《环球法律评论》2004 年第 3 期，第 381 页。
⑤ 陈冬华等：《法律环境、政府管制与隐性契约》，载《经济研究》2008 年第 3 期，第 61 页。

争执法部门之间区分事前规制和事后规制从而减弱"包庇行为"的动机。[1]

二、放松管制趋势下公私合作对公用事业的竞争性重塑

公私合作的竞争价值在于，它将原本只有国资才能经营的"特权"向非国有主体开放，首要目标在于将竞争和市场力量引入公共服务、国企运营和公共资产利用过程中，造福公共利益，因此公用事业引入私人资本的过程实际上也是对公用事业进行竞争性重塑的过程。[2]

20世纪70年代末，伴随着新古典经济理论的崛起以及人们日益对公共部门管理现状的不满，西方发达国家开始探索利用市场机制，在公部门管理中引入私人部门的管理经验从而提升政府绩效，伴随这一过程产生了"新公共管理"（New Public Management）理论。新公共管理致力于推动公共管理的范式转换，特别强调采用招投标制度和签约外包制来实现公共服务提供的目标。新公共管理理论还强调在公共管理中引入竞争机制，让更多私营部门参与公共服务的供给，通过市场机制与竞争机制提高公共服务供给的质量与效率。英国学者莱恩（Jan-Erik Lane）在《新公共管理》一书中更是以契约制来概括公共管理，认为在新公共管理体制中，政府应当运用一系列契约手段来管理公共部门，公共管理的成功有赖于提高政府缔约数量和有效监管契约执行的能力。[3]他主张政府应当在治理中扩展政府服务签约外包的领域，在教育、医疗、卫生等众多基础性行业采用签约外包的管理手段，[4] 契约制度在很大程度上将取代公法或公共行政在公共部门中作为协调机制的地位。[5]

从自由资本主义时期政府的"守夜人"角色，到传统福利国家的全能政府，再到后来新公共管理运动所倡导的有限政府，公共行政管理中政府角色不

---

[1] 〔法〕让·雅克·拉丰、让·泰勒尔：《电信竞争》，胡汉辉等译，北京：人民邮电出版社2001年版，第262—265页。

[2] 美国竞争法学者沃洛克（Alexander Volokh）的研究显示，在公用事业领域推行公私合作具有促进竞争的效果（Pro-Competitive Effects）。See Alexander Volokh, Privatization and Competition Policy, in Thomas K. Cheng et al., Competition and the State, Stanford, California: Stanford University Press, 2014, pp. 24-25.

[3] Jan-Erik Lane, New Public Management, London, New York: Routledge, 2000, p. 10.

[4] Ibid., p. 7.

[5] Ibid., p. 147.

断革新。以公私合作形式改革公用事业管理回应了晚近新公共管理的转变过程，即由"以政府为中心"的管制模式转向"以满足公众需求为中心"的公共服务提供模式。公私合作的伙伴关系能够在精简政府的同时通过"公共管理社会化""公共服务民间化"方式来完成公共服务供给的任务，有利于构建以新公共服务模式为基础的行政治理体制，同时也可以通过引入合理的市场运作机制来提升公共服务供给的效率。① 因此，公用事业公私合作在政府职能革新、政治治理方式的创新上起到重要作用，其通过在公共品供给中引入新的提供者来引入市场机制、重塑公共品供给的竞争性。

美国研究公用事业民营化与公私合作的著名学者萨瓦斯从公共利益保护的视角论述了公私合作制对公用事业的竞争性重塑。他指出，如果缺乏竞争和自由选择，公共利益就会受损，但是在公共部门的运营中却恰好由垄断性公共机构来提供公共服务。这似乎建立在一种天真的假设之上，如果垄断者是公共机构，它就会自然而然地为公共利益服务，然而却忽略了垄断机构具有低效、无能和缺乏回应性的天然倾向。实际上，公用事业民营化和公私合作伙伴关系的首要目标是将竞争机制和市场力量引入公共服务供给、国有企业运营和公共资产利用的过程中。② 斯蒂格利茨也主张，公共部门在所有制改革之前，应该通过授予新的私营企业经营许可或者分拆现有垄断性公司的方式先引入更大程度的竞争。③ 我国学者史际春指出，民营化与公私合作旨在改善公共部门供给效率，必须将民营化、公私合作改革与引入竞争机制有效协调统一。否则，仅通过拆分产业打破垄断而不搞民营化，政企不能真正分开，也不可能真正引入市场机制；只实施民营化而不打破垄断，政企可以分开，但不可能引入竞争机制。无论是缺少不同的利益主体，还是缺少竞争机制，都不可能建立一个有效的竞争性市场。④

---

① 詹中原：《全球化理论与公共行政之研究与发展》，载《考铨季刊》2001年第25期，第87页。
② 〔美〕E. S. 萨瓦斯：《民营化与公私部门的伙伴关系》，周志忍等译，北京：中国人民大学出版社2002年版，第124—125页。
③ 〔美〕约瑟夫·斯蒂格利茨：《促进规制与竞争政策：以网络产业为例》，张昕竹等译，载《数量经济技术经济研究》1999年第10期，第54页。
④ 史际春：《资源性公用事业反垄断法律问题研究》，载《政治与法律》2015年第8期，第5页。

第三章
放松管制趋势下公用事业公私合作中的竞争政策定位

三、放松管制趋势下公用事业管制政策的竞争促进功能

(一) 放松管制趋势下公用事业管制的竞争导向转型

随着20世纪80年代的放松管制趋势,公用事业开始从政府管制回归市场机制,新管制架构的重点已经不再注重于如何确保所有消费者可以以合理价格平等获得品质可靠且稳定的公共服务,而将管制重心放在通过促进竞争来增进消费者福利上。在放松管制趋势下,具有自然垄断特性的公用事业不但逐渐向民间开放市场准入,而且开始引入竞争机制,鼓励公共服务的提供者针对不同消费者的需求提供多样化服务以及多种费率组合的收费标准。[1] 主管机构的作用也由单纯维护终端消费者利益转变为维护竞争秩序的裁决机构,特别是防止公用事业运营的在位企业阻碍其他竞争者的市场准入,滥用"瓶颈设施"(Bottleneck Facilities)定价机制来限制竞争。[2] 但是,放松管制并非简单地解除和淡化管制,而是在市场中呈现出竞争和补充性管制并存的混合形态,[3] 管制逐渐转型为促进竞争的规制,即"管制的竞争促进"。

由于自然垄断产业的网络结构特征,对其放松管制需要尽可能引入竞争机制实现产业再造,管制的竞争促进功能体现在对市场结构的管制和市场行为的管制两个层面:第一,管制的竞争促进功能需要管制在市场结构上将产业中具有自然垄断性质的业务与竞争性业务加以区分,在竞争性业务中引入新进入者来创造竞争性市场结构。[4] 在具体方式上,既包括拆分产业,保留上游垄断业务而将下游竞争业务剥离的"纵向分离的自由化市场结构";也包括原有企业继续经营上游垄断业务和下游竞争业务,但放松竞争业务的准入规制,引入新企业进行竞争的"纵向一体化的自由化市场结构";还包括由竞争性企业共同

---

[1] 王文宇:《公用事业管制与竞争理念之变革:以电信与电业法制为基础》,载《台大法学论丛》2000年第4期,第107页。

[2] Joseph D. Kearney and Thomas W. Merril, The Great Transformation of Regulated Industries Law, Columbia Law Review, Volume 98, Issue 5, 1998, p.1326.

[3] 〔德〕于尔根·巴泽多:《限制与促进竞争的经济管制》,董一梁、刘鸿雁译,载《环球法律评论》2004年第3期,第382页。

[4] 王俊豪、周小梅:《中国自然垄断产业民营化改革与政府管制政策》,北京:经济管理出版社2004年版,第152页。

拥有垄断性网络所有权的"联合所有制结构"。① 第二，管制的竞争促进还表现在管制者对于市场行为的规制上。在自然垄断产业引入竞争初期，在位企业无论在生产规模、生产成本、用户数、企业声誉等方面都占据优势，而且在位企业很可能采用策略行动，以低价策略以及拒绝接入网络等其他非价格手段排挤新进入者，②形成在位企业与新进入者之间的"不对称竞争"。在实践中各国会采取"不对称规制"（Asymmetric Regulation）做法，对在位企业实施严格化规制、对新进入企业实施宽松化规制的双轨规制体系来矫正市场垄断行为。③

（二）以管制促进公用事业竞争需要遵循的原则

公用事业放松管制前，管制的核心在于如何处理公用事业提供者与消费者之间的关系，通过利润与价格控制、市场准入控制等手段确保公用事业提供者能够以公众可接受的价格提供充足的服务以满足市场需求。放松管制后新管制架构的主要目标在于促进产业部门的竞争，管制的核心转变为如何推动公用事业经营者之间的竞争关系，同时管制起主要作用的空间应当是那些具有自然垄断性质的产业部门，特别是在"瓶颈设施"产业部门确保竞争机会。在促进网络型公用事业的竞争转型中，管制者应当遵循以下原则：

第一，坚持市场化原则，允许被管制企业通过经营公用事业获得竞争性回报。无论是进行价格限制还是市场准入控制，管制者促进竞争首先应当遵循市场机制，而允许经营公用事业的企业获得合理的竞争性回报以弥补运营成本并

---

① 胡凯：《有效竞争导向的自然垄断产业规制改革研究》，北京：经济科学出版社 2015 年版，第 53 页。
② 王俊豪：《垄断性产业市场结构重组后的分类管制与协调政策——以中国电信、电力产业为例》，载《中国工业经济》2005 年第 11 期，第 71 页。
③ Martin Peitz, Asymmetric Regulation of Access and Price Discrimination in Telecommunications, Journal of Regulatory Economics, Volume 28, Issue 3, 2005, p. 328. 需要指出的是，事前管制能否创造竞争性市场结构和保障竞争性市场行为，在学术理论上也存在争议，如西达克和史普博指出，一些力主放松管制的管制者积极控制产业转型以促进或保护竞争的观点实际上是误导性的，管制并不能复制竞争，试图以管制创造竞争的做法不仅会产生额外管理成本，也会阻碍市场获得竞争收益。不对称规制会造成"在位者负担"（Incumbent Burdens），实际上是保护竞争者而非保护竞争，可能会背离竞争公平性的要求。要真正促进竞争，管制者应当谨慎设计规则，使所有竞争者处于平等的管制地位。See J. Gregory Sidak and Daniel F. Spulber, Deregulatory Takings and the Regulatory Contract: The Competitive Transformation of Network Industries in the United States, Cambridge: Cambridge University Press, 1998, p. 534.

第三章
放松管制趋势下公用事业公私合作中的竞争政策定位

适当盈利是尊重市场机制的应有之义。美国管制经济学家西达克和史普博有关公用事业管制的研究指出,如果管制者不允许公用事业的在位经营者收回其搁置投资,或收回为满足附加管制要求而产生的成本时,这些公用事业的服务和投资激励将会被严重削弱。管制者必须采用在竞争中保持中立的机制,为在位经营者提供合理机会收回在放松管制前用于经营公用事业所投入的大量资本。[1] 对于新进入者而言,如果在位企业滥用其市场优势地位采用交叉补贴以获得杠杆效应或是采用掠夺性低价策略,则会剥夺新进入者开展公平竞争获得合理竞争回报的机会,管制者需要对此进行矫正以确保公平竞争。

第二,在给"瓶颈设施"企业施加公平竞争附加义务的同时,保证经营者特别是公、私企业经营者之间公平的竞争机会。[2] 由于公用事业的自然垄断特征,某些具有自然垄断性质的"瓶颈设施"业务仍然要保持垄断经营,但是接入"瓶颈设施"又是其他开放竞争业务部门运营所必需的,这就会产生管制如何促进竞争的问题。特别是当公用事业的竞争性业务在自由化过程中引入私人资本,而垄断性业务则仍由传统公共企业经营时,甚至某些公共企业在垄断性业务和竞争性业务上进行纵向一体化经营时,公、私企业间的公平竞争就尤其需要获得保障。我国台湾地区学者王文宇认为,为促进产业其他部门有竞争之机会,管制者应当对产业进行细分,并强制规定"瓶颈设施"经营者的"网络互联义务"与"向竞争对手强制出售义务"。[3] 产业拆分和对竞争者接入权的保障给新进入者创造了平等的市场竞争机会,但为了保障在位企业的运营效率和获得竞争性回报的合理经济激励,管制者也需要逐渐取消对在位企业所施加的不平等的制度制约,使在位企业与新进入者公平竞争。[4]

第三,管制者在促进产业竞争时应当坚持公正原则。公正原则是公共政策的基本要素,公正原则要求管制者公正地准许企业之间为争取市场支配地位而展开竞争。特别是在自然垄断特征的公用事业进行特许权投标竞争时,不因为

---

[1] J. Gregory Sidak and Daniel F. Spulber, Deregulatory Takings and the Regulatory Contract: The Competitive Transformation of Network Industries in the United States, Cambridge: Cambridge University Press, 1998, p. 503.

[2] J. Gregory Sidak and Daniel F. Spulber, Deregulation and Managed Competition in Network Industries, Yale Journal on Regulation, Volume 15, Issue 1, 1998, p. 125.

[3] 王文宇:《公用事业管制与竞争理念之变革:以电信与电业法制为基础》,载《台大法学论丛》2000年第4期,第124页。

[4] 〔美〕丹尼尔·F. 史普博:《管制与市场》,余晖等译,上海:格致出版社、上海三联书店、上海人民出版社2008年版,第801页。

企业的国家、私人所有制形式而有所歧视。管制者在授权公用事业的经营者时必须严格按照相关法律法规所规定的条件与程序作出决定，以此避免公用事业授权经营过程中的暗箱操作导致不公平的结果。[1]

四、放松管制趋势下竞争政策在受管制公用事业中的功能

竞争法律制度一般假定竞争性市场是优于非竞争性市场的，但是同时承认两个重要问题：第一，存在市场失灵，可能需要对市场进行公权力干预；第二，对市场失灵进行识别并作出矫正性措施的权力通常首先由立法机关和行政机关来行使，而不是由法院来行使。[2] 因此，在受管制公用事业产业中，竞争法适用的空间在很大程度上受制于管制体制，竞争法能否适用以及如何适用需要首先考虑管制体制的规定。如果政府已经对管制产业的产品价格、产出水平和市场准入作出规定，市场机制在这些领域发生作用的空间就会受到限制，竞争法在这些领域所能够起的作用较小。[3] 但随着公用事业产业放松管制，竞争法律制度在管制退位的空间发挥着实质的竞争促进作用，从而对原有管制构成替代。霍温坎普（Herbert Hovenkamp）将管制行业中竞争法律制度的作用归纳为三个方面：第一，竞争法律制度有助于确保管制体制实现其经济目标；第二，在管制存在的领域，竞争法律制度的补充作用使市场更具竞争性；第三，在管制退位或未实施有效监管的领域，竞争法律制度直接对私人垄断行为进行规制。[4] 按照霍温坎普的观点，竞争政策在受管制产业中所起的作用实际上取决于管制产业政策的范围与边界，管制体制对市场运行的干预越少，竞争政策起作用的空间就越大，因此笔者将按照管制的不同主导性作用，分别讨论竞争政策的除外、辅助促进竞争、替代管制成为竞争治理的核心制度这三种竞争政策在公用事业不同业务部门中所起的作用。

---

[1] 湛中乐、刘书燃：《PPP协议中的法律问题辨析》，载《法学》2007年第3期，第65页。
[2]〔美〕赫伯特·霍温坎普：《联邦反托拉斯政策：竞争法律及其实践（第3版）》，许光耀等译，北京：法律出版社2009年版，第786页。
[3] Herbert Hovenkamp, The Antitrust Enterprise: Principle and Execution, Cambridge, Massachusetts: Harvard University Press, 2005, p. 230.
[4]〔美〕赫伯特·霍温坎普：《联邦反托拉斯政策：竞争法律及其实践（第3版）》，许光耀等译，北京：法律出版社2009年版，第786页。

第三章
放松管制趋势下公用事业公私合作中的竞争政策定位

（一）在立法明确授权条件下产业管制政策对竞争政策的除外

在管制起主导作用的产业领域内，由于管制政策取代了市场机制，价格管制取代了价格竞争，因此竞争政策实际上难以发挥作用。在管制产业内，如果立法对该产业作出明示的竞争规制除外或者对企业作出明示的反垄断豁免，那么就构成限制竞争政策适用的合理理由，在这种情况下产业管制政策会排除竞争政策的适用。但如果产业特别法中并未明确排除竞争法律制度的适用，那么其对竞争法的任何限制或豁免都只能视为默示的，这种非明示竞争法排除机制往往不被法院认可为排除竞争法适用的合理基础。美国最高法院在美国诉费城国民银行案的判决中就指出，最高法院反对根据某一管制法令以默示方式排除反托拉斯法，除非反托拉斯法的适用将导致其与管制条款之间产生明显矛盾。[①]

（二）在公用事业的管制性业务中辅助促进竞争

虽然传统观点主张受管制公用事业的封闭性，管制对于公用事业企业定价、利润以及市场准入的控制排除竞争机制起作用的空间，但在新公共管理理论影响下，放松管制的公用事业开始强调引入竞争来提高公共服务供给效率，受管制公用事业出现了由管制事前监管与竞争法事后规制双重机制并行的竞争促进路径。在诸如电信、电力和管道型运输等公用事业行业中，管制机构对市场准入、定价和服务质量等方面进行监管，其目的是解决由于准入壁垒导致的竞争不充分问题。[②] 同时，在放松管制后特别是对公用事业进行市场结构性管制并拆分业务后，在垄断性业务中也需要竞争法律制度的适用来规制垄断企业滥用市场支配地位的行为，甚至确立"必要设施原则"（Essential Facility

---

① United States v. Philadelphia National Bank，374 U.S. 321, 350-351 (1963).
② 〔美〕丹尼尔·F. 史普博：《管制与市场》，余晖等译，上海：格致出版社、上海三联书店、上海人民出版社 2008 年版，第 11 页。接入管制是规制网络型公用事业产业中的重要内容。垄断性产业的各种竞争性业务与垄断性的网络性业务可能互相联结。竞争性企业使用垄断企业的网络，必须支付一定的使用费（即接入价格）。但如何确定接入价格，就存在竞争企业和网络垄断企业的双边谈判问题。但是在这种谈判中，拥有网络的垄断企业在谈判中处于主动地位，而竞争企业处于被动地位。如果不存在外部约束机制，垄断企业完全有可能制定垄断高价，谋取垄断利润。因此，接入价格的制定权不能掌握在网络垄断企业手中，而必须列入政府管制的范围。政府除制定接入价格外，还要监督网络垄断企业向竞争企业公平开放使用其网络。参见王俊豪：《垄断性产业市场结构重组后的分类管制与协调政策——以中国电信、电力产业为例》，载《中国工业经济》2005 年第 11 期，第 71 页。

Doctrine）来保障下游企业的垄断性网络接入权，作为其参与竞争的基础。① 实际上，正如徐士英指出，引入竞争政策的理念对产业立法和产业监管制度进行革新和重塑，已经成为破解行业性垄断问题的重要路径，这一路径也被称为产业立法的"竞争法化"进程。例如，在电信产业领域，竞争政策的影响使美国、日本等国家的电信产业法律制度产生了重大变化，电信产业立法已经成为具有竞争促进作用的"类竞争法"。我国也可以借鉴这种做法，将竞争政策的理念渗透到行业监管中，通过行业法的"竞争法化"，使行业法成为竞争法在特定产业部门中的延伸。这不仅有利于实现行业法与竞争法的接轨与协调，也有助于促进行业的发展。②

（三）在公用事业放松管制后的竞争性业务中，竞争政策的管制替代

公用事业放松管制和引入竞争改革在法律上主要表现为以经济管制为重要内容的行业专门法与维护竞争秩序的反垄断法的融合与互动。③ 随着竞争的引入，公用事业领域竞争法的适用范围必然扩大，政府管制将主要存在于尚未放松管制的自然垄断业务部分或者自然垄断业务与竞争业务相交接的部分，政府管制也趋向于以促进有效竞争为导向。④ 在公用事业放松管制下被拆分和剥离的竞争性业务一般完全采用市场化机制运作，其在原有产业管制下所享有的反垄断豁免特权也往往被取消，因此主要由竞争法律制度进行事后反垄断规制，在公用事业放松管制后的竞争性业务中，竞争法律制度完全替代管制政策起规制作用。⑤

---

① Robert Pitofsky et al., The Essential Facilities Doctrine under U.S. Antitrust Law, Antitrust Law Journal, Volume 70, 2002, p.443.
② 徐士英：《竞争政策视野下行政性垄断行为规制路径新探》，载《华东政法大学学报》2015年第4期，第39页。
③ 曹博：《公用企业竞争与管制立法问题探析》，载《法学》2002年第6期，第70页。
④ 同上。
⑤ 然而，也有学者认为，竞争政策不过是一种司法方式的产业管制。竞争执法机构具备许多与行政管制机构相同的特征，如规章制定权和裁决权。竞争执法机构通过发布兼并指南和诉讼政策影响企业行为，通过对违规行为进行调查和起诉来实施政策。参见〔美〕丹尼尔·F. 史普博：《管制与市场》，余晖等译，上海：格致出版社、上海三联书店、上海人民出版社2008年版，第13页。

五、公用事业公私合作中管制政策与竞争政策的协调

政府的产业管制与竞争政策的实施均意图通过促进竞争防止垄断行为侵蚀消费者利益。虽然从公用事业产业的完全管制到放松管制引入私人资本与市场机制,政府管制的范围在不断缩减,但保留的产业管制与竞争政策之间不可避免地会产生并存。在这种情况下,如果某一纳入产业管制法的行为限制了市场竞争,就会产生产业管制与竞争政策的适用分歧,因此探讨产业管制与竞争政策的协调具有关键意义。在公用事业公私合作模式中,应当维持产业竞争政策与产业补贴政策的衡平运作,共同推动 PPP 的有效开展。正如我国台湾地区学者王文宇指出,实施产业补贴在某些特定情况下对于 PPP 的成功开展而言必不可少,其原因在于:一方面,在若干特殊的公用事业行业中,例如能源产业,自然垄断、公共财产、外部性等特点显著,若由具有强制力的政府以产业政策主导资源分配,可以避免无效率的产生;另一方面,在民间筹资发生困难,或公共建设收入不足以支付公共建设成本的情况下,政府可以通过补贴民间企业增加其参与公共建设的激励。[①] 在公用事业的公私合作中,可以通过立法划定管制政策界限、推动管制机构角色转变、在管制政策界限内维持克制主义竞争法实施、对超越管制政策的违法管制进行竞争法规制这四方面推动产业政策和竞争政策的协调发展。

(一)通过立法明确划定管制政策的界限

在管制产业内,如果立法对该产业作出明示的竞争规制除外或者对企业行为作出明示的反垄断豁免,就构成限制竞争政策适用的合理理由,在这种情况下产业管制政策会排除竞争政策的适用。史际春指出,反垄断法是一般法,电信法、邮政法、电力法、铁路法等调整相关公用事业的法律是特别法,如果特别法对相关产业的垄断与限制竞争问题有具体规定,作为一般法的反垄断法应当对此予以认可。[②] 根据《中华人民共和国立法法》的规定,行业法优先适用的前提是,在法律位阶上来看,该行业法与《反垄断法》是同位法并由同一层

[①] 王文宇:《正本清源——评台电与民营电厂纷争涉及的多重法律议题》,载《月旦法学》2013年第6期,第69页。

[②] 史际春:《公用事业引入竞争机制与"反垄断法"》,载《法学家》2002年第6期,第63页。

级的立法机关制定，即当行业法是由全国人大及其常委会制定的法律时，在法律适用上才能优先于《反垄断法》。① 但是，为了防止产业立法阻碍管制产业自身的竞争促进性质的改革，确保产业竞争与竞争政策的有效协调，产业立法除了必须满足实体与程序上的正当性要求之外，② 还应当要求产业立法与管制政策坚持如下原则：

第一，产业立法与管制政策应当设定扭曲竞争的必要性标准。欧盟近年来在竞争政策与能源产业政策协调上就强调二者的替代互补关系，其做法可供我国的 PPP 实践借鉴。欧盟规定，在特定情形下，政府可以通过实施补贴提供诱因达成欧盟低碳与能源效率经济的目标，但是必须确保因该措施带来的竞争扭曲满足"必要性标准"（necessary）和"可接受度标准"（acceptable）。③ 我国通过立法对某些产业实施反垄断除外，但这不应当成为该产业恣意扭曲竞争的借口，因此产业立法和管制政策应当设定自身的竞争扭曲底线。可以参照欧盟法的规定，要求产业政策的扭曲竞争做法是实现产业目标所必需的，同时确保该做法是所有可能采取的做法中竞争扭曲影响最小的措施，避免对竞争政策造成过度扭曲以致损害公共利益。

第二，产业立法与管制政策还应当试图在成本弱增的业务范围内，探索如何打破独占，尽可能创造竞争。首先，应当通过产业立法确立某公用事业及其分支产业开放竞争的程度以及如何开放竞争。④ 其次，在暂时不能完全开放竞争的成本弱增的业务范围内，通过具体管制条件的设定尽可能实现有效竞争。比如确立两家或两家以上企业的竞争性经营，或通过特许权投标竞争，实现管制范围内的有效竞争。对此，难点在于立法者和管制政策制定者如何对自然垄断业务的成本弱增的范围及其程度、自然垄断与竞争的比较效率作出经济和技术上的判断，从而为管制立法的制定提供理论基础。⑤

---

① 史际春、肖竹：《〈反垄断法〉与行业立法、反垄断机构与行业监管机构的关系之比较研究及立法建议》，载《政法论丛》2005 年第 4 期，第 49 页。
② 方小敏：《论反垄断法对国有经济的适用性——兼论我国〈反垄断法〉第 7 条的理解和适用》，载《南京大学法律评论》2009 年第 1 期，第 136—137 页。
③ 王文宇：《正本清源——评台电与民营电厂纷争涉及的多重法律议题》，载《月旦法学》2013 年第 6 期，第 69 页。
④ 史际春：《公用事业引入竞争机制与"反垄断法"》，载《法学家》2002 年第 6 期，第 64 页。
⑤ 王俊豪：《论自然垄断产业的有效竞争》，载《经济研究》1998 年第 8 期，第 45 页；王俊豪：《中国垄断性产业结构重组分类管制与协调政策》，北京：商务印书馆 2005 年版，第 91 页。

第三章
放松管制趋势下公用事业公私合作中的竞争政策定位

（二）推动管制机构的角色转变

在公用事业的放松管制趋势下，要促进产业政策与竞争政策的协调发展还必须推动管制机构角色转变，使传统以准入管制、产出与数量管制、费率价格管制为重心的无所不管的管制机构转变为契合新管制架构、履行新管制任务的新型管制机构。首先，在放松管制后的新架构中，管制机构已经不再无所不管，而是将一部分管制职能放在扩大产业内的竞争上，希望通过竞争来提供稳定和价格合理的公共服务，增进消费者权益保护。其次，管制机构只有在市场运作不足以促进竞争时，例如在某一产业中只存在一家拥有自然垄断性的"瓶颈设施"厂商时，才会被要求介入市场。再次，现在管制机构的管制也倾向于制定关于产业结构细分的背景规则，而不是对市场主体的行为或具体交易细节进行事前规制。[①] 最后，监管机构还需要相应转变其监管方式，改变原有公用事业领域资格审查、数量限制、许可证等限制性进入的方式，采取"特许权竞争+契约监管"方式，规范和缩小监管范围和权限。

（三）通过克制主义竞争法实施对管制体系保持尊重

公用事业引入竞争改革在法律上主要表现为以经济管制为重要内容的行业专门法与维护竞争秩序的反垄断法的融合与互动。随着竞争的引入，公用事业领域竞争法的适用范围必然扩大，政府管制将主要存在于剩余的自然垄断业务部分或者自然垄断业务与竞争业务相交接的界面，政府管制也趋向于以促进有效竞争为导向。竞争法相对于调整特定公用事业的专门法律规范处于一般法的地位。在特别法没有作出规定、规定不明确或者规定与一般法存在冲突的情况下，就需要适用竞争法以及市场经济及竞争的一般原理来解决公用事业领域的垄断问题。[②]

然而，竞争法实施应当坚持严格的克制主义，防止竞争法实施侵蚀合法的管制范围，造成管制与竞争执法之间的管辖权重叠乃至冲突。在这一问题上，美国的做法值得借鉴。美国法院坚持严格的克制主义司法，法院要综合考虑下列因素以决定是否启动反托拉斯规制：（1）被诉行为是否属于管制机构的管辖权范围；（2）该行为是否已提交管制机构进行审查；（3）管制机构是否对行为

[①] 王文宇：《公用事业管制与竞争理念之变革：以电信与电业法制为基础》，载《台大法学论丛》2000年第4期，第133—134页。

[②] 史际春：《资源性公用事业反垄断法律问题研究》，载《政治与法律》2015年第8期，第5页。

的限制竞争效果进行了适当的审查；(4) 在这种情况下适用反托拉斯法的话，是否会因为规则矛盾而妨碍管制体制的有效运作；(5) 管制机构是否拥有反托拉斯法院通常不具备的特殊专业知识。[①] 在 2004 年 Trinko 案中，有关电话运营商与竞争对手的互联互通义务争议，美国联邦最高法院就认为，由于联邦和州管制机构均对互联互通争议进行了监管，已经通过管制程序对被告进行了处罚，管制已经在很大程度上减少了出现严重竞争损害的可能性，因此无须适用反托拉斯法进行规制。[②] 需要指出的是，在这种情况下虽然竞争执法机构应当对管制机构的专业性保持尊重，但这并不意味着竞争执法机构要受到管制机构裁决的强制性约束。[③]

(四) 通过竞争执法规制违法管制与不合理管制

公用事业公私合作模式中产业政策和竞争政策的协调发展还要求通过竞争执法来规制违法管制与不合理管制行为，为民间资本的引入创造公平竞争的市场环境。首先，如果公用事业相关产业的管制未经法律授权，可以通过启动《反垄断法》中的行政垄断规制制度来根除此类违法管制。正如苏永钦指出，事实上既存的产业管制并非都存在合理的法律基础，除了法律或依法律授权制定的法规性命令外，被管制产业更多的屏障实际上是来自无法律授权的命令、函释、方案、指示、同意或者默许等。由竞争执法机构限制这些无法律授权的不当管制，可以在很大程度上发挥去管制的作用，甚至达到产业完全开放的效果。[④] 美国著名反垄断与管制方面的研究者阿瑞达 (Phillip Areeda) 也指出，未经国会立法授权的管制行业的协议与行为仍然要受制于反托拉斯法。[⑤] 其次，即使在受管制产业的内部，也并不意味着企业运营的每个方面都应当受到管制。例如，尽管电力传输绝大部分仍然属于对于垄断运营的价格管制，但是发电业务则是具有竞争性的，这就需要在相同产业的不同分支性业务中实现管

[①] 〔美〕赫伯特·霍温坎普：《联邦反托拉斯政策：竞争法律及其实践 (第3版)》，许光耀等译，北京：法律出版社 2009 年版，第 788 页。

[②] Verizon Communications Inc. v. Law Offices of Curtis V. Trinko, LLP, 540 U.S. 398, 124 S. Ct., 882 (2004).

[③] 〔美〕赫伯特·霍温坎普：《联邦反托拉斯政策：竞争法律及其实践 (第3版)》，许光耀等译，北京：法律出版社 2009 年版，第 792 页。

[④] 苏永钦：《自由化、解除管制与公平交易法》，载《月旦法学》1997 年第 2 期，第 18 页。

[⑤] Phillip E. Areeda, Antitrust Laws and Public Utility Regulation, Bell Journal of Economics and Management Science, Volume 3, Issue 1, 1972, p. 47.

第三章
放松管制趋势下公用事业公私合作中的竞争政策定位

制政策与竞争政策的共同运作。最后,在管制产业内部,需要管制的事前监管与竞争执法的事后规制双重机制协调并行,来确保竞争性市场环境的实现。在公用事业的自然垄断性业务中也需要竞争法律制度的适用来规制垄断企业滥用市场支配地位的行为,甚至确立"必要设施原则"来保障下游企业的垄断性网络接入权,作为其参与竞争的基础。[1] 我国《反垄断法》第 8 条虽然对某些管制产业作了反垄断除外规定,但明确要求管制产业不得利用其控制地位或者专营专卖地位损害消费者利益。有学者将其解读为,如果在此类产业中存在滥用市场支配地位或是行政垄断行为等,仍然要适用《反垄断法》进行规制。[2]

---

[1] Robert Pitofsky et al., The Essential Facilities Doctrine under U. S. Antitrust Law, Antitrust Law Journal, Volume 70, 2002, p. 443.

[2] 方小敏:《论反垄断法对国有经济的适用性——兼论我国〈反垄断法〉第 7 条的理解和适用》,载《南京大学法律评论》2009 年第 1 期,第 138 页。

第四章
公用事业公私合作中的限制竞争问题

公用事业的公私合作旨在通过引进社会投资者打破公共产业的垄断格局。但是，鉴于PPP模式通常比普通合同关系复杂得多，项目周期也非常长，涵盖了项目筹备、建设、运营等阶段，学术研究凸显了对于其中可能存在的机会主义、腐败和公私合谋的顾虑，[1] 以及有限政府能否对PPP进行有效的长期监管的担忧。[2] 在监管不足的情况下，公私合作项目实践中也开始暴露出垄断与限制竞争问题。还有一些PPP项目程序中的问题也给公平竞争带来阻碍。[3] 这些垄断与限制竞争行为不仅会减损公私合作的竞争价值，也会侵害公共利益与减损消费者福利。本章在梳理公用事业公私合作模式中涉及垄断与限制竞争问题的案例的基础上，归纳整理这一领域突出存在的垄断与限制竞争行为，并特别选取典型案例进行分析，希望能够尽可能全面地呈现出目前公用事业公私合作模式中的垄断与限制竞争问题。

一、公用事业公私合作模式中的垄断协议问题

公用事业公私合作模式中的垄断协议问题存在于诸多方面，既包括PPP

---

[1] Eduardo Engel et al., Public-Private Partnerships: When and How, July 19, 2008, https://www.researchgate.net/publication/251176256_Public_Private_Partnerships_When_and_How, p. 17, last visited on October 20, 2020.

[2] Jurong Zheng and Nigel Caldwell, An Asymmetric Learning in Complex Public-Private Projects, Journal of Public Procurement, Volume 8, Issue 3, 2008, p. 350.

[3] Sandeep Verma, Government Obligations in Public-Private Partnership Contracts, Journal of Public Procurement, Volume 10, Issue 4, 2010, pp. 565-566.

第四章
公用事业公私合作中的限制竞争问题

项目企业之间的横向垄断协议问题，也包括项目企业与下游经营者之间的纵向垄断协议，同时，PPP 协议中并入的"不竞争条款"也可能引致相关的限制竞争问题。

公用事业公私合作中的垄断协议问题首先表现在多个 PPP 项目企业之间横向的联合限制竞争行为（如图 4.1 中第一种限制竞争协议类型所示）。我国台湾地区发电业务委外经营中的价格纠纷案就凸显了这一问题。为解决缺电限电问题，我国台湾地区经济事务主管部门于 20 世纪 90 年代开始实施分割发电、输电、配电，推动民间发电政策，逐批开放 9 家民营电厂。台电公司（以下简称"台电"）将一部分发电任务委托民营电厂完成，并与其签订长期购电契约。购电契约约定，台电将按照 1999 年公告的电价向民营电厂购电，这些民营电厂应以台电为唯一下游交易相对人，契约约定的购电期限为 25 年。2012 年初，政府宣布大幅提高电价，引起民意不满。社会舆论开始检讨台电因为过去大幅亏损导致需要提价的原因，并将此归咎于台电与民营电厂的高价购电契约。为缓和民怨，台电积极与民营电厂协商降低电力购买价格，但是民营电厂却拒绝降价，要求台电按照原契约继续履行。根据我国台湾地区行政管理机构下的公平交易委员会的调查，长生、麦寮、和平、新桃、国光、嘉惠、森霸、星能及星元等 9 家民营发电厂，曾于 2008 年到 2012 年多次集会，并在"台湾民营发电业协进会"会议中达成共识，不会降低台电的购电费率，并约定采用以拖待变的方式，拒绝与台电协商降价。公平交易委员会认为，9 家民营电厂是台湾地区少数经当局特许成立，向台电供应电力的事业，彼此间处于同一产销阶段，是具水平竞争关系的发电业者。从 2008 年到 2012 年这 4 年多时间里，它们借由台湾民营发电业协进会来集会，达成彼此不和台电完成调整售电费率的合意，相互约束事业活动，以拖待变，联合拒绝和台电协商，足以影响台湾地区发电市场的供需功能，构成我国台湾地区"公平交易法"禁止的联合行为，而且情节重大。基于上述原因，公平交易委员会于 2013 年依照我国台湾地区"公平交易法"第 14 条有关联合行为之规范[1]，重罚 9 家厂商共计

---

[1] 我国台湾地区"公平交易法"第 14 条第 1 项规定：本法所称联合行为，指具竞争关系之同一产销阶段事业，以契约、协议或其他方式之合意，共同决定商品或服务之价格、数量、技术、产品、设备、交易对象、交易地区或其他相互约束事业活动之行为，而足以影响生产、商品交易或服务供需之市场功能者。

新台币63亿元,创下自我国台湾地区"公平交易法"实施以来最高金额的罚款。①

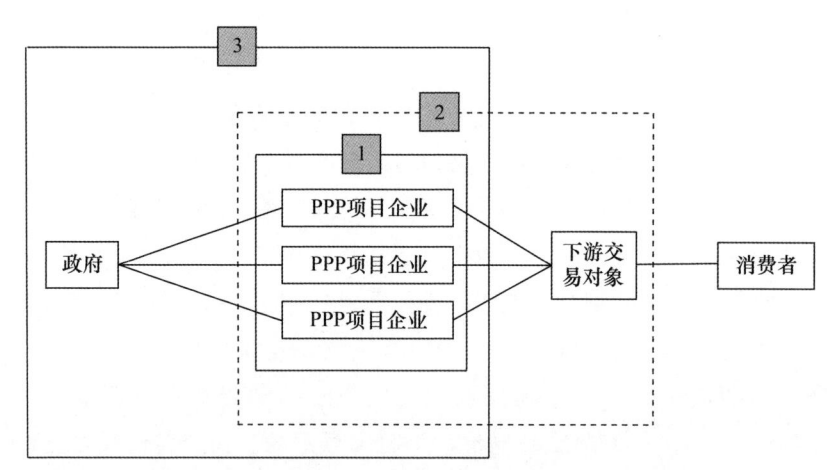

图4.1 公用事业公私合作模式中的垄断协议问题

除了案例中PPP项目企业之间的价格协同行为,由于相关市场中获得特许经营权的PPP项目企业数量的有限性,而且其提供公共服务的价格一般已经由政府预先设定或者在特许协议中进行了规定,这些数量不多的PPP项目企业更有内在动力通过限制产量、划分市场等垄断行为来提高利润。例如,在江西省泰和县液化石油气经营者从事垄断协议案中,7家经营者就达成了市场分割协议,有些经营者专营液化气批发业务,有些经营者专营散装零售业务,严重限制了市场竞争。②在湖南中民燃气有限公司与怀化铁路经济技术开发有限公司达成并实施垄断协议案中,自2010年6月开始,在怀化市政府有关部门组织下,由怀化市城区燃气经营企业对瓶装燃气配送网点进行整合。整合过程中,中民公司与怀化铁路经济技术开发有限公司达成并

---

① 但是,被处罚的9家民营电厂不服,向台北高等行政法院提起行政诉讼,台北高等行政法院撤销了公平交易委员会的处分。公平交易委员会不服该判决,向我国台湾地区"最高行政法院"提起上诉,我国台湾地区"最高行政法院"对台北高等行政法院的判决质疑后废弃原判决,发回台北高等行政法院。台北高等行政法院于2020年5月13日作出判决,撤销公平交易委员会的处分。有关该案的具体案情可以参见我国台湾地区公平交易委员会处分书(公处字第103090号);王文宇:《正本清源——评台电与民营电厂纷争涉及的多重法律议题》,载《月旦法学》2013年第6期,第64—66页;刘姿汝:《由民营电厂案论联合行为之认定》,载《兴大法学》2016年第19期,第111—112页;也可以参见下文典型案例评析部分。

② 国家市场监督管理总局反垄断局竞争执法公告2013年第2号江西省泰和县液化石油气经营者从事垄断协议案(赣工商公处字〔2010〕01号)。

第四章
公用事业公私合作中的限制竞争问题

实施划分瓶装燃气充装市场垄断协议行为。[1]

然而，在规制多个PPP项目企业之间横向垄断协议问题时，反垄断执法机构可能不得不面对特许协议价格条款给垄断协议规制带来的困境。由于在公用事业引入社会资本经营时，政府与最后选定的社会资本方之间会签订PPP协议，明确约定社会资本方提供公共服务的数量和价格。这一协议的存在给垄断协议中合意和协同行为的认定提出了挑战，也提出了公用事业公私合作中的重要竞争规制难题：承担PPP项目的经营者之间要求继续履行合同，按照约定的价格出售公共服务，联合拒绝降低价格，属于契约自由还是构成联合限价的垄断协议行为？如果PPP协议固定了每一经营者的产量与价格，这是否意味着PPP项目经营者之间就不再存在竞争关系？在公用事业领域的特殊市场结构中，反垄断执法机构是否应当通过反垄断法介入PPP项目，干预PPP协议，调整价格？如果以反垄断为由要求PPP项目经营者降低价格，是否构成政府一方违约？竞争规制介入到何种程度，才属于适当与合理的规制？正如王文宇所指出的，竞争规制如果介入不当，不仅可能会干预PPP项目的契约自由和意思自治，更会损及良好的营商环境建设和国际投资信誉。[2]

其次，公用事业公私合作中的垄断协议问题还存在于PPP项目企业与上下游企业之间的纵向垄断协议（如图4.1中第二种限制竞争协议类型所示）。当BOT、BOO、BOOT等行政特许经营方式被采用后，在这些利用行政特许协议将一部分公用事业的经营权转交给民间的合作方式中，就特别需要关注公私企业之间是否可能存在利用上下游之间的交易共谋提高公共服务价格的问题。例如，当电力市场的发电环节委托给私人PPP项目企业运营后，PPP项目企业完全有可能与输电的国有企业之间就电价达成纵向垄断协议，从而损害消费者利益和社会公共利益。

最后，由于公用事业公益性的特点和社会资本方逐利性之间的矛盾，为了鼓励社会资本积极参与PPP项目，政府在授予特许权时可能会在PPP协议中

---

[1] 国家市场监督管理总局发布湖南中民燃气有限公司与怀化铁路经济技术开发有限公司达成并实施垄断协议案行政处罚决定书（湘市监反垄断处字〔2020〕1号、湘市监反垄断处字〔2020〕2号）。
[2] 王文宇：《正本清源——评台电与民营电厂纷争涉及的多重法律议题》，载《月旦法学》2013年第6期，第92页。

加入"不竞争条款"(Non-Competition Clause),①这也会给竞争带来某种程度的限制(如图 4.1 中第三种限制竞争协议类型所示)。对于公私合作模式下的不竞争条款目前尚无统一的定义,②但其基本特征在于,作出许可授权的公部门向社会资本方作出了其可以在特定时间和特定地域范围内享有排他性项目经营收益权的承诺。例如,在著名的英法海峡隧道项目中,英法两国政府与负责建设该项目的欧洲建造公司之间所签订的特许经营协议中就约定:在 2020年之前,政府承诺不会修建第二条具有竞争性的英法海峡隧道;欧洲建造公司拥有 55 年运营该隧道的特许经营权。③ PPP 协议中并入不竞争条款的初衷是吸引社会资本参与沉没成本高、投资规模大、建设周期长、公益性的公用事业项目,但是如果在项目实践中政府对于 PPP 项目的运营缺少有效监管,就往往难以避免具有逐利性的 PPP 项目经营者滥用其基于排他性特许经营权而产生的垄断地位,损害消费者利益和公共利益。例如,美国南加州 SR-91 高速公路特许合同中的"不竞争条款"引起了极大的争议。"不竞争条款"阻碍了对这条拥挤路段的改善,直到 2003 年 1 月橘子郡交通管理局从私人经营者手中购买了这条高速路后,这项不竞争条款才得以终止。④ 2014 年我国也发生了兰州威立雅水务公司因为提供的自来水苯含量超标,导致兰州市政府不得不宣布全城断水事件。兰州市政府与威立雅水务公司签订的特许经营协议中约定了排他性特许经营权条款,加之政府部门对自来水厂的运营疏于监管,导致出现了这一严重损害社会公共利益的事件。⑤ 正如有学者所指出,如果僵化地使用不

---

① R. Richard Geddes, Competition Issues and Private Infrastructure Investment through Public-Private Partnerships, in Thomas K. Cheng et al. , Competition and the State, Stanford, California: Stanford University Press, 2014, p. 59.

② 有学者将"不竞争条款"定义为,"公共部门合作者承诺其将不会在私人合作者运营的基础设施的特定距离之内建造竞争性的基础设施或开展竞争性的公共服务。"参见苏华:《PPP 模式的反垄断问题与竞争中立——基于美国路桥基础设施建设项目的分析》,载《国际经济合作》2016 年第 9 期,第 78 页。也有学者将其补充界定为,"为维护社会资本方正当收益,政府通过 PPP 特许协议承诺社会资本方在特定时间和范围内享有排他性经营收益权的制度设计。"参见陈思:《PPP 特许协议中的不竞争条款研究》,华东政法大学 2018 年硕士学位论文,第 8 页。

③ 柯永建等:《英法海峡隧道的失败对 PPP 项目风险分担的启示》,载《土木工程学报》2008 年第 12 期,第 98 页。

④ R. Richard Geddes, Competition Issues and Private Infrastructure Investment through Public-Private Partnerships, in Thomas K. Cheng et al. , Competition and the State, Stanford, California: Stanford University Press, 2014, p. 248, note 16.

⑤ 陈思:《PPP 特许协议中的不竞争条款研究》,华东政法大学 2018 年硕士学位论文,第 29 页。

第四章
公用事业公私合作中的限制竞争问题

竞争条款可能会引致新的垄断行为,损害相关领域的竞争者权益和消费者利益。① 一方面,不竞争条款的并入容易引致 PPP 项目企业的滥用市场支配地位行为;另一方面,如果公部门为了让特定经营者获得该排他性特许权,设置歧视性资质要求,限制其他竞争者参与 PPP 项目的招投标程序,就又会引起行政垄断问题。由于 PPP 项目经营者的独占地位是协议中"不竞争条款"所明确赋予的,单纯依靠反垄断法只能在事后对相关的滥用市场支配地位行为和行政垄断行为进行规制。但是从保护社会公共利益的视角来看,对于此类并入"不竞争条款"的 PPP 项目,不仅应当强化事前的竞争规制,要求公部门在授予排他性特许权时严格恪守投标竞争程序,还特别需要建立有效的"契约规制"机制以平衡不竞争条款在长期合同实施中所可能产生的负效应。例如,设置合理的情势变更条款,嵌入修补程序并设置重新谈判的条件,并入补偿条款来作为终止不竞争条款的条件,② 对于合同的定期审查,项目运营中对于公共服务的价格和质量进行有效监管等。③

公用事业公私合作中容易存在垄断协议行为可以从市场结构、商品供求弹性、法律政策环境三方面来解释。

第一,由垄断所产生的条件来看,市场上经营同一行业的企业数量越少,越有利于联合垄断行为的形成。这是因为如果在某一市场上生产同类产品的企业的数量极少,或者虽然生产同类产品的企业数量较多,但是在规模上是由少数几家企业占据市场支配地位,在这样的市场结构下,企业经营者要达成垄断

---

① 吕慧娜:《论政府特许经营协议中的不竞争条款——以与〈反垄断法〉的适用衔接为视角》,载《周口师范学院学报》2020 年第 1 期,第 115 页;陈思:《PPP 特许协议中的不竞争条款研究》,华东政法大学 2018 年硕士学位论文,第 29 页。

② 由于"不竞争条款"会限制公共服务提供的质量改善,因此,在美国,很多特许合同中会并入补偿条款,规定公部门的合作伙伴可以建造计划外的与 PPP 项目互相竞争的设施,但必须补偿私人合作伙伴的收入损失。See R. Richard Geddes, Competition Issues and Private Infrastructure Investment through Public-Private Partnerships, in Thomas K. Cheng et al., Competition and the State, Stanford, California: Stanford University Press, 2014, p.59.

③ 为了有效应对政府与私人部门合作中长期合同的不确定性问题,有学者就契约规制方面提出如下建议:第一,PPP 立法应强制性地将弹性特许期、价格调整、收益分配调整、股权变更等"可变条款"嵌入 PPP 合同的"核心条款",以法的规定性固化应对 PPP 合同风险的处置机制;第二,设定可变条款的触发机制,并非所有的不确定性都可以作为合同调整的依据,立法应明确启动合同调整的条件,明确不可抗力、情势变更等 PPP 合同调整触发条件的基本内涵和适用范围;第三,借鉴国外先进经验,引入"早期警告"和"定期审查"机制,并提出 PPP 项目必须建立权威且中立的专家小组的立法要求。参见陈婉玲:《PPP 长期合同困境及立法救济》,载《现代法学》2018 年第 6 期,第 92—93 页。

协议的成本就会相对较低，而且企业间串联的风险也较小。[①] 有学者指出，我国的公用事业行业是高度集中的，一个行业中企业数量很少，即便有外资进入，也不是来参与竞争，而是来享受垄断利润的。[②] 这种市场结构为垄断协议创造了条件。

第二，商品价格与市场的供求关系极为密切，如果在市场上存在着需求缺乏弹性的情形，厂商之间也就容易形成联合垄断以从价格的提升中得到好处，这也就为垄断协议创造了诱因。公用事业所提供的服务本来就具有一定的公共属性，引入社会资本经营后，虽然其产品或服务的提供者由政府转为民间，但经营项目本身的性质仍旧维持着一定的公共属性。为了得到最大的经济效益，PPP项目企业自然有很强的动机去和那些为数不多的同行达成垄断性协议来提高价格或分割市场，达到本身利益的最大化，但这种利益是以牺牲广大民众的公共利益作为代价的。

第三，公用事业监管的法律政策环境也决定着企业是否会实施垄断协议行为。如果公用事业的相关产业立法都排除竞争规则的适用，公用事业引入社会资本运营之后，如果继续排除反垄断法的适用，也为少数几家企业达成垄断协议创造了条件，将严重侵害消费者和社会公共利益。

二、公用事业公私合作模式中的滥用市场支配地位问题

公用事业项目多具有网络型产业结构与自然垄断属性，当PPP项目企业获得某类公共产品或服务的排他性特许经营权后，该企业往往就因此成为特定地理区域范围内公共产品或服务的垄断经营者。虽然垄断地位保证了项目企业能够收回投资成本并获得利润，但是如果项目企业滥用垄断地位，则将会严重损害社会公共利益。一般而言，在提供公共产品或服务的PPP项目合同中都会明确规定，产品价格已经经过物价局进行审查和批准，并且将价格调整的公式作为合同关键条款之一。由于价格受到较为严格的监管，PPP项目企业往往无法控制所售产品或服务的市场价格，这导致PPP项目企业反而更加有动

---

① 〔美〕丹尼斯·卡尔顿、杰弗里·佩罗夫：《现代产业组织》，黄亚均等译，上海：上海三联书店1998年版，第266页。
② 王先林：《我国反垄断法实施的基本机制及其效果——兼论以垄断行业作为我国反垄断法实施的突破口》，载《法学评论》2012年第5期，第103页。

第四章
公用事业公私合作中的限制竞争问题

力通过滥用市场支配地位的方法赚取更多利润。

首先，公用事业公私合作中存在 PPP 项目企业无正当理由滥用市场支配地位限定交易的行为。例如，2016 年江苏省工商行政管理局就因存在指定交易的滥用市场支配地位行为而对宿迁银控自来水有限公司进行处罚。宿迁银控自来水有限公司属于以区域供水管网为运营基础的公用企业，是由原宿迁市自来水公司于 2004 年改制后成立的外商独资企业。依据其与宿迁市政府的协议，在协议规定时间内，宿迁银控自来水有限公司获得了在宿迁市宿城区、洋河新区、苏宿工业园区、市经济开发区所辖范围内的城市公共自来水供水服务的独家特许经营权。宿迁银控自来水公司利用其在城市公共自来水供水服务市场的垄断性地位，要求其他企业必须与其指定的供水工程施工企业进行交易，否则就不予供水。① 又如，2017 年吴江华衍水务有限公司也因为滥用市场支配地位，实施限定交易的行为，被江苏省工商行政管理局作出处罚。吴江华衍水务有限公司成立于 2005 年，由香港中华煤气有限公司与苏州市吴江区域自来水投资有限公司共同投资成立。依据《吴江市区域供水特许经营协议》，吴江华衍水务有限公司通过原吴江市人民政府授权，获得吴江区域的供水特许独家经营权，经营期限 30 年。吴江华衍水务有限公司利用其在吴江区范围内公共自来水供水服务的市场支配地位，在城市供水经营中，明示或暗示房地产开发企业将给水安装工程、二次供水工程、接水装表工程等交由其全资子公司或其指定的企业来施工。对供水工程所需的水表、管材等主要材料和设备，吴江华衍水务有限公司还要求房地产开发企业、施工单位必须使用其提供或指定的品牌、厂商提供的材料和设备。②

其次，公用事业公私合作中还存在 PPP 项目企业滥用市场支配地位实施搭售的行为。在公用事业公私合作中的搭售行为主要表现为，经营者在销售日常生活所必需的公共服务时，强行向需求者搭售不必要的商品或服务，例如强迫城市供水、供电的使用者附带地购买不必要的服务，从而利用其市场支配地位赚取垄断利润。典型案例如江苏宿迁正源自来水有限公司滥用市场支配地位案。江苏宿迁正源自来水有限公司的前身为宿迁市新大地自来水公司，成立于

---

① 国家市场监督管理总局反垄断局竞争执法公告 2016 年第 13 号宿迁银控自来水有限公司垄断行为案（苏工商案〔2016〕00025 号）。

② 国家市场监督管理总局反垄断局竞争执法公告 2017 年第 3 号吴江华衍水务有限公司滥用市场支配地位案（苏工商案〔2016〕00050 号）。

2002年，是宿迁市宿豫区水务建设投资有限责任公司独资的供水企业，也是江苏省宿迁市宿豫城区唯一的自来水供给企业，负责宿豫城区的自来水生产、经营管理，在当地供水市场上具有绝对支配地位。江苏宿迁正源自来水有限公司在房地产企业向其就新建住宅小区提出用水申请时，向房地产企业提供当事人制作的制式表格，将自来水用水申请和自来水安装工程申请合并设置，要求提出供水申请的企业必须同时购买供水安装工程服务。因该行为，2019年江苏省市场监督管理局对江苏宿迁正源自来水有限公司作出行政处罚。[①] 又如，中国电信股份有限公司宁夏分公司在固定互联网经营中强制搭售固定电话，而被宁夏回族自治区工商行政管理局要求整改。[②]

再次，公用事业公私合作中还存在PPP项目企业滥用市场支配地位在交易时附加不合理交易条件的行为。例如，2014年重庆市工商行政管理局对重庆燃气集团股份有限公司滥用市场支配地位，附加其他交易条件的行为作出处罚。重庆燃气集团股份有限公司是台港澳与境内资本共同出资的合资企业。自2008年以来，该公司利用公用企业的市场支配地位，在向天然气非民用气用户销售天然气过程中，通过设置工作流程与签订格式合同的方式，要求用户接受以"修正系数"为基准的天然气结算方式。重庆市工商行政管理局经调查认定该行为构成无正当理由滥用市场支配地位行为。[③] 2016年青岛新奥新城燃气有限公司就因为实施了附加不合理交易条件的滥用市场支配地位行为，被山东省工商行政管理局作出反垄断处罚。青岛新奥新城燃气有限公司是成立于2001年的中外合资有限责任公司。根据其与青岛市城阳区城市规划建设局签订的特许经营协议，青岛新奥新城燃气有限公司负责在青岛市城阳区行政管辖规划区域内提供管道燃气供应服务，是在相关地域市场范围内唯一的管道燃气供应企业。这种唯一经营者地位，使其在相关市场中具有控制管道燃气供应与否、如何供应以及设定其他相关交易条件的能力，相关地域市场的燃气用户无法转向其他燃气经营者购买燃气，用户对其在管道燃气供应服务上具有完全的依赖性。凭借该市场支配地位，青岛新奥新城燃气有限公司要求消费者必须交

---

① 国家市场监督管理总局发布江苏宿迁正源自来水有限公司滥用市场支配地位案行政处罚决定书（苏市监案〔2019〕00027号）。
② 国家市场监督管理总局反垄断局竞争执法公告2015年第6号中国电信股份有限公司宁夏分公司垄断案（宁工商竞争处字〔2015〕第4号）。
③ 国家市场监督管理总局反垄断局竞争执法公告2014年第19号重庆燃气集团股份有限公司垄断行为案（渝工商经处字〔2014〕1号）。

第四章
公用事业公私合作中的限制竞争问题

纳预付气款，且该预付的气款不能用于冲抵燃气费。山东省工商行政管理局认为这一行为已经构成无正当理由在交易时附加不合理交易条件的滥用市场支配地位行为，严重侵害了工商业户合法权益和社会公共利益，破坏了公平竞争的市场环境。①

最后，公用事业公私合作中还存在 PPP 项目企业滥用市场支配地位不合理过高定价的行为。国务院办公厅督查室于 2020 年 11 月 23 日公布的《关于国务院第七次大督查发现部分地方和单位落实保市场主体政策打折扣搞变通典型问题的通报》中指出，督查组在多地发现，在国家实施工商业用电降价政策后，转供电环节截留降低电价政策红利，未将降电价政策红利全面传导至终端用户。北京、河北、青海等地部分转供电主体收取电价明显高于从电网企业的购电均价；黑龙江、湖南、广东等地部分转供电主体收费标准远超当地目录电价。上海、江苏、河南等地部分转供电主体近 3 年来普遍未落实降低电价政策；浙江、新疆等地部分转供电主体在加价基础上又额外收取损耗费和服务费；陕西省部分地方电价经多次转供大幅度提升。②

通过分析近年来公用事业公私合作模式中的滥用市场支配地位案例可以发现，供水和供气领域是 PPP 项目企业滥用市场支配地位行为的高发领域。《国家工商总局关于公用企业限制竞争和垄断行为突出问题的公告》中特别指出了供水、供电、供气等公用企业在经营中突出的滥用市场支配地位行为，包括：强制或变相强制申请办理水、电、气入户的经营者或消费者购买其提供的入户设备和材料；强制或变相强制用户接受其指定经营者提供的服务；强制或变相强制向用户收取最低用水（电、气）费用，强行向用户收取押金、保证金、预付费；强制或变相强制用户购买保险或其他不必要的商品；强制滥收费行为。因此，在实践中必须特别防止社会资本在此类领域利用市场支配地位实施搭售，指定交易对象，附加不合理交易条件，或者在交易条件上对不同消费者采取差别待遇等方式损害消费者利益和社会公共利益。③ 还值得一提的是，在公

---

① 国家市场监督管理总局反垄断局竞争执法公告 2016 年第 2 号青岛新奥新城燃气有限公司滥用市场支配地位案（鲁工商公处字〔2016〕第 24 号）。

② 国务院办公厅督查室：《关于国务院第七次大督查发现部分地方和单位落实保市场主体政策打折扣搞变通典型问题的通报》，http://www.gov.cn/hudong/ducha/2020-11/23/content_5563571.htm，2020 年 11 月 26 日最后访问。

③ 曹珊、李达昊：《PPP 项目与违法垄断行为：基于华衍水务滥用市场支配地位案例分析》，载曹珊：《PPP 运作重点难点与典型案例解读》，北京：法律出版社 2018 年版。

用事业中引入竞争机制的过程中，随着网络所有者和网络使用者的分离，会出现网络所有者为了索取高额的网络使用费，或者为了保护自己经营网络产品的下属企业的目的，而拒绝其他网络产品使用者使用网络的现象，阻碍了网络产品经营领域的正常竞争。此外，在我国已经开展的数千个 PPP 项目中，大多数是公共部门与国有企业双方之间签订契约，这种契约的潜在风险转移方式不同于公共部门和私营企业之间签订的契约。① 特别由于地方国有企业与地方政府之间在官僚体系、人事流转等方面的多方面关联，获得政府授权的经营 PPP 项目的国有企业更可能无所顾忌地实施滥用市场支配地位行为。

我国《反垄断法》第 8 条规定："国有经济占控制地位的关系国民经济命脉和国家安全的行业以及依法实行专营专卖的行业，国家对其经营者的合法经营活动予以保护，并对经营者的经营行为及其商品和服务的价格依法实施监管和调控，维护消费者利益，促进技术进步。前款规定行业的经营者应当依法经营，诚实守信，严格自律，接受社会公众的监督，不得利用其控制地位或者专营专卖地位损害消费者利益。"根据《反垄断法》的要求，包括 PPP 项目企业在内的具有合法垄断地位的企业，在项目的实际运营中应当承担诚实经营义务，接受产品和服务的价格监管，且不得滥用市场支配地位损害消费者权利和社会公共利益。

三、公用事业公私合作项目企业经营者集中的垄断问题

在基础设施和公共服务领域已经高度民营化的国家，经常会出现若干大型企业共同垄断某一行业的现象，特别是供水、供电、电信等领域最经常发生此种垄断。公共服务领域的寡头垄断有利于增加规模经济，降低公用事业运营成本，提高公共产品和服务质量。引入社会资本、经营者不断集中化作为公用事业领域的普遍趋势也逐渐被我国接受。但是，如果公用事业 PPP 项目以项目实体形式运营，而且合资各方对项目享有共同的控制，将被视为《反垄断法》规定的经营者集中行为，应当受到《反垄断法》规制。如果合资各方的营业额达到《反垄断法》经营者集中的申报标准，则在实施 PPP 项目前，需要报送

---

① 王文宇：《PPP 的机遇与挑战：以台湾 BOT 法制与实践为例》，载顾功耘主编：《公私合作（PPP）的法律调整与制度保障》，北京：北京大学出版社 2016 年版，第 86 页。

第四章 公用事业公私合作中的限制竞争问题

商务部进行反垄断审查。如果 PPP 项目本应当进行经营者集中申报却并未申报，将可能面临责令停止实施集中、限期处分股份或者资产、限期转让营业以及采取其他必要措施恢复到集中前的状态，并处或单处罚款等处罚。① 目前，我国公用事业领域引入社会资本运营，但未依法申报经营者集中问题突出表现在交通运输领域，特别是港口领域。2015 年，新誉集团有限公司与庞巴迪运输集团瑞典有限公司拟设立合营企业从事城市轨道交通信号系统业务和有轨电车信号系统业务，但因为合营企业急于参与某地铁项目投标而没有进行经营者集中申报，结果于 2016 年被商务部处以罚款。② 2017 年辽宁港口集团取得大连港集团和营口港务集团股权，也因为未依法申报经营者集中，于 2019 年被国家市场监督管理总局处以罚款。③ 还有广州港收购中山港航股权也未依法申报经营者集中，于 2019 年被国家市场监督管理总局处以罚款。④

公用事业公私合作领域的经营者集中问题还存在于若干家获得特许权的 PPP 项目企业之间可能从事集中行为，对于此类行为是按照垄断协议来事后规制，还是按照经营者集中要求事前申报，可能在实践中产生争议。被终止调查的鄂尔多斯市三家燃气公司涉嫌垄断经营行为案就存在这样的问题。原本在内蒙古自治区鄂尔多斯市东胜区内，有三家燃气公司获得特许权，可以从事燃气提供服务。但由于三家企业经营状况均不佳，牛某经过市场考察，决定承包经营这三家燃气公司。牛某与三家燃气公司签订转租合同，约定三家燃气公司各自转租给牛某，牛某每月向三家公司支付承包费。该承包合同的签订，将东胜区具有竞争关系的燃气市场归属于一个经营者承包，牛某通过转租协议形成了在东胜区燃气市场的市场支配地位。在签署转租协议两年后，牛某与三家公

---

① 英国财政部 2010 年发布的《公私合营实体：公部门与私部门组建合营企业的指南说明》中就指出，公部门与私部门组建的"合营实体"会在多方面受到英国和欧盟竞争法的规制。在设立这种"合营实体"时，需要遵守竞争法中关于企业合并控制的制度以及限制竞争协议规制制度。"合营实体"可能构成英国《企业法》（Enterprise Act）中的"相关兼并情况"（Relevant Merger Situation）。如果公平交易局认为该"合营实体"协议可能产生限制竞争效果，则可以对该协议进行调查。如果"合营实体"构成"全功能合营企业"（Full-Function Joint Venture），还要遵守《欧盟并购条例》（EC Merger Regulation）的相关规则。See Her Majesty's Treasury, Joint Ventures: A Guidance Note for Public Sector Bodies Forming Joint Ventures with the Private Sector, March 2010, pp. 62 and 103, articles 9.6-9.8. and k. 3-k. 4.
② 商务部行政处罚决定书（商法函〔2016〕174 号）。
③ 国家市场监管总局发布对辽宁港口集团取得大连港集团和营口港务集团股权未依法申报案的行政处罚决定书（国市监处〔2019〕48 号）。
④ 国家市场监管总局发布对广州港收购中山港航股权未依法申报案的行政处罚决定书（国市监处〔2019〕49 号）。

司协商后决定提高燃气价格，从此前每瓶80元涨价到100元，还要求用户必须购买其经销的液化气罐，否则不予灌气。① 本案中的转租行为应当视为三家燃气企业之间的垄断协议，还是经营者集中后形成了滥用市场支配地位的单一主体，就可能存在争议。② 此外，当若干家获得特许权的PPP项目企业之间进行集中时，虽然可能因为达不到《反垄断法》中经营者集中的申报标准而无须申报，但是这种集中可能会给社会资本方绕开竞争性程序的机会。例如在上述案例中，在转租前，本来相关市场中三家获得经营权的燃气企业彼此之间是具有竞争关系的，但是三家企业通过转租协议将经营权转租给牛某时，牛某未经过竞争性程序就直接取得了三家燃气企业的承包经营权，成为相关市场中燃气服务的唯一提供者。这意味着如果公用事业在引入社会资本运营时如果协议设计不当，忽视了转租或者分包情况下的竞争机制保障，社会资本就极有可能通过转租或者分包来绕开竞争性程序，导致原有公共事业通过严格的招投标程序和竞争性谈判来择优选取最佳社会资本方的努力付之东流。

此外，在我国现有的公用事业PPP实践中，还要特别关注经营者集中的安全审查、规制外资垄断、防止国有资产流失问题。有调研显示，在当前实践中，公用事业PPP项目中的社会资本方往往是国有大型建筑企业或国有金融机构，在获得相应的项目施工利润后，建筑企业会倾向于尽快退出项目企业。这就为一些试图以低价购买项目资产并意图形成最终形成垄断地位的企业创造了条件。通过复杂的资本运作，大型资本可能在几年内完成特定领域的资产布局，其结果甚至可能威胁到国民经济的正常运行。③ 随着我国公用事业PPP案例的不断增加，一些国内外的社会资本也不断通过各种方式参与到原本属于国有的公用事业的运营过程中。这些合并有些是有益于市场的健康发展，同时也是受到法律保护的，然而，也有许多的集中行为是属于恶意、非法的。这种不正常的集中方式，其目的往往是想要通过收购、兼并的手段来侵蚀国有资产，企图利用这些被兼并的国有企业原本庞大的市场占有率来垄断市场。特别是当外资参与PPP实践时，更可能借由参股逐步利用其庞大的资源与财力吞并国

---

① 国家市场监督管理总局反垄断局竞争执法公告2017年第8号鄂尔多斯市三亚液化石油气有限公司等三家公司涉嫌垄断经营行为终止调查决定（内工商竞争处字〔2016〕4号终止调查决定书）。

② 林峰：《经营者集中、垄断协议还是滥用市场支配地位：对内蒙古自治区鄂尔多斯市3家燃气公司垄断案的思考》，载《中国工商报》2017年8月24日第3版。

③ 曹珊、李达昊：《PPP项目与违法垄断行为：基于华衍水务滥用市场支配地位案例分析》，载曹珊：《PPP运作重点难点与典型案例解读》，北京：法律出版社2018年版。

有的公用事业，而公用事业关系着巨大的公共利益，且多属于具有市场支配地位类型的自然垄断行业，一旦为外资所操控，后果不堪设想，因此特别需要严格执行经营者集中申报制度，采用事前规制预防此类问题的发生。

四、公用事业公私合作模式中的行政垄断问题

我国《反垄断法》明确规定，行政机关和法律、法规授权的具有管理公共事务职能的组织不得滥用行政权力，排除或限制竞争。但是，在公用事业领域，由于行政主体监管者和经营者身份的混同以及 PPP 项目中公权力与社会资本的交叉，导致该领域容易发生行政垄断问题，主要表现在如下方面：

第一，政府在从"经营者"向"监管者"角色转换的过程中，有滥用行政权力不当干预 PPP 项目建设与运营的倾向，而制度缺位也给政府的不当干预提供了潜在机会。在采用 PPP 模式运营公用事业后，政府的角色从此前项目的经营者演变为项目的监管者，这一角色转变给地方政府提出了新挑战，如果政府退出不彻底，加上缺乏相应的制度来防止政府强化在 PPP 项目运营中的主导地位和对项目进行过度干预的倾向，就容易使 PPP 项目陷入运营失败的风险之中。调研显示，国内一些 PPP 项目都是由于在项目建设和运营阶段政府的过多干预和限制而导致失败的。例如，在国家体育馆建设项目过程中，北京市政府多次更改项目设计方案并限制商业设施数量；在项目运营过程中，北京市政府还对体育场的商业冠名进行干预，最终导致社会资本方中信联合体亏损，不得不放弃特许经营权而转为永久股东。[1]

第二，法律、法规授权的具有管理公共事务职能的组织在实践中容易利用其监管者和经营者身份的混同，或者其与项目经营者在利益上的紧密联系，实施指定交易的行政垄断行为。或者由于作为利益主体的公用事业服务提供者和政府行业管理机构之间在利益上紧密地联系在一起，也容易导致管理机构受到利益诱导而实施指定交易行为。[2] 例如，在北京市纠正房山区燃气开发中心行政性垄断行为案中，负责北京房山区天然气工程建设、管理和经营等工作的房山区燃气开发中心在开展燃气项目报装审批过程中，强制要求开发单位签订制

---

[1] 管清友、刘洁：《PPP 发展中的障碍》，载《中国金融》2015 年第 15 期，第 26 页。
[2] 高旺：《西方国家公用事业民营化改革的经验及其对我国的启示》，载《经济社会体制比较》2006 年第 6 期，第 25 页。

式合同，限定开发单位必须选择房山区燃气开发中心下属的企业从事施工建设。在北京市发改委对其提出纠正建议后才实施了整改。[①] 房山燃气中心既是事业单位，也是投资主体，还是履行管理职能的组织，这种多元化身份的混同导致其存在利用行政权力实施垄断行为的内在动力。[②] 在山西省纠正晋中市住房保障和城乡建设局行政性垄断行为案中，晋中市住房保障和城乡建设局在城区新建公共租赁住房项目建设中，指定山西恒龙施工图审查有限公司负责该项目施工图设计文件审查，还在无法律法规依据的情况下，设置了施工图审查备案条件，限制外地施工图审查机构与本地施工图审查机构的公平竞争。[③] 在湖南省工商局纠正长沙市卫生和计划生育委员会滥用行政权力排除、限制竞争行为案中，长沙市卫生和计划生育委员会于2016年印发了《关于加强医院太平间殡葬服务的通知》，指定明阳山殡仪馆为唯一殡仪服务机构。[④] 这种指定交易对象的行政垄断行为既阻碍了公共服务外包的竞争性招投标和谈判程序，也容易导致下游市场的公平竞争因行政垄断行为而受到扭曲。作为被限定交易所指定的对象，受益经营者虽然是行政垄断行为作用于市场、造成反竞争效果的着力点，甚至还可能成为行政权力的"代理人"或"共谋者"，但是我国现有法律制度、反垄断执法实践层面均没有对参与行政性垄断经营者所应当承担的责任问题给出明确的答案。[⑤] 反垄断法律制度体系中"行政垄断受益经营者责任"的缺位以及严重依赖科层制采用上下级关系来矫正行政垄断，会导致对于行政垄断问题的规制不力。

第三，在公用事业PPP项目的招投标过程中，行政机关存在通过私下操

[①] 国家市场监管总局关于发布2018年市场监管部门制止滥用行政权力排除、限制竞争行为典型案例的公告。

[②] 房山燃气中心为事业单位，其作为投资主体，通过100%持股北京房山燃气开发集团有限公司和19%持股北京房开控股集团有限公司对下属27家公司具有实际控制权，这些公司多数为与燃气行业或燃气行业上下游产品、服务有关的公司。其主管单位为北京市房山区人民政府，登记管理机关为房山区机构编制委员会办公室。其宗旨和业务范围是，为城乡燃气事业提供规划建设服务，做好燃气管道规划、设计、建设、管理、经营等工作。在房山区人民政府官网"政府信息公开机构导航"中"区政府部门"一栏下，房山区燃气中心赫然在列。参见《魏士廪律师点评北京市纠正房山区燃气开发中心行政性垄断行为》，http://www.xinhuanet.com/fortune/2019-02/13/c_1210058434.htm，2020年10月5日最后访问。

[③] 国家市场监管总局关于发布2018年市场监管部门制止滥用行政权力排除、限制竞争行为典型案例的公告。

[④] 同上。

[⑤] 张晨颖：《行政性垄断中经营者责任缺位的反思》，载《中外法学》2018年第6期，第1638页。

第四章
公用事业公私合作中的限制竞争问题

作,滥用行政权力限制竞争甚至排除竞争的可能。实践调研显示,由于政府等行政机关是公用事业PPP项目的当事人一方,很有可能通过预先设定歧视性资质要求或评审标准,或者未依法披露信息等方式,在授予特许经营权时排斥、限制外地竞争者参与本地公用事业PPP项目的招投标活动,歧视性对待外地经营者,甚至为了保证PPP项目能够盈利而强迫或者协助项目企业实施垄断行为。[1] 美国公用事业民营化专家萨瓦斯指出,许多时候是政府不必要地创造了垄断,通过设立进入壁垒、外汇使用限制、不公平税收、过高的进口税和其他程序障碍等方式,剥夺了其他企业与当前服务提供者公平竞争的机会。[2] 正因为如此,《国务院关于在市场体系建设中建立公平竞争审查制度的意见》特别禁止PPP项目所涉及的行政机关通过行政权力排除或限制竞争,要求PPP项目所涉及的政府机关不得设置不合理和歧视性的准入和退出条件,不得未经公平竞争授予经营者特许经营权,不得设置没有法律法规依据的审批或者事前备案程序,不得对市场准入负面清单以外的行业、领域、业务等设置审批程序,不得违法给予特定经营者优惠政策,不得超越定价权限进行政府定价。

第四,行政机关以及被授权具有公共管理职能的组织还存在滥用行政权力,制定含有排除、限制竞争内容的规范和政策措施的行为。例如,在湖南省工商局纠正湖南省相关市州经信部门滥用行政权力排除、限制竞争行为案中,湖南省8个市的经信部门所制定和发布的文件,或者要求各电站统一设备生产厂商和型号,或者要求限定供应商数量等。湖南省工商局认为,这些文件违反了《反垄断法》和《国务院关于在市场体系建设中建立公平竞争审查制度的意见》的相关规定,要求所有涉案经信部门均撤销或停止执行违法文件。[3] 在潍坊市住房城乡建设局、财政局、发展改革委主动纠正滥用行政权力排除限制竞争行为案中,新建住宅小区供电设施建设施工,原本应由小区建设单位按照国家招投标的规定自主选择,但是这些行政机关联合发布文件,要求新建住宅小区的供电设施由专业经营单位统一建设、统一施工、统一收费,其费用由小区

---

[1] 曹珊、李达昊:《PPP项目与违法垄断行为:基于华衍水务滥用市场支配地位案例分析》,载曹珊:《PPP运作重点难点与典型案例解读》,北京:法律出版社2018年版。

[2] 〔美〕E.S.萨瓦斯:《民营化与公私部门的伙伴关系》,周志忍等译,北京:中国人民大学出版社2002年版,第263页。

[3] 国家市场监管总局关于发布2018年市场监管部门制止滥用行政权力排除、限制竞争行为典型案例的公告。

建设单位缴纳,剥夺了小区建设单位选择供电设施建设单位的权利。①

第五,公用事业领域的投融资体制尚不完善,改革进程相对滞后,导致许多社会资本进入公用事业行业缺乏平等的竞争环境,②特别是在社会资本一方为非关联国有资本的情况下,行政机关会对国有资本和民间资本差别以待,甚至导致优质 PPP 项目被国企垄断。根据民生证券研究院院长管清友的统计,截至 2016 年第 1 季度,全国 PPP 中心项目库中已签约项目 369 个,其中国企签约的 PPP 项目金额总计达到 3819.48 亿元,是民企项目金额的近 3 倍。具体来看,国企投资的 PPP 项目主要为 3 亿元以上的大项目,集中在交通运输、市政工程等领域;而民企投资的 PPP 项目大多集中在 3 亿元以下的项目,主要在养老、生态环保、文化等投资规模小且易产生现金流的领域。③虽然中央层面对政府与社会资本方平等地位、公平竞争高度重视,但实际上由于私营企业、国有企业与政府之间的关系不同,在 PPP 项目中国有企业居于较为优势的地位。这是因为国有企业被地方政府视为重要的财政来源,而且由于国有企业和政府之间的人事流转,④地方政府更会倾向于让国有企业从事可以获得稳定利润、拥有庞大且稳定的消费者的公用事业 PPP 项目;相反,私营企业却在政府管辖范围内受到来自税务、工商、土地等各方面的压力。媒体调研显示,一些地方政府曾明确表示,希望找到的公用事业 PPP 合作伙伴必须是国企或央企,甚至还会为了国有企业顺利中标,为其量身定做一些 PPP 项目的招标条件。⑤发展公用事业公私合作的初衷在于促进政府和社会资本之间的合作,共同提供基础设施和公共服务,鼓励社会资本特别是民间资本进入基础设施和社会公共事业领域。然而,对国有资本和民间资本差别以待,优先由国有企业承担 PPP 项目的运营,会导致 PPP 实践背离其提高公共服务提供效率、切实维护消费者利益的政策初衷。

---

① 国家市场监管总局关于发布 2018 年市场监管部门制止滥用行政权力排除、限制竞争行为典型案例的公告。

② 高旺:《西方国家公用事业民营化改革的经验及其对我国的启示》,载《经济社会体制比较》2006 年第 6 期,第 25 页。

③ 马维辉:《国企 PPP 项目金额为民企 3 倍 PPP"潜规则"之痛》,载《华夏时报》2016 年 7 月 23 日第 4 版。

④ Li-Wen Lin and Curtis J. Milhaupt, We Are the (National) Champions: Understanding the Mechanisms of State Capitalism in China, Stanford Law Review, Volume 65, Issue 4, 2013, p. 725.

⑤ 马维辉:《国企 PPP 项目金额为民企 3 倍 PPP"潜规则"之痛》,载《华夏时报》2016 年 7 月 23 日第 4 版。

第六，地方国有企业和中央国企分公司归属于地方政府管辖，在实践中，如果PPP项目企业中属于当地政府的股权比例大于其他资本，就容易演化为地方政府操纵本地国有企业实施行政垄断行为，导致以PPP项目为名运营的公用事业实则由本地政府经营。此种公私合作打着PPP的旗号运营公用事业，提供公共服务。但是，在实际操作中，项目企业的实际运营几乎完全由政府或政府所属的国有企业来操纵，其收益也主要由其分享，作为合作主体的社会资本方往往难以参与PPP项目建设和运营的具体决策。[①] 政府打着私人资本旗号介入PPP项目的运营，主要是为了享有国家的PPP扶持政策与优惠。

五、公用事业公私合作模式中的竞争性缔约问题

由于公用事业的一部分产业具有自然垄断属性和网络产业特性，由单一或者少量企业经营更有益于实现规模经济下的效率，但是在公用事业特许经营权的取得上，应当经过竞争性程序，以事前竞争力量替代正常的市场竞争，通过在市场准入环节引入竞争机制实现低价位优质的公共服务供给。[②] 关于PPP项目的竞争性缔约，在司法实践中会产生的问题是，如果政府部门未经竞争性程序而授予PPP项目企业特许经营权，该授权是否有效？海南中石油昆仑港华燃气有限公司等与儋州市人民政府行政许可纠纷案中就涉及这一问题。由于2015年之前法律法规并未专门作出规定，公用事业特许经营权是否必须经过竞争性程序才能取得是存在争议的。海南高院从《中华人民共和国行政许可法》（以下简称《行政许可法》）以及原建设部《市政公用事业特许经营管理办法》等相关法律法规中推导出燃气供应领域特许经营权的取得需要经过法定的竞争性程序的结论，而且在合同无特殊约定的情况下，特许经营权并不具有排他性。[③] 又如，在白山市住房和城乡建设局与白山华生热力有限公司供热经营行政许可案中，吉林省白山市中级人民法院判决白山市住建局未采取公开招标择优的方式，于2013年2月6日以审批的方式将东、西平台区域供热特许

[①] 臧俊恒：《PPP项目中反垄断风险规制路径分析》，载《财经政法资讯》2016年第4期，第46页；朱亚丽：《我国PPP项目的反垄断法规制探究》，浙江大学2018年硕士学位论文，第7页。

[②] Harold Demsetz, Why Regulate Utilities?, Journal of Law and Economics, Volume 11, Issue 1, 1968, p. 56.

[③] 海南省高级人民法院行政判决书，海南中石油昆仑港华燃气有限公司等与儋州市人民政府行政许可纠纷上诉案，(2012) 琼行终字第4号。

经营权许可给华生公司，违反法定程序，行政行为无效。① 2015 年国家发改委等六部门发布的《基础设施和公用事业特许经营管理办法》对这一问题作出了较为明确的规定，基础设施和公用事业特许经营权的取得必须要经过竞争性程序。② 因此，在实践中从事公用事业领域 PPP 项目的社会资本方必须特别注意要确保自己取得特许经营权经过了严格的竞争性程序，从而防范政府一方以未经过竞争性程序授予的特许权无效为理由收回特许权的风险。这也意味着政府一方在作出特许经营权授权时亦应当严格恪守竞争性程序的要求，以防止其随意以未经过竞争性程序为由拒绝履行 PPP 协议，损害市场主体的信赖利益，对营商环境造成不利影响。③

为了保障竞争性缔约程序的遵守，在构建 PPP 法律规制制度体系时特别需要建立有效的"契约规制"机制，来防止 PPP 项目企业通过分包、转租或者转让股权或者控制权权益等形式绕开竞争性程序，甚至可以考虑对于转租、分包或者转让股权或者控制权权益采用"一般性禁止＋特殊例外"的规制制度设计。例如，在前述鄂尔多斯市三亚液化石油气有限公司等三家公司涉嫌垄断经营行为案中就发生了这样的情况。④ 原本在内蒙古自治区鄂尔多斯市东胜区内，有三家燃气公司获得特许权可以从事燃气提供服务。但是牛某与三家企业签订的转租协议使得其成为相关市场内唯一的特许经营者，而且其特许权既未经招投标程序，亦未经竞争性程序，而是通过转租协议直接获得，等于绕开了公用事业特许权取得必须经过竞争性程序的规定。因此，要避免此类情况的发生，在构建 PPP 规制法律制度体系时，就特别需要建立有效的"契约规制"机制，要求 PPP 特许协议中对于转租、分包、项目主体转继承等情况下的特许经营权取得在何种情况下必须经过新一轮竞争性程序作出规定或者指引。甚

---

① 吉林省白山市中级人民法院行政判决书，白山市住房和城乡建设局与白山华生热力有限公司供热经营行政许可案，(2016) 吉 06 行终 11 号。

② 《基础设施和公用事业特许经营管理办法》第 3 条规定："基础设施和公用事业特许经营，是指政府采用竞争方式依法授权中华人民共和国境内外的法人或者其他组织，通过协议明确权利义务和风险分担，约定其在一定期限和范围内投资建设运营基础设施和公用事业并获得收益，提供公共产品或者公共服务。"第 15 条也明确规定："实施机构根据经审定的特许经营项目实施方案，应当通过招标、竞争性谈判等竞争方式选择特许经营者。特许经营项目建设运营标准和监管要求明确、有关领域市场竞争比较充分的，应当通过招标方式选择特许经营者。"

③ 姜明安：《新时代法治政府建设与营商环境改善》，载《中共中央党校（国家行政学院）学报》2019 年第 5 期，第 95 页。

④ 国家市场监督管理总局反垄断局竞争执法公告 2017 年第 8 号鄂尔多斯市三亚液化石油气有限公司等三家公司涉嫌垄断经营行为终止调查决定（内工商竞争处字〔2016〕4 号终止调查决定书）。

第四章
公用事业公私合作中的限制竞争问题

至对于转租、分包或者转让股权或者控制权益行为采用"一般性禁止＋特殊例外"的规制制度设计。联合国国际贸易法委员会发布的《贸易法委员会公私合作示范立法条文》中就规定,未经订约当局同意,PPP合同规定的社会资本方的权利和义务不得转让给第三方,社会资本方的控股权益或者其参与项目公司被认为对项目的成功维护和运营至关重要的股东的权益也不得转给第三方。[①] 根据联合国国际贸易法委员会在《贸易法委员会公私合作立法指南》中的解释说明,禁止权益转让的理由之一即在于,订约当局控制公共服务提供者控制股份的收购,是为了以避免在自由化部门形成寡头垄断或垄断局面。[②]

此外,还需要指出的是,有些国家允许不经过竞争程序而接受"非应标建议书"(Unsolicited Proposal),或者允许提出"非应标建议书"的申请人在后续的竞争性程序中享有一定的优待,[③] 或者允许在符合特定情况时,不经过竞争程序而可以直接协商缔约。[④] 如果对于这些直接缔约程序缺少立法上的限制,包括启动情形的限制,透明度的要求,建议提出者优待的限度等,很可能导致直接协商程序被滥用,而绕开竞争性程序。此外,由于PPP项目将建设、运营、融资、维护等多阶段融合在一体,这本身会减少中小型经营者在竞标时的参与度,也容易产生竞标者不足、竞争性程序受限的困境。[⑤]

[①] UNCITRAL Model Legislative Provisions on Public-Private Partnerships, 2020, model provisions 41-42.

[②] UNCITRAL Legislative Guide on Public-Private Partnerships, 2020, pp.162-163, para.75.

[③] 例如,南非公路项目采用了两阶段的招投标过程,在第一阶段排名在前的投标者才可以进入下一轮程序,而提出非应标建议的参与者可以直接进入第二轮程序。智利给予"非应标建议书"的提出者在竞争性程序中一定加分,这种加分可能占财务评估分数的3%—8%。还有国家给予提出"非应标建议书"的参与者"匹配权"(Right to Match),如果经过公开的竞争性程序选拔PPP项目社会资本方的努力失败了,那么"非应标建议书"的提出者自动获得该PPP项目。See World Bank, Public-Private Partnerships Reference Guide, Version 3, 2017, pp.191-192.

[④] 联合国国际贸易法委员会在《贸易法委员会公私合作示范立法条文》中将不经过竞争性程序而直接通过谈判缔约作为特殊情况下才能使用的程序。其第23条"准许直接谈判的情形"中规定了这些特殊情况,包括紧急情况、短期项目、维护国家安全、维护公共利益等。但是,《贸易法委员会公私合作立法指南》同时建议在不经过竞争程序直接进行PPP合同谈判时,应当采用多种措施来增加PPP合同授予的透明度。See UNCITRAL Model Legislative Provisions on Public-Private Partnerships, 2020, model provision 23; UNCITRAL Legislative Guide on Public-Private Partnerships, 2020, pp.119-121, paras.102-109.

[⑤] Sandeep Verma, Government Obligations in Public-Private Partnership Contracts, Journal of Public Procurement, Volume 10, Issue 4, 2010, p.566.

六、我国公用事业公私合作模式垄断问题的典型案例评析

（一）吴江华衍水务有限公司滥用市场支配地位案

吴江华衍水务有限公司成立于 2005 年，由香港中华煤气有限公司与苏州市吴江区域自来水投资有限公司共同投资成立。[①] 依据《吴江市区域供水特许经营协议》，吴江华衍水务有限公司通过原吴江市人民政府授权，获得吴江区域的供水特许独家经营权，经营期限 30 年。江苏省工商行政管理局经调查认定，吴江华衍水务有限公司是吴江区所辖区域范围唯一的供水特许经营者，具备区域供水公用企业自然垄断的不可替代和无选择性，特许经营期内其他经营者进入本案相关市场经营的可能性极小。因此，吴江华衍水务有限公司在吴江区所辖地域范围内的公共自来水供水服务市场具有市场支配地位。吴江华衍水务有限公司在供水经营中，利用其在吴江区范围内公共自来水供水服务的支配地位，明示或暗示房地产开发企业将给水安装工程、二次供水工程、接水装表工程等交由其全资子公司吴江华衍建筑工程安装有限公司或其指定的企业施工。对供水工程所需的水表、管材等主要材料和设备，要求房地产开发企业、施工单位必须使用当事人提供或指定的品牌、厂商。当事人在交易过程中附加的上述不合理交易条件，使房地产开发企业在供水工程施工单位的选择、材料设备的采购等方面没有自主选择权。吴江华衍水务有限公司作为吴江区行政区域内独家拥有自来水供水特许经营权的公用企业，通过自身的支配地位排除和限制了其他经营者的合法竞争，破坏了公平竞争的市场秩序，损害了相关企业和消费者的合法权益，且不具有正当抗辩理由。

江苏省工商行政管理局认定，吴江华衍水务有限公司的行为已经违反《反垄断法》（2007 版）第 17 条第 1 款第 5 项的规定，即没有正当理由搭售商品，或者在交易时附加其他不合理的交易条件。吴江华衍水务有限公司的违法行为从 2011 年起即存在，持续时间较长，至江苏省工商行政管理局调查结束时止，吴江华衍水务对其行为违法性仍未有正确认识，也从未表示主动整改意愿。2016 年 12 月 30 日江苏省工商行政管理局发布了处罚决定，责令吴江华衍水

[①] 参见吴江华衍水务有限公司官网，http://wjm.huayanwater.com/articles/20180524043819.html，2020 年 10 月 5 日最后访问。

第四章
公用事业公私合作中的限制竞争问题

务有限公司停止违法行为,并对其处以 2014 年度销售额 7% 的罚款,共计 21429419.08 元。[1]

公用事业项目多具有网络型产业结构与自然垄断属性,当 PPP 项目企业获得某类公共产品或服务的特许经营权后,该企业往往就因此成为特定区域范围内公共产品或服务的垄断经营者,并在规模经济下实现生产效率。虽然垄断地位保证了项目企业能够收回投资成本并获得利润,但是如果项目企业滥用垄断地位,则将会严重损害社会公共利益。一般而言,在提供公共产品或服务的 PPP 项目合同中都会明确规定,产品价格已经经过物价局进行审查和批准,并且将价格调整的公式作为合同关键条款之一。由于价格受到较为严格的监管,PPP 项目企业往往无法控制所售产品或服务的市场价格,这导致 PPP 项目企业反而更加有动力通过滥用市场支配地位的方法赚取更多利润。

本案即是 PPP 项目企业滥用市场支配地位,附加不合理交易条件的典型。在判定 PPP 项目企业的行为是否属于利用了在供水市场的垄断地位,排除、限制了供水工程市场、供水材料采购市场的竞争时,会涉及"杠杆原理"的适用。[2] 杠杆原理最早诞生在美国,是反托拉斯法上判定搭售、捆绑、拒绝交易等行为存在的重要理论,通常被解释为企业利用其在一个市场上的垄断力量去获得另一个市场上的竞争优势。[3] 其基本要求包括:(1)企业在一个相关市场中具有支配地位;(2)通过搭售、捆绑、拒绝交易等行为在利用主市场支配地位的同时,将这种支配地位扩大到附属市场中;(3)企业的该行为影响到另一市场中的竞争,并产生了实质性的反竞争效果。因此,杠杆原理本质是垄断力量的延伸,其判定的关键在于是否会影响到另一市场的竞争。[4] 不过杠杆理论在美国的司法实践中一直存在争议,并受到了以芝加哥学派为代表的学术界的众多批评。[5] 不过就本案而言,PPP 项目企业利用其在供水市场内独家经营的

---

[1] 国家市场监督管理总局反垄断局竞争执法公告 2017 年第 3 号吴江华衍水务有限公司滥用市场支配地位案(苏工商案〔2016〕00050 号)。

[2] 钟原:《公用企业滥用市场支配地位的规制特点》,载《中国工商报》2017 年 6 月 1 日第 6 版。

[3] 李剑:《反垄断法中的杠杆作用——以美国法理论和实务为中心的分析》,载《环球法律评论》2007 年第 1 期,第 72 页。

[4] 钟原:《公用企业滥用市场支配地位的规制特点》,载《中国工商报》2017 年 6 月 1 日。

[5] Ward S. Bowman, Tying Arrangements and The Leverage Problem, Yale Law Journal, Volume 67, Issue 1, 1957, pp.19-36;李剑:《反垄断法中的杠杆作用——以美国法理论和实务为中心的分析》,载《环球法律评论》2007 年第 1 期,第 74—75 页;邓峰:《传导、杠杆与中国反垄断法的定位——以可口可乐并购汇源反垄断法审查案为例》,载《中国法学》2011 年第 1 期,第 184 页。

垄断性地位，对下游房地产开发企业在供水工程建设市场、供水材料采购市场设定了不合理的交易条件，限定其交易对象必须是其子公司或者其他特定公司，导致下游企业在供水工程施工单位的选择、材料设备的采购等方面没有自主选择权，已经严重限制、扰乱了下游市场的竞争秩序。

（二）宿迁银控自来水有限公司垄断行为案

宿迁银控自来水有限公司属于以区域供水管网为运营基础的公用企业，是由原宿迁市自来水公司于 2004 年改制后成立的外商独资企业。依据其与宿迁市政府的协议，在协议规定时间内，宿迁银控自来水有限公司获得了在宿迁市宿城区、洋河新区、苏宿工业园区、市经济开发区所辖范围内的城市公共自来水供水服务的独家特许经营权。江苏省工商行政管理局认定，宿迁银控自来水有限公司在该区域内的城市公共自来水供水服务市场具有市场支配地位。2007 年 6 月 18 日，宿迁银控自来水有限公司在其原工程管理部、管网部、技术部等部门基础上整合组建宿迁联合市政工程有限公司（以下简称"联合公司"）。自联合公司成立后，宿迁银控自来水有限公司在房地产开发企业向其就新建住宅小区提出用水申请时，无正当理由，指定由联合公司负责相关供水工程施工。[①] 江苏省工商行政管理局认定，宿迁银控自来水有限公司滥用市场支配地位，在供水工程方面实施了指定交易的垄断行为，而且无正当抗辩理由。其行为不仅排除、限制了供水工程中其他合法经营者参与竞争，阻碍了市场公平竞争，也限制了交易相对人房地产开发企业的自主选择权，损害了交易相对人的合法权益。因此，宿迁银控自来水有限公司的行为排挤了其他经营者的公平竞争，扰乱了公平竞争的市场秩序，构成滥用市场支配地位限定经营的垄断行为，违反了《反垄断法》（2007 版）第 17 条第 1 款第 4 项的规定，即没有正当理由，限定交易相对人只能与其进行交易或者只能与其指定的经营者进行交易。也违反了《工商行政管理机关禁止滥用市场支配地位行为的规定》第 5 条第 2 项禁止具有市场支配地位的经营者没有正当理由"限定交易相对人只能与其指定的经营者进行交易"的规定。但是在处罚时，江苏省工商行政管理局考虑到宿迁银控自来水有限公司能正确认识其违法行为，积极配合调查，及时停

---

① 具体包括：(1) 房地产开发企业提出供水申请时，被要求与当事人指定的供水工程施工企业进行交易；(2) 当事人在给房地产开发企业《申请接水回复》中，要求与当事人指定企业进行交易；(3) 与房地产开发企业签订的三类供水工程协议中，明确要求房地产开发企业接受其指定交易。

止违法行为,并采取了整改措施,认为其符合从轻处罚的条件。江苏省工商行政管理局最终于 2016 年 11 月 28 日作出处罚决定,责令宿迁银控自来水有限公司停止违法行为,没收违法所得 3665347.08 元,并处以上一年度销售额 3% 的罚款 1835071.66 元。罚款金额共计 5500418.74 元。[①]

(三) 青岛新奥新城燃气有限公司滥用市场支配地位案

青岛新奥新城燃气有限公司是成立于 2001 年的中外合资有限责任公司。根据其与青岛市城阳区城市规划建设局签订的《青岛市城阳区管道燃气特许经营协议》,青岛新奥新城燃气有限公司负责在青岛市城阳区行政管辖规划区域内[②]提供管道燃气供应服务,是该市场中管道燃气供应服务的独家提供者。山东省工商行政管理局的调查显示,青岛新奥新城燃气有限公司供气范围内的工商业户使用两类燃气表——智能 IC 卡表和普通燃气表。智能 IC 卡表用户采取预付费方式,用气之前需先在 IC 卡内充值,当 IC 卡内金额用完时自动停止供气;普通燃气表用户与青岛新奥新城燃气有限公司签订的供气协议约定采取抄表结算的后付费方式。

自 2010 年 4 月 16 日起,青岛新奥新城燃气有限公司通过与智能 IC 卡表用户签订《燃气供气协议》、向普通燃气表用户单方面下发《关于预收气费款的通知》的方式,要求工商业户缴纳被青岛新奥新城燃气有限公司称为"预付气费款"的一笔款项,若工商业户不缴纳该笔款项,则无法签订《燃气供气协议》,青岛新奥新城燃气有限公司即不予供气。智能 IC 卡表用户缴纳"预付气费款"后,该笔款项一直由青岛新奥新城燃气有限公司无偿占用,并不能用于 IC 卡充值购气。对已经供气的普通燃气表用户,青岛新奥新城燃气有限公司于 2013 年 8 月单方下发《关于预收气费款的通知》,要求工商业户在正常缴纳燃气费之外缴纳青岛新奥新城燃气有限公司规定金额的"预付气费款"。青岛新奥新城燃气有限公司下发该通知并未与工商业户协商,工商业户迫于压力不得不缴纳该笔"预付气费款",且工商业户缴纳的该笔"预付气费款"在日常购气中不能冲抵燃气费,工商业户每月底仍需按青岛新奥新城燃气有限公司抄

[①] 国家市场监督管理总局反垄断局竞争执法公告 2016 年第 13 号宿迁银控自来水有限公司垄断行为案(苏工商案〔2016〕00025 号)。

[②] 不包括高新产业区区域和流亭机场区域(白沙河以北、迎宾路以南、新郑路以西、天河路以南、中川路以西、兴阳路以南、安顺北路以东闭合区域)。

表数量缴纳燃气费，直到工商业户不再用气时，青岛新奥新城燃气有限公司才会将上述"预付气费款"予以返还。青岛新奥新城燃气有限公司总计共向209家工商业户收取"预付气费款"8989095.05元。

山东省工商行政管理局认为，青岛新奥新城燃气有限公司称作"预付气费款"的这笔款项本身并不是实际意义上的预付气费款，其强行要求工商业户缴纳"预付气费款"的行为是附加给工商业户的不合理交易条件。青岛新奥新城燃气有限公司利用其在青岛市城阳区行政管辖规划区域内管道燃气供应服务领域的市场支配地位，无正当理由强行要求工商业户缴纳"预付气费款"的行为，损害了工商业户的合法权益和社会公共利益，破坏了公平竞争的市场交易规则，妨碍了经济运行效率的提高，不利于市场经济的健康、有序发展。该行为违反《反垄断法》（2007版）第17条第1款第5项"没有正当理由搭售商品，或者在交易时附加其他不合理的交易条件"和《工商行政管理机关禁止滥用市场支配地位行为的规定》第6条第4项禁止具有市场支配地位的经营者没有正当理由"附加与交易标的无关的交易条件"的规定，构成了无正当理由在交易时附加不合理交易条件的滥用市场支配地位行为。2016年3月23日，山东省工商行政管理局作出处罚决定，责令青岛新奥新城燃气有限公司停止违法行为，没收违法所得52308.49元，并对其处以2013年度相关市场销售额3%的罚款6818533.79元。[①]

（四）鄂尔多斯市三亚液化石油气有限公司等三家公司涉嫌垄断经营行为案

2013年11月20日前，内蒙古自治区鄂尔多斯市东胜区只有三亚液化石油气有限公司（以下简称"三亚公司"）、鄂尔多斯市东胜区荣美石油液化气有限公司（以下简称"荣美公司"）和鄂尔多斯市现代燃气有限公司（以下简称"现代公司"）三家企业经营液化石油气。三家企业经营状况都不是很好，未取得可观利润。牛某经过市场考察，决定承包经营这三家燃气公司。2013年11月20日，牛某与三家燃气公司签订了《三公司合伙经营液化石油气一致同意转租他人合同》。合同约定，三家液化石油气公司各自转租给牛某，牛某每月支付给三家公司承包费各6万元。该承包合同的签订，将东胜区具有竞争

---

① 国家市场监督管理总局反垄断局竞争执法公告2016年第2号青岛新奥新城燃气有限公司滥用市场支配地位案（鲁工商公处字〔2016〕第24号）。

第四章
公用事业公私合作中的限制竞争问题

关系的液化石油气市场归属于一个经营者承包，使东胜区的相关市场变成了一个没有竞争关系的液化石油气市场。牛某通过与三家公司签订承包协议形成对液化石油气市场的垄断，形成了在东胜区液化气市场的市场支配地位（见图4.2）。在2015年4月15日，牛某与三家公司协商后决定涨价，从原先的80元/瓶提高到100元/瓶。同时，牛某承包以后，以安全为由拒绝三家公司的用户使用以前的液化气罐，要求用户必须购买其经销的液化气罐，否则不予灌气。

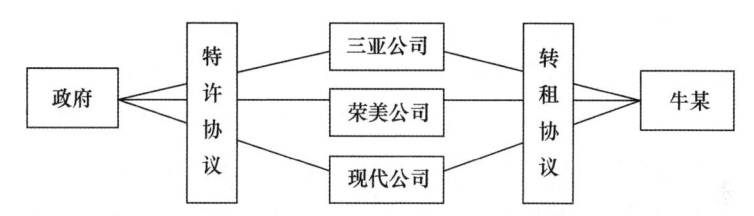

图4.2 鄂尔多斯市三亚液化石油气有限公司等三家公司涉嫌垄断经营行为案关系图

内蒙古自治区工商行政管理局于2015年8月10日启动反垄断调查后，三公司立即将每瓶液化气的价格由100元降到原来的80元，并采取了如下整改措施：一是取消《三公司合伙经营液化石油气一致同意转租他人合同》，恢复原来三个公司各自独立的经营方式；二是严格执行当地价格主管部门制定的价格标准，由100元/瓶降为80元/瓶；三是对原来用户使用的液化气罐在检测合格后继续使用。内蒙古自治区工商行政管理局委托鄂尔多斯市工商局执法人员对当事人整改承诺措施落实情况进行了进一步调查核实。核查结果显示，当事人能够严格履行承诺，没有出现新的违法违规经营行为。因此，2016年12月14日内蒙古自治区工商行政管理局决定对该案终止调查。[①]

这一案例涉及公用事业公私合作中垄断行为的类型化认定问题。由于本案中当事人及时采取了整改措施，内蒙古自治区工商行政管理局作出终止调查决定，避免了对于将案件中涉嫌垄断的行为认定为垄断协议还是滥用市场支配地位问题的回应。但学理上存在不同观点。有观点认为，本案中的违法行为构成垄断协议行为。三家原本具有竞争关系的燃气公司，通过共同与第三人签订转租协议，交由同一第三人承包经营，排除了东胜区液化石油气销售市场竞争。

---

① 国家市场监督管理总局反垄断局竞争执法公告2017年第8号鄂尔多斯市三亚液化石油气有限公司等三家公司涉嫌垄断经营行为终止调查决定（内工商竞争处字〔2016〕4号终止调查决定书）。

该协议签订实施后，三家燃气公司通过协商共同变更了商品价格，提出了同样的不合理交易条件，符合垄断协议的构成要件。也有观点认为，本案中的违法行为构成滥用市场地位。牛某与三家燃气公司签订转租协议后是独自进行承包经营的，是在相关市场具有市场支配地位的独立主体，其提高燃气价格以及强制用户购买其液化气罐的行为属于滥用市场支配地位的行为。[①] 当然，这一问题在很大程度上取决于转租协议如何约定，以及牛某对于三家燃气公司经营决策权的控制程度如何，从而判定三家公司只是在牛某的指导下达成了共同提价的合意，还是转租后三家公司完全失去了经营决策权，形成了新的独立市场主体。更重要的是，这一案例还涉及公用事业特许经营权转租、分包或者PPP项目企业转让股权或者控制权权益时如何保障竞争的问题。在转租前，本来相关市场中三家获得经营权的燃气企业彼此之间是具有竞争关系的，但是三家企业通过转租协议将经营权转租给牛某时，未经过竞争性程序就直接取得了三家燃气企业的承包经营权，成为相关市场中燃气服务的唯一提供者。这意味着如果公用事业在引入社会资本运营时如果协议设计不当，忽视了转租、分包或者转让股权或者控制权权益行为情况下的竞争机制保障，社会资本就极有可能通过转租或者分包来绕开竞争性招投标和谈判程序，导致原有公共事业通过严格的竞争性程序来择优选取最佳社会资本方的努力付之东流。

（五）新誉集团有限公司与庞巴迪运输集团瑞典有限公司设立合营企业未依法申报案

2015年2月5日，新誉集团有限公司（以下简称"新誉集团"）与庞巴迪运输集团瑞典有限公司（以下简称"庞巴迪瑞典"）签署协议，拟设立合营企业从事城市轨道交通信号系统业务和有轨电车信号系统业务。双方分别持有合营企业50％股权，并委派了相应董事和管理人员。[②] 商务部对新誉集团与庞巴迪瑞典设立合营企业涉嫌未依法申报进行调查，认为其构成未依法申报而实

[①] 林峰：《经营者集中、垄断协议还是滥用市场支配地位：对内蒙古自治区鄂尔多斯市3家燃气公司垄断案的思考》，载《中国工商报》2017年8月24日第3版。

[②] 新誉集团的前身是成立于2002年的常州轨道车辆牵引传动工程技术研究中心，最终控制人为周立新、周立成等股东组成的周氏家族。新誉集团的主要业务包括轨道交通业务、新能源业务、数控设备业务等。庞巴迪瑞典设立于1966年，庞巴迪公司间接持有其100％股份。庞巴迪瑞典的主要业务为建设、制造和销售轨道车辆及与轨道交通相关的材料设备，其在中国主要从事轨道设备业务、轨道控制和信号系统业务及牵引和控制设备业务。

施的经营者集中。按照经营者集中申报计算标准,新誉集团和庞巴迪瑞典2014年在中国境内的营业额均超过4亿元人民币,且合计超过20亿元人民币,达到了《国务院关于经营者集中申报标准的规定》第3条规定的申报标准,属于应当申报的情形。2015年6月11日,合营企业取得营业执照,在此之前未向商务部申报,违反了《反垄断法》(2007版)第21条,构成未依法申报的经营者集中。商务部对新誉集团与庞巴迪瑞典设立合营企业对市场竞争的影响进行了评估,认为该项经营者集中不会产生排除、限制竞争的影响。商务部在作出处罚时考虑到该项交易未依法申报是由于合营企业急于参与某地铁项目投标,交易双方不依法进行经营者集中申报的主观故意明显,而且交易一方庞巴迪瑞典此前因未依法申报接受过行政处罚,此次系再次违法。根据《反垄断法》(2007版)第48条、第49条和《未依法申报经营者集中调查处理暂行办法》第13条规定,商务部于2016年4月21日作出处罚决定,对新誉集团处以30万元罚款,对庞巴迪瑞典处以40万元罚款。[①]

(六)辽宁港口集团取得大连港集团和营口港务集团股权未依法申报案

2017年12月20日,大连市国资委、营口市国资委分别与辽宁港航签署了《大连港集团有限公司股权无偿划转协议》和《营口港务集团有限公司股权无偿划转协议》,大连港集团和营口港务集团的100%股权无偿划转给辽宁港航。[②] 2018年2月9日,大连港集团和营口港务集团分别完成股东工商登记变更。国家市场监督管理总局经调查认为,其构成未依法申报而实施的经营者集中。按照经营者集中申报计算标准,辽宁港口集团(原辽宁港航)2017年度未开展实际业务,也未产生营业额;大连港集团2017年度全球和中国营业额均为人民币146.07亿元;营口港务集团2017年度全球和中国营业额均为人民币97.95亿元,达到《国务院关于经营者集中申报标准的规定》第3条规定的申报标准,属于应当申报的情形。2018年2月9日,大连港集团和营口港务

---

① 商务部行政处罚决定书(商法函〔2016〕174号)。
② 收购方辽宁港口集团于2017年11月27日由辽宁省国资委成立,目的是整合辽宁省港口资源。被收购方大连港集团于2003年在大连注册成立,为中外合资的股份有限公司,拥有"一岛三湾"(长兴岛、大窑湾、太平湾、大连湾)的核心港区,主要业务类型为港口/码头业务,具体包括集装箱、散杂货、散装液体货物和滚装货物港口/码头服务等。被收购方营口港务集团于2003年在营口注册成立,拥有营口、鲅鱼圈、仙人岛、盘锦、绥中五个港区,其主要业务类型为港口/码头业务,即在中国境内提供集装箱、散杂货和散装液体货物港口/码头服务。

集团分别完成股东工商登记变更，此前未依法申报，违反《反垄断法》（2007版）第 21 条规定，构成未依法申报的经营者集中。国家市场监督管理总局对辽宁港口集团取得大连港集团和营口港务集团 100% 股权对市场竞争的影响进行了评估，认为该项经营者集中不会产生排除、限制竞争的影响。2019 年 12 月 9 日，国家市场监督管理总局根据《反垄断法》（2007 版）第 48 条、第 49 条和《未依法申报经营者集中调查处理暂行办法》第 13 条规定，对辽宁港口集团处以 35 万元人民币罚款的行政处罚。①

（七）北京市纠正房山区燃气开发中心行政性垄断行为案

2018 年 2 月，根据有关线索，北京市发展与改革委员会对房山区燃气开发中心涉嫌滥用行政权力排除、限制竞争行为进行调查。调查显示，房山区燃气开发中心负责房山区天然气工程建设、管理和经营等工作，承担着房山区燃气行业管理职能。该中心在开展燃气项目报装审批过程中，以直接委托、指定等形式，要求开发单位签订由房山区燃气开发中心提供的制式合同，限定开发单位选择房山区燃气开发中心下属企业从事施工建设。房山区内绝大部分燃气工程都未执行招投标程序，直接由房山区燃气开发中心下属企业施工建设。这些行为在一定程度上限制了开发单位的自主选择权和其他具有资质施工企业的公平竞争权，违反了《反垄断法》（2007 版）第 32 条禁止行政垄断的规定，构成滥用行政权力，排除、限制竞争行为。针对上述情况，北京市发展与改革委员会向房山区政府办、区国资委、区城管委、区燃气开发中心等通报了排除、限制竞争行为的事实，并提出立即全面纠正的建议。房山区燃气开发中心积极配合执法调查，并实施了有效整改，对行使区政府授权的燃气行业管理职能时存在的排除、限制竞争行为予以主动纠正，于 2018 年 4 月通过网站对主动纠正情况予以公示。②

从历年公布的全国行政垄断案件情况看，公用事业领域是行政垄断案件的多发领域。一方面，这是由于公用事业领域监管者和经营者的角色混同导致的。与行政机关滥用行政权力排除、限制竞争相比，具有管理公共事务职能的

---

① 国家市场监管总局发布对辽宁港口集团取得大连港集团和营口港务集团股权未依法申报案的行政处罚决定书（国市监处〔2019〕48 号）。
② 国家市场监管总局关于发布 2018 年市场监管部门制止滥用行政权力排除、限制竞争行为典型案例的公告。

第四章
公用事业公私合作中的限制竞争问题

组织滥用行政权力限制竞争的行为在实践中具有一定的隐蔽性。正如本案中，房山燃气中心既是事业单位，也是投资主体，还是履行管理职能的组织，这种多元化身份的混同导致其存在利用行政权力实施垄断行为的内在动力。① 大成律师事务所魏士廪律师通过调研发现，房山燃气中心下属实际控股企业达 27 家之多，并且多数是燃气领域或燃气领域的上下游产品、服务的企业。这种公共事务管理职能与经营管理职能的混合交叉使得其具有经营者与管理者的双重身份，在某种程度上有既做运动员又做裁判员的嫌疑。这种职能混合交叉让具有管理职能的组织为自己运营或隶属的企业创造交易机会提供了内在激励机制，导致难以避免限制交易、指定交易对象等行政垄断行为。② 这种指定交易对象的行政垄断行为既阻碍了公共服务外包的竞争性招投标和谈判程序，也容易导致下游市场的公平竞争因行政垄断行为而受到扭曲。另一方面，本案的处罚也反映了行政垄断行为处理中"行政垄断受益经营者责任缺位"的问题。作为被限定交易所指定的对象，经营者是行政垄断的受益者，也是行政垄断行为作用于市场、造成反竞争效果的着力点，甚至还可能成为行政权力的"代理人"或"共谋者"。但是现有法律制度、反垄断执法实践层面均没有对参与行政性垄断经营者所应当承担的责任问题给出明确的答案。③ 有学者认为，行政性垄断受益经营者的法律责任的缺失，是我国反垄断立法中的重大遗漏。④ 有学者提出，我国在修订《反垄断法》时应当将"经营者参与行政性垄断"作为独立的违法行为，⑤ 在《反垄断法》关于行政垄断法律责任的条文中增加"行

---

① 房山燃气中心为事业单位，其作为投资主体，通过100%持股北京房山燃气开发集团有限公司和19%持股北京房开控股集团有限公司对下属27家公司具有实际控制权，这些公司多数为与燃气行业或燃气行业上下游产品、服务有关的公司。其主管单位为北京市房山区人民政府，登记管理机关为房山区机构编制委员会办公室。其宗旨和业务范围是，为城乡燃气事业提供规划建设服务，做好燃气管道规划、设计、建设、管理、经营等工作。在房山区人民政府官网"政府信息公开机构导航"中"区政府部门"一栏下，房山区燃气中心赫然在列。
② 《魏士廪律师点评北京市纠正房山区燃气开发中心行政性垄断行为》，http://www.xinhuanet.com/fortune/2019-02/13/c_1210058434.htm，2020年10月5日最后访问。
③ 张晨颖：《行政性垄断中经营者责任缺位的反思》，载《中外法学》2018年第6期，第1638页。
④ 王健：《我国行政性垄断法律责任的再造》，载《法学》2019年第6期，第69页。
⑤ 在行政垄断受益经营者的具体责任承担方式上，有学者主张对于行政性垄断受益经营者的制裁可以采取损害赔偿、行政罚款及没收违法所得等多种方式。参见徐士英：《关于中国反垄断立法中的若干问题》，载游劝荣主编：《反垄断法比较研究》，北京：人民法院出版社2006年版，第51页。也有学者主张对行政垄断受益经营者仅适用民事责任，并特别提出为了加强威慑效果，在追究行政垄断受益经营者的民事责任时应引入惩罚性赔偿责任机制。参见王健：《行政垄断法律责任追究的困境及解决思路》，载《法治论丛》2010年第1期，第9—16页。还有学者建议根据受益经营者的不同垄断样态设置不同的责任。参见张晨颖：《行政性垄断中经营者责任缺位的反思》，载《中外法学》2018年第6期，第1636页。

政垄断受益经营者"责任条款,[①] 以达到全面、有效地预防和制止行政性垄断行为的目的。

(八) 山东省纠正临沂市莒南县公共资源交易服务中心行政性垄断行为案

2018年6月,山东省工商局根据举报,对临沂市莒南县公共资源交易服务中心涉嫌滥用行政权力排除、限制竞争行为进行调查。调查发现,临沂市莒南县公共资源交易服务中心以防止工程建设项目招投标领域的腐败行为为由,利用行政权力,强制要求投资总额在50万元以下的项目招标人须采用资源交易系统自动抽取方式选聘招标代理机构,并印发了有关文件。山东省工商局认为,该做法剥夺了招标人自行选择招标代理机构的权利,限制了招标代理机构之间的合法竞争,违反了《反垄断法》(2007版)第37条"行政机关不得滥用行政权力,制定含有排除、限制竞争内容的规定"的要求,构成滥用行政权力排除、限制竞争的行政垄断行为。2018年7月下旬,山东省工商局约谈了莒南县人民政府和莒南县公共资源交易服务中心,并指出莒南县公共资源交易服务中心相关文件存在滥用行政权力排除、限制竞争的问题。莒南县公共资源交易服务中心承诺对相关文件进行修改。2018年9月,莒南县公共资源交易服务中心向原山东省工商局提交了《关于相关问题整改落实情况的报告》,表示已经对相关文件条款进行了修正,并报县政府批准印发。[②]

与前一案例类似,本案中行政垄断行为的实施主体山东省临沂市莒南县公共资源交易服务中心也是被授权具有管理公共事务职能的组织。目前在全国各个省市县,很多都设立了此类公共资源交易服务中心。它们既是为公共资源交易活动提供场所、设施和服务的信息平台,又是制定公共资源交易现场管理规章制度、对项目交易进行监管的管理者。在制定涉及公共资源交易管理的相关规则时,公共资源交易服务中心的抽象行政行为若设计不当,会产生直接或间接的限制竞争效果,如本案中莒南县公共资源交易服务中心发布的文件强制要求投资总额在50万元以下的项目招标人须采用资源交易系统自动抽取方式选聘招标代理机构,这种随机抽取的方法导致招标代理机构之间优胜劣汰的竞争

---

① 李国海、彭诗程:《制裁行政垄断受益经营者:动因、范式与规则》,载《法学杂志》2019年第8期,第93页。
② 国家市场监管总局关于发布2018年市场监管部门制止滥用行政权力排除、限制竞争行为典型案例的公告。

第四章
公用事业公私合作中的限制竞争问题

机制失去作用,随机抽取的方式还导致招标人无法对招标代理机构的实力、价格、服务质量等竞争因素进行考量,只能被动接受抽取结果,既侵害了招标人的交易自由,也损害了招标代理行业的公平竞争。

2016年6月,国务院印发了《国务院关于在市场体系建设中建立公平竞争审查制度的意见》,要求建立公平竞争审查制度,防止出台新的排除限制竞争的政策措施,并逐步清理废除已有的妨碍公平竞争的规定和做法。根据国务院的这一要求,2017年10月,国家发展和改革委员会、财政部、商务部、国家工商行政管理总局、国务院法制办共同制定了《公平竞争审查制度实施细则(暂行)》。该实施细则第2条要求,行政机关以及法律法规授权的具有管理公共事务职能的组织,在制定市场准入、产业发展、招商引资、招标投标、政府采购、经营行为规范、资质标准等涉及市场主体经济活动的文件和政策措施时,应当进行公平竞争审查,评估对市场竞争的影响,防止排除、限制市场竞争。经审查认为不具有排除、限制竞争效果的,可以实施;具有排除、限制竞争效果的,应当不予出台或者调整至符合相关要求后出台;未经公平竞争审查的,不得出台。与行政垄断规制制度侧重垄断行为发生后的事后规制和矫正不同,公平竞争审查机制采用事前规制的方法,更能够预防行政垄断的发生。公共资源交易服务中心作为被授权具有管理公共事务职能的组织,在发布招投标相关的规范性文件和政策措施时,也应当严格遵循公平竞争审查的流程,审慎评估政策措施对于市场竞争的影响,征求利害关系人意见或者向社会公开征求意见,并在书面审查结论中说明征求意见情况。不过,我国的公平竞争审查制度主要依赖于政策制定机构的"自我审查"模式,以实现行政权力的自我规范、自我约束和自我控制,[①] 但是在实践中这种自我审查模式可能会减损公平竞争审查制度的执行力。[②] 对此,黄勇等学者建议,在必要的情况下,对于正

---

① 金善明:《公平竞争审查机制的制度检讨及路径优化》,载《法学》2019年第12期,第11页。
② Yong Huang and Baiding Wu, China's Fair Competition Review: Introduction, Imperfections and Solutions, Competition Policy International Antitrust Chronicle, Volume 3, 2017, p.16. 有学者通过对国家发改委公布的公平竞争审查案例的实证分析研究发现,现有公平竞争审查主要通过上级机关来启动,而通过政策制定机关自我审查启动公平竞争审查并最终清理出违反审查标准政策措施的案例仅占5%,公平竞争审查制度的"自我审查"效果并不理想,政策措施制定主体的审查效率及积极性仍有较大的提升空间。参见朱静洁:《公平竞争审查制度实施情况的实证研究:以国家发改委公布的59个审查案例为样本》,载《竞争政策研究》2018年第4期,第128页。还有学者指出,"自我审查"的设定就决定了公平竞争审查制度的实际效能将取决于行政首长的意志和上级机关的态度,而非源自制度本身的自主性、公开性和可监督性,因而实践前景不容乐观。参见金善明:《公平竞争审查机制的制度检讨及路径优化》,载《法学》2019年第12期,第13页。

在制定中的社会和利益相关方反响、争议较大的、可能引起竞争关注的规范性文件和政策措施,应保留竞争执法机构事先介入并提出建议的权力。①

(九)海南中石油昆仑港华燃气有限公司等与儋州市人民政府行政许可纠纷案

这一案例是涉及未经竞争性采购程序,政府部门能否授予城市管道燃气特许经营权,以及特许经营权排他性争议的典型案例。2003年3月13日,儋州市政府向儋州畅通城市管道燃气有限公司(以下简称"儋州畅通公司")作出《关于开发建设儋州市管道燃气项目的批复》(以下简称"72号批复"),同意该公司在儋州市开发建设天然气管道燃气工程项目,确认总投资1.51亿元港币。3月18日,为了贯彻实施"72号批复",儋州市建设局与儋州畅通公司签订《开发儋州市管道燃气工程项目协议》,进一步确认儋州畅通公司在儋州市投资1.51亿元港币建设管道燃气工程项目,并就管道燃气工程项目的建设目标、核定燃气价格的方法以及建设管理原则等主要内容进行了约定。11月6日,儋州市政府通过发布《关于确认儋州畅通城市管道燃气有限公司更名为儋州中油畅通管道燃气有限公司的复函》(以下简称"247号复函"),确认"72号批复"对儋州畅通公司继续有效。2008年7月11日,海南华油燃气有限公司全资收购了儋州畅通公司。2008年12月4日,儋州市政府作出《关于城市管道燃气特许经营权变更有关问题的批复》(以下简称"187号批复"),确认由于儋州畅通公司已被海南华油燃气有限公司全资收购,并成立海南华油燃气有限公司儋州分公司运营儋州的管道燃气业务,同意儋州中油畅通管道燃气有限公司根据"247号复函"取得的城市管道燃气特许经营权变更由海南华油燃气有限公司儋州分公司承继,特许经营权期限为25年。2009年9月25日,海南华油燃气有限公司儋州分公司的企业名称变更登记为海南中石油昆仑港华燃气有限公司儋州分公司(以下简称"港华燃气公司儋州分公司")。2010年12月15日,儋州市滨海新区管理委员会与中海油管道公司签订《关于投资建设儋州滨海新区燃气管网供气工程协议》。港华燃气公司、港华燃气公司儋州分公司认为儋州市政府的上述行政许可行为侵犯其在儋州行政区域内排他性的燃气供气经营权和建设开发权及财产权,遂提起诉讼,要求撤销儋州市政府授

---

① 黄勇等:《竞争政策视野下公平竞争审查制度的实施》,载《价格理论与实践》2016年第4期,第34页。

第四章
公用事业公私合作中的限制竞争问题

予中海油管道公司的行政许可。

案件争议焦点在于，未经竞争性采购程序，政府部门能否授予城市管道燃气特许经营权；管道燃气特许经营权是否具有排他性。海南省高级人民法院判决，依据《行政许可法》第 12 条、第 53 条和原建设部《市政公用事业特许经营管理办法》第 2 条的规定，本案所涉管道燃气特许经营权依法应当经过招标等市场竞争机制方可予以许可。港华燃气公司儋州分公司主张其在儋州市行政区域内具有排他性的燃气供应经营权和建设开发权，主要证据是儋州市政府的"72 号批复""247 号复函"和"187 号批复"以及 2003 年 3 月 18 日儋州市建设局与其签订的《开发儋州市管道燃气工程项目协议》等，但这些批复、复函及协议均未明确港华燃气公司儋州分公司在儋州市行政区域内具有排他性的燃气供气经营权和建设开发权。我国法律、法规等也并无特许经营权即为排他性经营权的规定。因此，港华燃气公司儋州分公司主张其在儋州市行政区域内具有排他性的燃气供应经营权和建设开发权没有事实依据和法律依据。[①]

由于 2015 年之前法律法规并未专门作出规定，公用事业特许经营权是否必须经过竞争性程序才能取得是存在争议的。本案中法院从《行政许可法》以及原建设部《市政公用事业特许经营管理办法》等相关法律法规中推导出燃气供应领域特许经营权的取得需要经过法定的竞争性程序。2015 年《基础设施和公用事业特许经营管理办法》对这一问题作出了较为明确的规定，基础设施和公用事业特许经营权的取得必须要经过竞争性程序。[②] 关于特许经营权的排他性问题，很明显本案的判决表明，授予经营者特许经营权并不意味着该特许经营权具有排他性，经营者要取得排他性特许经营权需要在特许协议中明确对此作出约定，才能获得法院认可。因此，在实践中从事公用事业领域 PPP 项目的社会资本方必须特别注意要确保自己取得特许经营权经过了严格的竞争性程序，从而防范政府一方以未经过竞争性程序授予的特许权无效为

[①] 海南省高级人民法院行政判决书，海南中石油昆仑港华燃气有限公司等与儋州市人民政府行政许可纠纷上诉案，（2012）琼行终字第 4 号。

[②] 《基础设施和公用事业特许经营管理办法》第 3 条规定："基础设施和公用事业特许经营，是指政府采用竞争方式依法授权中华人民共和国境内外的法人或者其他组织，通过协议明确权利义务和风险分担，约定其在一定期限和范围内投资建设运营基础设施和公用事业并获得收益，提供公共产品或者公共服务。"第 15 条也明确规定："实施机构根据经审定的特许经营项目实施方案，应当通过招标、竞争性谈判等竞争方式选择特许经营者。特许经营项目建设运营标准和监管要求明确、有关领域市场竞争比较充分的，应当通过招标方式选择特许经营者。"

理由收回特许权的风险。这也意味着政府一方在作出特许经营权授权时亦应当严格恪守竞争性程序的要求，以防止其随意以未经过竞争性程序为由拒绝履行特许协议，损害市场主体的信赖利益，对营商环境造成不利影响。[1]

七、我国台湾地区相关法律实践

（一）我国台湾地区公私合作领域相关法律及其中涉及竞争规制的内容

台湾地区是我国较早在公用事业领域推行民营化与公私合作的地区。1993年，我国台湾地区行政管理机构发布"行政革新方案"，开始将政府服务委托外包列为重点内容。2002年，我国台湾地区行政管理机构成立"组织改造推动委员会"，并在该委员会下设"政府民间伙伴小组"，积极推动建立政府与民间伙伴关系。[2] 1994年我国台湾地区制定"奖励民间参与交通建设条例"，旨在奖励民间社会资本参与交通建设，并对政府与民间在交通建设与运营领域的公私合作予以规范。"奖励民间参与交通建设条例"经过 2002 年 4 月 24 日、2002 年 6 月 19 日以及 2015 年 6 月 17 日三次修改。2000 年我国台湾地区制定"促进民间参与公共建设法"，推动公私合作模式在交通运输之外的整个公共建设领域发展。1998 年我国台湾地区制定"政府采购法"，要求政府依公平、公开的采购程序，提升采购效率与功能，确保采购质量，为政府采购建立法律制度。该法经历多次修正。"奖励民间参与交通建设条例""促进民间参与公共建设法"与"政府采购法"共同构成基础设施与公用事业领域公私合作模式的法律框架，其中涉及竞争规制的内容覆盖交通基础设施项目的授予、基础设施项目运营费率的设定、政府采购中的联合行为规制、政府采购竞争中立等诸多方面。

在社会资本方参与基础设施建设中，"奖励民间参与交通建设条例"要求订约当局要根据公平竞争原则来许可民间机构运营交通建设。其第 7 条规定："主管机关视交通建设个案特性，得基于公平竞争原则许可民间机构于一定期

---

[1] 姜明安：《新时代法治政府建设与营商环境改善》，载《中共中央党校（国家行政学院）学报》2019 年第 5 期，第 95 页。
[2] 刘淑范：《公私伙伴关系（PPP）于欧盟法制下发展之初探：兼论德国公私合营事业（组织型之公私伙伴关系）适用政府采购法之争议》，载《台大法学论丛》2011 年第 2 期，第 557 页。

第四章
公用事业公私合作中的限制竞争问题

限内经营交通建设,并得向其收取权利金。"在PPP项目企业运营交通建设时所设置的运营费率上,"奖励民间参与交通建设条例"将市场竞争作为民间机构确定费率的参照因素之一。其第40条规定:"奖励交通建设之营运费率,民间机构得参照下列因素,于投资申请案财务计划内,拟订收费费率标准与其调整时机及方式:一、规划、兴建、营运及财务等成本支出;二、营运及附属事业收入;三、许可年限;四、权利金之支付;五、物价水平;六、市场竞争;七、其他有关因素。前项民间机构拟订之收费费率标准与其调整时机及方式,应依法报请主管机关核定后公告实施。"

在政府采购中,"政府采购法"在共同投标、订约当局招标文件的要求、信息保密、参与投标者资格、串通投标问题上,对于政府采购设定了反对限制竞争方面的要求。第一,"政府采购法"对于参与投标经营者设定了反对限制竞争的规则。"政府采购法"允许两家或者两家以上的厂商联合参与投标,可以在中标后共同具名签约,连带负履行政府采购契约的责任,共同承揽工程或提供货物或者服务。但是,同时要求,共同投标以能增加厂商之竞争或无不当限制竞争者为限。共同进行投标的厂商应当符合"公平竞争法"中事业不得为联合行为的除外规定,即共同投标必须是为降低成本、改良质量或增进效率,而统一商品或服务之规格或型式;或者为提高技术、改良质量、降低成本或增进效率,而共同研究开发商品、服务或市场;或者为促进事业合理经营,而分别作专业发展;或者为增进中小企业之经营效率,或加强其竞争能力所为之共同行为;或者为促进产业发展、技术创新或经营效率所必要之共同行为。[①]"政府采购法"还在第七章罚则部分明确禁止投标参与者之间串通投标。第87条规定:"意图影响决标价格或获取不当利益,而以契约、协议或其他方式之合意,使厂商不为投标或不为价格之竞争者,处六月以上五年以下有期徒刑,得并科新台币一百万元以下罚金。"第二,"政府采购法"也对订约机构设定了反对限制竞争的规则。首先,在订约当局招标文件的要求上,"政府采购法"要求,订约机构所拟定、采用或适用的技术规格,其所标示的拟采购产品或服务的特性,诸如质量、性能、安全、尺寸、符号、术语、包装、标志及标示或生产程序、方法及评估程序,在目的及效果上均不得限制竞争。[②] 其次,订约

[①] 我国台湾地区"政府采购法"第25条,"公平交易法"第15条。
[②] 我国台湾地区"政府采购法"第26条。

机构在招标时，不得于开标前泄漏底价、领标、投标厂商名称、数量以及其他足以造成限制竞争或不公平竞争的相关数据。① 最后，"政府采购法"要求订约机构在设定投标者资格要求时，不得不当限制竞争。②

（二）我国台湾地区公私合作领域竞争规制的案例

1. 发电业务委外经营中的价格纠纷案：经营者之间的价格联合行为

为解决缺电限电问题，我国台湾地区经济事务主管部门于20世纪90年代开始实施分割发电、输电、配电，推动民间发电政策，逐批开放9家民营电厂。台电公司（以下简称"台电"）将一部分发电任务委托民营电厂完成，并与其签订长期购电契约。购电契约约定，台电将按照1999年公告的电价向民营电厂购电，这些民营电厂应以台电为唯一下游交易相对人，契约约定的购电期限为25年。2012年初，台湾当局宣布大幅提高电价，引起民意不满。社会舆论开始检讨台电因为过去大幅亏损导致需要提价的原因，并将此归咎于台电与民营电厂的高价购电契约。为缓和民怨，台电积极与民营电厂协商降低电力购买价格，但是民营电厂却拒绝降价，要求台电按照原契约继续履行。根据我国台湾地区行政管理机构下的公平交易委员会的调查，长生、麦寮、和平、新桃、国光、嘉惠、森霸、星能及星元等9家民营发电厂，曾于2008年到2012年多次集会，在"台湾民营发电业协进会"会议中达成共识，不会降低台电的购电费率，并约定拒绝与台电协商降价。公平交易委员会认为，9家民营电厂是台湾地区少数经当局特许成立，向台电供应电力的事业，彼此间处于同一产销阶段，是具水平竞争关系的发电业者。从2008年到2012年这4年多时间里，它们借由台湾地区民营发电业协进会来集会，达成彼此不和台电完成调整售电费率的合意，相互约束事业活动，以拖待变，联合拒绝和台电协商，足以影响台湾地区发电市场的供需功能，构成公平交易法禁止的联合行为，而且情节重大。基于上述原因，公平交易委员会于2013年依照我国台湾地区"公平

---

① 我国台湾地区"政府采购法"第34条。
② 我国台湾地区"政府采购法"第37条。

第四章 公用事业公私合作中的限制竞争问题

交易法"第 14 条有关联合行为之规范,[1] 重罚 9 家厂商共计新台币 63 亿元。[2]

被处罚的 9 家民营电厂不服,向台北高等行政法院提起行政诉讼,台北高等行政法院撤销了公平交易委员会的处分。[3] 公平交易委员会亦不服,向我国台湾地区"最高行政法院"提起上诉,我国台湾地区"最高行政法院"对台北高等行政法院的判决质疑后撤销原判决,发回台北高等行政法院。[4] 台北高等行政法院于 2020 年 5 月 13 日作出判决,撤销公平交易委员会的决定,理由如下:(1)公平交易委员会的处分中有关"发电市场"的市场界定错误,导致推论民营电厂之间的联合行为失据。原处分所指的发电市场,是指独一买方即台电与 9 家民营电厂共同形成的发电产销市场。但实际上,在台电的外购电力中这 9 家电厂只占 75%,还有其余的电力包括汽电共生及再生能源占比 24%。此外,由于契约和法令的限制,9 家民营电厂之间并不存在竞争关系。(2)台电与 9 家民营电厂间的契约约定的购售电费率不具替代性,即不具竞争关系。9 家民营电厂于保证时段的电力商品产出及价格,均受契约保障,因此民营电厂之间在保证时段无法以价、量方式进行竞争。在非保证时段,台电向 9 家民营电厂的购电比例,价格较高的国光等 4 家电厂反而远高于其他电厂,显见价格高低不是重要考虑因素,因此认定购电费率不具竞争关系。(3)公平交易委员会的处分界定发电市场错误,导致认定民营电厂合意拒绝调整购售电费率,足以影响发电市场的供需功能,违反公平交易法联合行为等,没有依据。由于台电是发电市场中的唯一买方,各家民营电厂只能依据台电指示发电,无法控制其所生产的电力量,同时受限于契约约束,无法任意调整价格。[5]

案件争议焦点在于:(1)本案中是否存在发电市场,9 家民营电厂之间是否具有水平竞争关系;(2)民营电厂之间是否有达成联合行为的合意;(3)市

---

[1] 我国台湾地区"公平交易法"第 14 条第 1 项规定:本法所称联合行为,指具竞争关系之同一产销阶段事业,以契约、协议或其他方式之合意,共同决定商品或服务之价格、数量、技术、产品、设备、交易对象、交易地区或其他相互约束事业活动之行为,而足以影响生产、商品交易或服务供需之市场功能者。
[2] 具体案情可以参见中国台湾地区公平交易委员会处分书(公处字第 103090 号);王文宇:《正本清源——评台电与民营电厂纷争涉及的多重法律议题》,载《月旦法学》2013 年第 6 期,第 64—66 页;刘姿汝:《由民营电厂案论联合行为之认定》,载《兴大法学》2016 年第 19 期,第 111—112 页。
[3] 中国台北高等行政法院 102 年度诉字第 1701 号、1714 号、1715 号、1731 号、1739 号、1743 号、1744 号、1750 号、1757 号判决。
[4] 中国台湾地区"最高行政法院"104 年度判字第 369 号判决。
[5] 中国台北高等行政法院 107 年度诉更二字第 99、100、101、109、110、111、112、115、116 号判决。

077

场供求关系是否受到影响。对此，我国台湾地区学者王文宇从市场界定与反垄断法规制垄断协议行为的经济学意义两方面出发，否定我国台湾地区公平交易委员会认为民营电厂行为具有联合限制竞争的性质，主张依照契约关系处理此类纠纷。第一，根据经济学上的"市场"定义，市场是由供求关系构成的，在供给需求关系的基础上产生了交易数量和交易价格。企业达成垄断协议行为的诱因在于可以通过联合行为控制产量，提高价格，从而获得超额利润。反垄断法规制联合行为的目的在于维护市场竞争以避免此种无效率情形的产生。但是，在不完全民营化的产业结构下，负责发电业务的民营电厂只能将其电力出售给经营自然垄断输电业务的单一主体，而且由于契约关系的存在，民营电厂只能按照约定的价格售电，无法借由控制电力产量来提高售电价格，不存在借由供给与需求决定价格数量的市场机能。在不完全竞争的产业结构下，并不存在实质上具有有效供给需求的市场结构，民营电厂也就谈不上有通过垄断行为影响市场供求的可能。[1] 第二，反垄断法规制垄断协议行为的目的在于此类行为会造成经济学上的"无效率"。经营者在追求利益最大化的过程中，将形成以过高的价格销售过少数量的产品的现象。但是在本案中，民营电厂完全不能决定产量和价格，民营电厂之间也就不可能通过联合行为获得垄断利润，进而产生无效率的问题。[2] 第三，由于契约已经约定了价格，民营电厂之间也不存在通过意思联络合意控制价格的问题。因此，输电企业与几家民营电厂之间的争议纯粹为契约法上的争议。

但也有学者持不同观点，反对以契约自由为理由完全否定对于 PPP 项目的竞争规制。例如，刘姿汝认为，反垄断执法机构"并非直接介入或干涉事业间之私法契约争议的判断与处理，亦非以情势变更原则评价民营电厂与台电公司间之契约有无修订内容的可能性，更非无视于契约自由原则而否定民营电厂想继续维持契约原始内容的意愿，其介入的是事业契约内容与争议所涉及之限制竞争或不公平竞争行为。"[3] 民营电厂共同处于发电市场，其所产出的电力彼此之间具有可替代性，而且台电可依据"经济调度原则"来决定购电对象，这意味着民营电厂之间具有竞争关系。9 家民营电厂多次通过协进会的组织所

---

[1] 王文宇：《正本清源——评台电与民营电厂纷争涉及的多重法律议题》，载《月旦法学》2013 年第 6 期，第 86 页。
[2] 同上文，第 89 页。
[3] 刘姿汝：《由民营电厂案论联合行为之认定》，载《兴大法学》2016 年第 19 期，第 122 页。

第四章
公用事业公私合作中的限制竞争问题

协议与合意的事项,不是同业者之间的一般信息交换,而是直间接与购售电价格有关的信息交换。① 还有学者通过实证数据分析了民营电厂之间的发电量,得出民营电厂之间的供电量具有可替代性的结论。②

反垄断执法机构、各层级法院以及学者之间的不同观点凸显了这一纠纷在实践和理论上的巨大争议。这一纠纷涉及合同法、公司法、反垄断法上的诸多法律议题,包括在合同法上政府是否能够要求修改 PPP 契约,要求 PPP 项目经营者降低价格?如果可以修改,对于具有长期性、不完全性的 PPP 契约,何种程度的修改是合理可接受的,何种程度会构成不可接受的实质性契约变更;何种修改是善意修改,何种又是非善意修改?③ 如果 PPP 项目经营者降低价格,是否会侵害公司股东利益而违反公司法上的忠实义务?④ 更重要的是,这一纠纷凸显了公用事业公私合作中垄断协议认定问题的复杂性。由于在公用事业引入社会资本经营时,政府与最后选定的社会资本方之间会签订 PPP 协议,明确约定社会资本方提供公共服务的数量和价格。这一协议的存在给垄断协议中合意和协同行为的认定提出了挑战,也提出了公用事业公私合作中的重要竞争规制难题:承担 PPP 项目的经营者之间要求继续履行合同,按照约定的价格出售公共服务,联合拒绝降低价格,属于契约自由还是构成联合限价的垄断协议行为?如果 PPP 协议固定了每一经营者的产量与价格,这是否意味着 PPP 项目经营者之间就不再存在竞争关系?在公用事业领域的特殊市场结构中,反垄断执法机构是否应当通过反垄断法介入 PPP 项目,干预 PPP 协议,调整价格?如果以反垄断为由要求 PPP 项目经营者降低价格,是否构成政府一方违约?竞争规制介入到何种程度,才属于适当与合理的规制?正如王文宇所指出的,竞争规制如果介入不当,不但可能会干预 PPP 项目的契约自由和意思自治,更会损及良好的营商环境建设和国际投资信誉。⑤ 因此,在处理相

---

① 刘姿汝:《由民营电厂案论联合行为之认定》,载《兴大法学》2016 年第 19 期,第 143—144 页。
② 陈嘉雯:《民营电厂在长期合约中的竞争关系:以台湾和平电厂输电塔倒塌事件为例》,中国台湾地区公平交易法学会 2019 年度会员大会暨重要法院判决评析研讨会上的报告,2019 年 12 月。
③ Eduardo Engel et al., Public-Private Partnerships: When and How, July 19, 2008, https://www.researchgate.net/publication/251176256_Public-Private_Partnerships_When_and_How, p.14, last visited on October 20, 2020.
④ 王文宇:《正本清源——评台电与民营电厂纷争涉及的多重法律议题》,载《月旦法学》2013 年第 6 期,第 64 页。
⑤ 同上文,第 92 页。

关问题时，需要谨慎区分契约所引致的限制竞争效果与具有意思联络的反竞争行为所引致的限制竞争效果，对于在不具有完全市场机能条件下运作的契约所导致的限制效果问题，探索通过契约责任和违约救济来解决该限制竞争负效果。当公用事业 PPP 项目采用长期契约委外经营或者特许授权时，不宜将所有责任都归咎于私营企业，并以反垄断法追究其协同价格的责任，而应通过法律制度明确此种情况下通过情势变更修改契约价格或其他条件的可能性，推动政府和企业之间协商修改契约，并在违反原契约义务时追究相应主体在民事上的违约责任。

2. 高速公路电子收费系统案：订约机构的差别待遇侵害参与者竞争自由

高速公路电子收费系统案（Electronic Toll Collection，以下简称"ETC 案"）既涉及公私合作关系中订约当局行为的法律定性问题，也涉及投标者公平竞争权利如何保障的问题。我国台湾地区高速公路管理部门采用民间招标的方式建设高速公路电子收费系统。经过资格预审、协商，以及综合评审程序后，2003 年 12 月高速公路管理部门发布评审公告，最终选定远通公司为最优申请人，宇通公司为次优申请人。但是，在甄选评审过程中，高速公路管理部门仅与远通进行了有关 VPS 系统和多车道自由车流系统等技术性问题的协商，使其有补充资料及修正投资计划书的机会，却并没有与宇通进行相关技术问题的协商。[①] 因此，宇通公司对于该甄审决定不服，向高速公路管理部门提出异议，由于认为高速公路管理部门未在法定期限内作出处理，于是于 2004 年 4 月向台湾地区行政管理机构公共工程管理委员会提出申诉。公共工程管理委员会于 2005 年 1 月 7 日作出审议判断，撤销原异议处理结果有关公证、认证部分；有关设立建置营运公司发起人、修改投资计划及公平协商部分不予受理；驳回其余申诉。宇通公司不服上述裁决，向台北高等行政法院提起行政诉讼。2006 年 2 月 24 日，台北高等行政法院作出判决，以甄选过程违反公益、平等原则等理由，撤销了远通的最优申请人资格。[②] 案件程序问题的争议焦点在

[①] 中国台湾地区"最高行政法院"95 年度判字第 1239 号判决，载中国台湾地区法律事务主管部门编印：《行政程序法：裁判要旨汇编（四）》，2007 年 12 月，第 25 页。

[②] 中国台北高等行政法院 94 年度诉字第 752 号判决。案件介绍可以参见詹镇荣：《促进民间参与公共建设法之现实与理论——评台北高等行政法院之 ETC 相关裁判》，载《月旦法学》2006 年第 7 期，第 49 页；林明锵：《ETC 判决与公益原则——评台北高等行政法院 94 年度诉字第 752 号判决及 94 年度停字第 122 号裁定》，载《月旦法学》2006 年第 7 期，第 5—6 页。

第四章
公用事业公私合作中的限制竞争问题

于,高速公路管理部门的甄审决定的法律性质如何?台北高等行政法院认为,高速公路管理部门为建设高速公路电子收费系统,依法经审核评定选出最优申请人之"甄审决定",性质上属于行政处分,可以对其提起行政诉讼。[1] 案件实体问题的争议焦点在于,招投标的协商程序是否合法;如果程序不合法,远通就不能成为招商文件所规定的合格申请人,那么宇通是否享有"递补签约"的权利,还是需要重新进行招投标,启动新的程序来甄审最优申请人?台北高等行政法院判决,高速公路管理部门与远通的协商程序不符合公平原则及公益原则,最优申请人资格甄审决定属于违法,应予撤销。"促进民间参与公共建设法"第 42 条并未赋予次优申请人"递补签约"的权利。[2] 但是,原被告双方均提起上诉。我国台湾地区"最高行政法院"2006 年 8 月 3 日维持了原判。判决认为,"行政机关就行政处分之作成,纵使享有判断余地,惟其作成之程序倘有违反平等原则、公益原则等瑕疵,导致事证搜集的缺漏,客观上足以影响行政处分之实体结果者,该处分即因此等程序违法之瑕疵,而得予以撤销。"[3]

由于公私合作会覆盖招投标与采购过程的方方面面,也涵盖中标后的合同缔约以及项目运营等诸多阶段,那么是应当将订约机构选择社会资本方的过程和决定与后续中标后的合同签订作为同一个行为来看,还是应当分开来看,在这个案例中就出现了争议。订约机构高速公路管理部门主张,"管理机关或其授权之所辖机关依促参法办理公共建设招商案,将甄审结果对外公告,系主办机关审核该申请案件过程之一,性质上非属行政处分。"按照订约机构高速公路管理部门的主张,招投标的评审与决定就只构成合同签署前的"缔约准备行为"。[4] 但是,审理法院则基本上根据"双阶理论",认定甄审决定为一个行政处分行为,而后阶段签订采购合同与履行合同,构成另一个独立的、具有双方法律行为属性的契约法律关系。[5] 根据这一判决,在公用事业领域的政府采购

---

[1] 中国台北高等行政法院 94 年度诉字第 752 号判决,载中国台湾地区法律事务主管部门编印:《行政程序法:裁判要旨汇编(四)》,2007 年 12 月,第 212 页。
[2] 詹镇荣:《促进民间参与公共建设法之现实与理论——评台北高等行政法院之 ETC 相关裁判》,载《月旦法学》2006 年第 7 期,第 49—50 页。
[3] 中国台湾地区"最高行政法院"95 年度判字第 1239 号判决,载中国台湾地区法律事务主管部门编印:《行政程序法:裁判要旨汇编(四)》,2007 年 12 月,第 17 页。
[4] 中国台北高等行政法院 94 年度诉字第 752 号判决。
[5] 詹镇荣:《促进民间参与公共建设法之现实与理论——评台北高等行政法院之 ETC 相关裁判》,载《月旦法学》2006 年第 7 期,第 50 页。

和特许授权竞标过程的各个阶段中,在被淘汰时,参与竞争的投标者都可以就订约机构的淘汰决定提出行政诉讼。正如我国台湾地区学者詹镇荣所指出,"促参法等相关法规不仅将 BOT 招商案区分为最优申请人资格甄审决定以及投资契约签订两个法律性质各异之复数法律关系阶段。而且,在最优申请人甄审决定之前阶段中,因考虑到 BOT 案申请人彼此间之高度竞争性以及应具资格之复杂性,更架构出经济及科技行政法上所惯用的'多阶段之行政程序'(mehrstufiges Verwaltungsverfahren)模式。亦即只将最优及次优申请人之甄审决定划分为资格预审及综合评审两段事务内涵上具前后次序关联之行政程序,而各阶段之行政程序又皆以作成一形式上独立之行政处分为终结。是以,依促参法之规范旨趣与架构,无论系预审决定被淘汰之不合格申请人,抑或复审决定未被甄选为最优申请人之民间机构,若对各该阶段之决定不服,应解释为皆可提起行政争讼,俾寻求其竞争地位之保护。"[①] 在契约关系中,对于该契约是属于私法契约还是行政契约,也存在争议。被告高速公路管理部门主张应当将运营契约认定为私法契约,但是台北高等行政法院则基于契约的公益性,认为高速公路电子收费系统的建设和运营属于行政契约。[②]

ETC 案还涉及投标者公平竞争权利如何保障的问题。在进行投标者评选时,我国台湾地区"促进民间参与公共建设法"第 44 条要求订约当局按照公平、公正原则,于评审期限内,择优评定。我国台湾地区"政府采购法"第 6 条要求机关办理采购,应以维护公共利益及公平合理为原则,对厂商不得为无正当理由之差别待遇。在这一案件中,订约机构并未对所有投标申请人平等对待,进行公平协商。高速公路管理部门仅与远通协商了 VPS 系统,使其有确认 VPS 系统技术发展方向和承诺提供 VPS 服务的机会,还与远通协商了"多车道自由车流"系统,使其有补充资料及修正投资计划书的机会。但是,高速公路管理部门却并未与宇通公司就上述技术性问题进行协商,违反了我国台湾地区"促进民间参与公共建设法"中规定的平等原则。[③] 有学者指出,这种

---

① 詹镇荣:《促进民间参与公共建设法之现实与理论——评台北高等行政法院之 ETC 相关裁判》,载《月旦法学》2003 年第 7 期,第 53 页。
② 林明锵:《ETC 判决与公益原则——评台北高等行政法院 94 年度诉字第 752 号判决及 94 年度停字第 122 号裁定》,载《月旦法学》2006 年第 7 期,第 11 页。
③ 中国台湾地区"最高行政法院"95 年度判字第 1239 号判决,载中国台湾地区法律事务主管部门编印:《行政程序法:裁判要旨汇编(四)》,2007 年 12 月,第 25 页。

"协商程序上的差别待遇,将导致未获协商机会申请人竞争机会上之不平等",不仅违反平等对待的原则,也侵害了未被平等协商对待的申请人的竞争自由。[①] 这种侵害参与者竞争自由的差别待遇将导致甄审过程违反程序,甄审的结果应属违法,订约机构的评选决定应被撤销。

[①] 詹镇荣:《促进民间参与公共建设法之现实与理论——评台北高等行政法院之 ETC 相关裁判》,载《月旦法学》2006 年第 7 期,第 64 页。

第五章
比较法视域下公用事业公私合作的竞争规制

一、国际组织发布的涉及公私合作竞争规制的相关规范

(一) 联合国国际贸易法委员会

联合国国际贸易法委员会(United Nations Commission on International Trade Law,以下简称"UNCITRAL")是联合国系统在国际贸易法领域的核心法律机构,其职责是致力于国际商事规则的现代化和统一。2000年,UNCITRAL通过了《贸易法委员会私人融资基础设施项目立法指南》,随后于2003年通过了《贸易法委员会私人融资基础设施项目示范立法条文》。2015年开始,应委员会要求,秘书处与专家及相关政府间组织和非政府组织广泛协商,对这些案文进行了彻底修订,于2019年通过了《贸易法委员会公私合作立法指南》(以下简称《立法指南》)和《贸易法委员会公私合作示范立法条文》(以下简称《示范立法条文》)。[①] 虽然《立法指南》和《示范立法条文》只有示范法的作用,是不具有强制约束力的国际规范,但是仍然对成员国PPP法律的制定和修改有着重要借鉴和指导意义。《立法指南》和《示范立法条文》涵盖了与建立有利于公私合作的法律框架有关的主要问题,包括:(1) PPP法律框架的指导原则、行政协调和订立PPP合同的权力范围;(2) 项目规划和准备,包括开展经济性和效率研究,并对项目的财政、社会和环境影响进行彻底评估;(3) 授予合同程序,强烈倾向于使用竞争性筛选程序,如《贸易法

[①] 参见联合国国际贸易法委员会网站,https://uncitral.un.org/en/lgppp,2020年10月5日最后访问。

第五章
比较法视域下公用事业公私合作的竞争规制

委员会政府采购示范法》中所规定的通过对话征求建议书；(4) PPP 合同的内容及其期限、延期或终止，以及项目期间出现的争端的解决。《立法指南》还讨论了可能对建立有利于公私合作的法律框架产生影响的其他法律领域，如知识产权法、环境法、担保权益和消费者保护。[①]

《立法指南》和《示范立法条文》中涉及竞争规制的内容主要包括如下方面：

第一，在 PPP 法律框架的构建中，UNCITRAL 建议将竞争作为立法原则之一。《示范立法条文》第 1 条"PPP 指导原则"中的两个条文备选方案均将"竞争"作为批准 PPP 项目的原则之一。[②]《立法指南》在 PPP 法律框架的指导原则部分中指出，在国家基础设施政策的背景下，提高 PPP 项目企业长期可持续性的另一项措施是在竞争性和垄断性基础设施运营和公共服务提供之间取得正确的平衡。竞争可以降低总体成本，并为基本服务提供更多的备用设施。在某些产业中，竞争亦有助于提高基础设施投资的生产力，加强对消费者需求的回应，以及提高公共服务的质量，从而改善整体的营商环境。[③] 对于与 PPP 直接相关的法律法规，竞争有两个维度。一方面，有关部门或活动中的竞争范围是订约当局在项目规划阶段应当要求审查的内容之一。订约当局的评估应作为决定社会资本方在公私合作模式下是否应享有经营基础设施或提供相关公共服务的专有权，或决定产业或市场是否可从竞争中获益的依据。另一方面，竞争通常是政府采购系统的结构要素之一，其目的是使公共部门物有所值。潜在投资者和私人实体之间通过严格的竞争形式争夺 PPP 合同，可以降低整体成本和其他资源需求，增加基础设施投资的生产率，提高对于消费者需求的回应性，从而获得更优质的公共服务。竞争有可能提高 PPP 项目的资金价值，并增加实现有关项目预期成果的可能性。根据《联合国反腐败公约》第 9 条第 1 款，竞争是指导国内政府采购制度的原则之一。因此，《立法指南》强烈建议在授予 PPP 合同时采用竞争性程序。促进潜在投资者和私人实体参与 PPP 是实现 PPP 合同竞争性程序的一个关键先决条件。然而，《立法指南》也承认，在复杂的基础设施项目中，通过限制参与者的数量，才能实现最为有

---

① 参见联合国国际贸易法委员会网站，https://uncitral.un.org/en/lgppp，2020 年 10 月 5 日最后访问。
② UNCITRAL Model Legislative Provisions on Public-Private Partnerships，2020，model provision 1.
③ UNCITRAL Legislative Guide on Public-Private Partnerships，2020，p. 32，para. 19.

效率的竞争。有两个原因可以解释这一矛盾：（1）由于大多数 PPP 项目在技术、商业和财务方面的复杂性，如果合同授权机构不得不审查潜在的大量标书，会过于烦琐、耗时、耗费资源；（2）参与竞标程序的高昂成本会减弱私人投资者的参与意愿，除非私人投资者经过评估后认为最终获得合同的机会是较为合理的。因此，《立法指南》建议的采购程序从确定数量有限的高质量潜在社会资本方开始。①

第二，在 PPP 项目计划和准备阶段，UNCITRAL 建议在项目评估时应当充分考虑其对于市场竞争的影响。《立法指南》中指出，订约当局需要在项目计划阶段考虑，社会资本方是否应当获得基础设施运营或公共服务的独家经营权，社会资本方是否需要这种独家经营权才能收回投资。订约当局应仔细考虑给予社会资本方独家经营权的宏观经济影响、政策劣势和排除竞争所导致的总福利成本。由于社会资本方热衷于获得独家经营权，在这种情况下发生共谋和腐败的风险极高。法律法规可以就授予独家经营权建立适当的参数体系，并且一般应当要求订约当局就为何要授予独家经营权给出理由。② 此外，在对于 PPP 项目的补贴问题上，《立法指南》建议成员方审慎考虑对于社会资本方提供的补贴，因为补贴可能会扭曲自由竞争，提供补贴或者其他形式的财政资助不但可能违反很多国家竞争法的规定，而且可能与区域经济一体化或者贸易自由化的相关国际协定的要求不符。③

第三，在授予 PPP 合同时，UNCITRAL 强烈建议应当采用竞争性程序。《立法指南》表达了对使用竞争性合同授权程序的明显和强烈的推荐，指出这种程序被广泛认为是最适合促进经济、提高效率、增加透明度的，符合其他指导 PPP 法律和法规的一般原则以及相关的国际规范。④ 因此，《示范立法条文》第 8 条授予合同的"一般规则"中就规定，订约当局挑选私人伙伴，应当根据示范条文规定的程序进行，对于其中未规定的事项，则根据订约国指明的其国内法中相当于《贸易法委员会政府采购示范法》所规定的透明和高效的竞争性政府采购程序作出规定的条文进行。⑤ 但同时，《立法指南》也明确指出，竞

---

① UNCITRAL Legislative Guide on Public-Private Partnerships，2020，pp. 32-33，para. 20.
② Ibid.，p. 53，paras. 21-22.
③ Ibid.，pp. 69-70，para. 70.
④ Ibid.，p. 81，para. 1.
⑤ UNCITRAL Model Legislative Provisions on Public-Private Partnerships，2020，model provision 8.

争并不意味着在 PPP 合同授予过程中必须有大量投标人参与。对于大型项目，订约当局甚至有理由希望将投标人的数目限制在可控制的范围内。只要有适当的程序，即使在竞争基础有限的情况下，订约当局也可以利用有效竞争寻找到最佳社会资本方。① 因此，《示范立法条文》第 9 条投标人"预选的目的和程序"中规定，如果订约当局有意让通过预选程序筛选出来的投标人提交建议书，那么预选文件中应当写明最后会筛选出的投标人的数目，以及确定该数目的方式。在确定该最大数目时，订约当局应当考虑到确保有效竞争的必要性。② 该示范条文的注释中写道，在有些国家，关于筛选程序的实用指南鼓励本国订约当局尽可能减少预期的建议书数量，以足可确保有意义的竞争为限（例如 3 份或 4 份）。③

第四，在社会资本方以联合体形式参加竞标时，UNCITRAL 特别要求每一社会资本方只能参加一个联合体进行申报，以防止串通投标。《示范立法条文》第 11 条"联合体的参加"中规定，无论是直接参加还是间接参加，联合体的每一成员在同一时间只能参加一个联合体。违反这项规则的，将导致联合体和各个成员均被取消参与竞标资格。这一条文禁止投标人参加旨在为同一个项目提交建议书的一个以上联合体，是为了减少社会资本方因为加入不同联合体参与投标而导致泄露信息，增加互相竞争的联合体之间在投标时相互串通的风险。④

第五，UNCITRAL 还特别规定了无须按照竞争性程序授予 PPP 合同的例外情况。《示范立法条文》第 23 条"准许直接谈判的情形"中规定了无须按照竞争性程序授予特许权的一些特殊情况，包括：（1）迫切需要确保连续提供服务，而采用示范条文中规定的程序将不切实际；（2）项目期限短，且预期初始投资额不超过某一数额；（3）为了维护国家安全；（4）只有一个来源能够提供所需服务，例如这种服务的提供需要使用某人所有或占有的知识产权、商业秘密或其他专属权利；（5）为了维护公共利益。⑤ 但是，《立法指南》同时建议在不经过竞争程序直接进行 PPP 合同谈判时，应当采用多种措施来增加 PPP

---

① UNCITRAL Legislative Guide on Public-Private Partnerships，2020，p. 83，para. 7.
② UNCITRAL Model Legislative Provisions on Public-Private Partnerships，2020，model provision 9.4.（c）.
③ Ibid.
④ Ibid.，model provision 11.2.
⑤ Ibid.，model provision 23.

合同授予的透明度，包括：（1）在通过竞争程序之外的谈判进行 PPP 合同授予之前，必须获得上级主管机构的批准；（2）可以在法律中明确规定，在切实可行的情况下，订约当局必须同最低数目的投标者谈判或征求建议书；（3）要求订约当局以特定方式向投标人发出关于谈判过程的通知，发出特别通知的目的是使该 PPP 合同授予过程比其他情况更能引起投标者的注意，从而促进竞争；（4）制定进行谈判的基本规则和程序，以帮助确保谈判以有效的方式进行；（5）应要求订约当局建立 PPP 合同授权的记录，并应公布 PPP 合同授权的未经过竞争性程序的情况，除非涉及国防或者国家安全利益。①

UNCITRAL 还对另外一种未经过竞争谈判的 PPP 合同授权问题，即如何处理"非应标建议书"（Unsolicited Proposal）问题给出了建议。某些情况下，社会资本方直接向政府及其部门提交建议书或者洽谈提案，这些建议书通常被称为"非应标建议书"，因为它们与公共部门已开始合同授予程序的项目无关。未经请求的提议可能涉及关于基础设施管理的创新建议，并可能向东道国转让新技术。然而，它们可能会引起对透明度、问责性和"物有所值"（Value for Money）等诸多问题。因此，UNCITRAL 建议成员方应仔细考虑这些问题并设计适当的保障措施来处理"非应标建议书"。② 例如，对接受"非应标建议书"的情况进行限制：（1）如果项目的执行需要订约当局或其他公共当局作出重大财政承诺，例如保证、补贴或参股，则不得考虑"非应标建议书"这种形式；（2）只有在订约当局尚未开始或宣布授予程序的项目中，才可以考虑采用"非应标建议书"。③

第六，在特许权转让和社会资本方控股权益的转让问题上，UNCITRAL 建议未经订约当局同意，PPP 合同规定的社会资本方的权利和义务不得转让给第三方，社会资本方的控股权益或者其参与项目公司被认为对项目的成功维护和运营至关重要的股东的权益也不得转让给第三方。④ 根据 UNCITRAL 在《立法指南》中的解释说明，禁止权益转让的理由之一即在于，订约当局控制公共服务提供者、控制股份的收购，是为了避免在自由化部门形成寡头垄断或

---

① UNCITRAL Legislative Guide on Public-Private Partnerships，2020，pp. 119-121，paras. 102-109.
② Ibid.，p. 121，para. 110.
③ Ibid.，p. 125，paras. 121-122.
④ UNCITRAL Model Legislative Provisions on Public-Private Partnerships，2020，model provisions 41-42.

第五章
比较法视域下公用事业公私合作的竞争规制

垄断局面。①

第七，在基础设施的运营方面，UNCITRA 对公共基础设施网络使用者的接入权作出了明确规定。《示范立法条文》第 43 条"基础设施的运营"中规定："PPP 合同应当酌情载明社会资本方下述义务的限度：……（d）确保其他服务提供者酌情不受歧视地接入私人伙伴运营的任何公共基础设施网络。"②《立法指南》指出，在铁路运输、电信、电力或天然气供应等领域运营基础设施网络的公司，有时需要允许其他公司接入该网络。这一要求可以在 PPP 合同或特定行业的法律或法规中加以规定。在某些基础设施部门引入了互连和接入要求，作为对特定部门结构改革的补充；在另一些产业，采取这些措施是为了促进仍然完全一体化或部分一体化的产业的竞争。③

第八，UNCITRAL 将 PPP 合同的存续期限与竞争问题结合在一起考虑，以防止长期合同对于市场竞争的过度限制。《示范立法条文》第 48 条"PPP 合同的期限"中规定，PPP 合同应当载明期限，在设定该期限需要考虑的因素中，该条文将"适用的法律规章所规定的涉及相关基础设施或服务部门的竞争和市场结构的任何相关政策"作为因素之一。④

（二）世界银行

世界银行一直关注全球范围内社会资本参与基础设施建设的情况。为了使公私合作模式被正确推行，世界银行提供了广泛的专业知识、数据、工具和服务，包括为监管和机构改革提供政策建议，也通过提供融资贷款、投资、担保、咨询等多元化形式支持社会资本方参与 PPP 项目。世界银行建立了专门的 PPP 工作组来推进 PPP 相关的各项工作。⑤ 目前，世界银行在 PPP 领域的具体工作主要包括：（1）建立公私合作法律资源中心（PPP Legal Resource Center，以下简称"PPPLRC"）。PPPLRC 平台提供了丰富的 PPP 法律、政

---

① UNCITRAL Legislative Guide on Public-Private Partnerships，2020，pp. 162-163，para. 75.
② UNCITRAL Model Legislative Provisions on Public-Private Partnerships，2020，model provision 43.
③ UNCITRAL Legislative Guide on Public-Private Partnerships，2020，p. 171，para. 99.
④ UNCITRAL Model Legislative Provisions on Public-Private Partnerships，2020，model provision 48.（d）.
⑤ 参见世界银行网站，https：//www.worldbank.org/en/topic/publicprivatepartnerships/overview#2，2020 年 10 月 5 日最后访问。

策、文本等内容，包括 PPP 协议样本、清单和样本条款、职权范围、风险矩阵、政府机构制定的标准招标文件、PPP 样本、行业立法和行业规章等。这些法律资源特别为发展中国家的政府和官员开展 PPP 项目提供了国际经验，有助于其建立有利于 PPP 发展的法律和政策环境。[①]（2）建立 PPP 知识实验室（PPP Knowledge Lab）。该知识实验室不仅发布了《PPP 参考指南》（PPP Reference Guide），为成员国开展 PPP 模式提供有效指引，还按照产业与国别提供 PPP 相关的各种信息（包括各种公用事业产业采用 PPP 模式运营的好处与问题，各国 PPP 主管机构、PPP 法律法规等信息）。[②]（3）建立私人参与基础设施建设数据库（Private Participation in Infrastructure Database，以下简称"PPI 数据库"）。建立该数据库的目的是确定和传播有关中低收入国家私人参与基础设施项目的信息。[③] 该数据库突出显示了用于吸引私人投资的合同安排、投资流的来源和目的地以及主要投资者的信息，可以向政府决策者、消费者代表和其他利益相关者提供关键数据和分析。[④]（4）建立基础设施监管知识库（Body of Knowledge on Infrastructure Regulation，以下简称"BoKIR"）。BoKIR 由世界银行与佛罗里达大学公用事业研究中心、图卢兹大学等联合建立，致力于总结基础设施监管政策的最佳观点。[⑤]（5）建立公私基础设施咨询机构（Public-Private Infrastructure Advisory Facility，以下简称"PPIAF"）。PPIAF 致力于帮助发展中国家政府加强有利于使私营部门参与可持续基础设施建设的政策、法规和机制建设。自 1999 年以来，PPIAF 一直在帮助政府制定鼓励私人投资基础设施所需的政策、法律、法规和制度。PPIAF 通过传授 PPP 项目成功与失败的经验教训以及为相关的研究提供资金和技术支持等方式来促进发展中国家获得 PPP 相关的知识，加强各国扩展基础设施交付的能力，协助地方性实体在没有主权担保的情况下获得融资。[⑥]（6）发起

[①] 参见世界银行网站，https：//ppp.worldbank.org/public-private-partnership/，2020 年 10 月 5 日最后访问。
[②] 参见世界银行 PPP Knowledge Lab 网站，https：//pppknowledgelab.org/，2020 年 10 月 5 日最后访问。
[③] 包括国家、财务截止年度、提供的基础设施服务、私人参与的类型、技术、容量、项目位置、私人投资者、私人融资提供者和开发银行支持等。
[④] 参见世界银行 PPI 网站，https：//ppi.worldbank.org/en/about-us/about-ppi，2020 年 10 月 5 日最后访问。
[⑤] 参见世界银行 BoKIR 网站，http：//regulationbodyofknowledge.org/about，2020 年 10 月 5 日最后访问。
[⑥] 参见世界银行 PPIAF 网站，https：//ppiaf.org/about-us，2020 年 10 月 5 日最后访问。

第五章
比较法视域下公用事业公私合作的竞争规制

成立全球基础设施基金平台（Global Infrastructure Facility，以下简称"GIF"）。为了汇集各国政府、国际开发机构、私营部门的资金和专业优势，共同支持全球基础设施发展，世界银行集团于2014年10月发起成立GIF，并于2015年4月正式成立。GIF旨在为全球公共和私人部门提供全球性的合作平台，通过整合新兴市场和发展中经济体基础设施建设领域的各种资源，扩展复杂基础设施建设项目的融资市场，从而提升新兴市场和发展中经济体的基础设施水平，帮助其消除贫困并实现具有包容性的可持续发展。[①]

《PPP参考指南（第3版）》（PPP Reference Guide，Version 3，以下简称《参考指南》）是世界银行发布的有关PPP的重要文件，旨在传播基础设施和PPP政策与执行情况方面的良好实践，以及发展有效的法律和制度框架，来帮助政府识别和选择PPP项目，购买可持续发展的公共服务。其中涉及PPP领域竞争问题的相关内容主要包括如下方面：

第一，《参考指南》建议成员方建立PPP法律框架，并确立PPP政策的实施原则。世界银行将秘鲁PPP立法作为良好的示范性实践。在秘鲁PPP立法中确立的各种PPP项目指导原则中，竞争是其中之一。秘鲁PPP立法中要求，必须寻求竞争以确保效率以及降低公共基础设施和公共服务的提供成本。政府必须避免任何反竞争或共谋的行为。[②]

第二，在PPP合同授权决定的信息披露上，《参考指南》建议，一个完全透明的竞争性政府采购过程应包括披露采购决策背后的原因。这意味着要披露哪些投标者提出了参与投标意向、每个项目的建议书、哪些建议书获得了PPP合同授权以及为何获得合同授权。[③]

第三，《参考指南》特别指出，地方级PPP项目可能面临各种挑战，地方保护主义导致难以建立有效的竞争框架即是其中之一。如果地方分权不伴随着地方问责制和透明度的提高，有时可能会助长腐败行为。正如加拿大魁北克的夏博诺委员会（Charbonneau Commission）所指出的，由于建筑的自然地理分割，当地项目往往只能由当地承包商投标，这给建立有效的竞争框架带来了

[①] 参见世界银行GIF网站，https：//www.globalinfrafacility.org/what-is-the-gif，2020年10月5日最后访问。

[②] Ley No. 30167：Ley que Modifica el Decreto Legislativo 1012. Lima：Presidente de la Republica del Peru, 2014, cited in World Bank, Public-Private Partnerships Reference Guide，Version 3，2017，p. 64.

[③] World Bank, Public-Private Partnerships Reference Guide，Version 3，2017，p. 101.

额外的挑战。这也使得在地方层级 PPP 采购中保持诚信更加困难。[①]

第四，在"物有所值"（Value for Money）评估问题上，《参考指南》列举了英国将竞争性投标市场作为评估指标之一的做法。英国财政部已经为"私人融资计划"（Private Finance Initiative）制定了评估性和适合性的指标。适合性指标包括对服务的长期、可预测的需求，有效分配风险的能力，私营部门方面管理风险和承担交付责任的能力，有稳定和适当的政策和制度，以及竞争性投标市场。[②]

第五，在对 PPP 交易进行管理上，《参考指南》指出，要对 PPP 交易实现有效管理，一般需要有具备竞争力、有效率和透明的采购程序。采用竞争性程序授予 PPP 合同是推荐的做法。大多数政府采用竞争性程序来授予 PPP 合同，这是实现透明度和物有所值的最佳方式。但是在实践中，在某些情况下，直接谈判也可能是一个可行的选择。例如，在已知成本的小型项目中，在预期回报水平下，竞争过程的成本高得令人望而却步。或者有充分理由认为不存在竞争利益的情况（比如，对一项已经签订合同的资产进行小幅延长）。或者在紧急情况和自然灾害的情况下快速采购的需要，在这种情况下，速度可能超过金钱上的价值。如果政府允许在特定情况下不经过竞争程序而进行直接谈判，就应在 PPP 法律框架内明确规定这些情况及其相关标准。只有在确立和实施了物有所值、透明度、责任制和公共利益的适当保障措施之后，才可以进行直接谈判。[③]

第六，在"非应标建议书"的问题上，《参考指南》指出，在缺乏透明度或竞争性的采购程序的情况下，根据主动提出的建议与项目建议者进行谈判可能会产生问题。由于缺乏竞争压力，它可能导致 PPP 项目的物有所值性降低，或者提供腐败机会。即使没有腐败的明显迹象，如果一家公司被认为从 PPP 项目中受益，而 PPP 项目却没有给予其竞争对手参与竞争的机会，仍然可能引发其竞争对手和其他利益相关者对过程公平性的质疑和抱怨。这种透明度的缺乏会削弱 PPP 项目的合法性和民众对它的支持。

《参考指南》列举了坦桑尼亚的例子来说明未经过竞争程序而直接谈判可

---

① World Bank, Public-Private Partnerships Reference Guide, Version 3, 2017, p. 107.
② Ibid., p. 130.
③ Ibid., pp. 160-161.

第五章
比较法视域下公用事业公私合作的竞争规制

能提高 PPP 项目的成本。坦桑尼亚政府、坦桑尼亚电力供应公司与马来西亚的坦桑尼亚独立电力有限公司（Independent Power Tanzania Limited）签订了合同协议，约定后者在 20 年内提供 100 兆瓦的电力。这笔交易是在一次电力危机期间，按照私人投资者的方式直接谈判达成的。一些政府官员、国际捐赠团体和其他利益相关者对这笔交易提出了异议。异议的理由是使用了错误的技术（使用了重油，而不是本土天然气），它不是成本最低的发电计划的一部分，不是在透明和竞争的基础上获得的，而且也不需要这种电力。政府最终将案件提交仲裁。根据最终的仲裁裁决，项目成本降低了约 18%。即使如此，费用仍然远高于其他可比较国家的费用。①

《参考指南》指出，一些国家灵活变通了竞争性程序，给予提出"非应标建议书"的参与者一定的优待或者补偿，同时保持 PPP 项目招投标过程的竞争性和透明度。具体做法包括：（1）在竞争性程序中，提出"非应标建议书"的参与者可以直接进入最终选拔程序。南非公路项目采用了两阶段的招投标过程，在第一阶段排名在前的投标者才可以进入下一轮程序，而提出"非应标建议书"的参与者可以直接进入第二轮程序。（2）在竞争性程序中，提出"非应标建议书"的参与者可以获得一定加分，这种加分可能占财务评估分数的 3%—8%。智利就采用了这种做法。（3）在竞争性程序中，提出"非应标建议书"的参与者享有"匹配权"（Right to Match），如果经过公开的竞争性程序选拔 PPP 项目社会资本方的努力失败了，那么"非应标建议书"的提出者自动获得该 PPP 项目。② （4）在经过竞争程序选拔出 PPP 项目最优竞争者后，由政府或者中标者付给"非应标建议书"的提出者一笔费用，该笔费用可以是对于其开发项目的成本补偿金，或者是对于其提出了这一项目的回报或奖励。印度尼西亚就采用了这种做法。③ 世界银行发布的《基础设施项目中为管理"非应标建议书"制定政策的指南》中对于"非应标建议书"相关的招投标评

---

① World Bank, Public-Private Partnerships Reference Guide, Version 3, 2017, pp.190-192.
② 但《参考指南》同时也指出，这种做法本身含有严重的限制竞争性质。在菲律宾，2006 年根据"非应标建议书"提出的 11 项 PPP 项目最终都按照匹配权方法由"非应标建议书"提出者获得。
③ 《参考指南》指出，第四种方法不同于前三种方法的地方在于，它不会在竞争性程序中给"非应标建议书"的提出者带来任何竞争上的优势。See World Bank, Public-Private Partnerships Reference Guide, Version 3, 2017, p.192.

估、批准等过程给出了详细论述。①

(三) 经济合作与发展组织

经济合作与发展组织（Organisation for Economic Co-operation and Development, 以下简称"OECD"）旨在帮助成员国共同应对全球化带来的经济、社会和环境挑战。OECD 提供了一个平台，让各国政府比较各自的政策，帮助各国政府寻求良好的经验和做法来协调国内和国际政策。OECD 从 2007 年开始就致力于帮助各国推动私人参与基础设施建设以及 PPP 的发展，并探索制定好的政策指引。其发布的与 PPP 相关的文件包括：2007 年《OECD 关于私营部门参与基础设施建设的原则》②、2008 年《公私合作：寻求分险分担和物有所值》③、2010 年《专用 PPP 单元：对制度和治理结构的调查》④、2012 年《OECD 关于公私合作公共治理原则的建议》⑤ 和 2014 年《促进基础设施长期投资的私人融资和政府支持》⑥ 等。

1.《OECD 关于私营部门参与基础设施建设的原则》中涉及竞争规制的内容

在《OECD 关于私营部门参与基础设施建设的原则》所提出的 24 条原则中，涉及竞争规制的原则有两条：

（1）原则 7：通过努力创造竞争环境，包括将活动置于适当的商业压力之下，消除不必要的准入壁垒，实施和执行适当的竞争法，私营部门参与基础设施建设的好处将得到加强。

---

① World Bank, Guidelines for the Development of a Policy for Managing Unsolicited Proposals in Infrastructure Projects, Washington, DC: World Bank and Public-Private Infrastructure Advisory Facility, 2017.

② OECD, OECD Principles for Private Sector Participation in Infrastructure, 2007, http://www.oecd.org/daf/inv/investment-policy/ppp.htm, last visited on October 20, 2020.

③ OECD, Public-Private Partnerships: In Pursuit of Risk Sharing and Value for Money, June 2008, http://www.oecd.org/daf/inv/investment-policy/ppp.htm, last visited on October 20, 2020.

④ OECD, Dedicated Public-Private Partnership Units: A Survey of Institutional and Governance Structures, March 10, 2010, https://www.oecd.org/gov/budgeting/dedicatedpublic-privatepartnershipunitsasurveyofinstitutionalandgovernancestructures.htm, last visited on October 20, 2020.

⑤ OECD, Recommendation of the Council on Principles for Public Governance of Public-Private Partnerships, May 2012, http://www.oecd.org/gov/budgeting/PPP-Recommendation.pdf, last visited on October 20, 2020.

⑥ OECD, Private Financing and Government Support to Promote Long-Term Investments in Infrastructure, September 2014, https://www.oecd.org/daf/fin/private-pensions/Private-financing-and-government-support-to-promote-LTI-in-infrastructure.pdf, last visited on October 20, 2020.

第五章
比较法视域下公用事业公私合作的竞争规制

贯穿于整个基础设施产业领域的自然垄断因素使建立有效竞争条件变得更加困难。通过使尽可能多的活动暴露于竞争压力之下，同时为了公众利益将垄断或缺乏竞争的领域置于管制之下，政府当局能够取得最好的结果。一个对外开放的投资环境可以通过扩大潜在参与者的数目和将"有关市场"扩大到国家边界以外的地区来促进竞争。为了实现这些利益，政府当局应尽可能保持开放和非歧视性的投资环境，并考虑《OECD关于管制性行业结构分离的建议》。[①]确保本国和外资企业能够平等竞争还意味着所有经营者都要遵守劳工标准和其他公认的国际标准。

为了提高服务效率，促进基础设施领域的竞争的努力往往需要与更广泛的结构改革同时进行。为了获得足够多的基础设施经营者来确保良性的竞争程度，将经营者进行"横向分离"可能是必要的。通过"纵向分离"，即将供应链的竞争部分与基本设施要素分离开来，也是可以使基础设施领域各种活动的竞争性最大化的一种方法。

如果参与竞标的既有来自私部门的经营者，也有来自公部门的在位经营者，那么需要采取特别措施来维护公平竞争的环境。根据《OECD关于国有企业的公司治理指南》，这些措施包括，公部门的所有权职能和其他影响公司地位的因素的明确分离、公共服务义务的透明度、融资的透明度、获得财政援助和公共资金担保的透明度。[②]

（2）原则15：基础设施合同或特许权的授予应确保程序公平、非歧视和透明。

在某一特定类型的基础设施服务中成功引入竞争的情况下，公共当局一般可依靠市场力量来维护终端消费者的利益。如果情况并非如此，那么被选中的基础设施供应商将享有一定程度的垄断（例如特许协议中规定了这样的情况）。有句谚语说得好："如果市场中没有竞争（Competition in the Market），就应迫使企业竞争市场（Competition for the Market）。"然而，在实践中，如果经营者的进入/退出成本和"沉没成本"不高，那么相比于存在在位者在随后的

[①] OECD, Recommendation Concerning Structural Separation in Regulated Industries, 2001, as approved by Council on 26 April 2001 [C（2001）78/FINAL-C/M（2001）9/PROV], amended on 13 December 2011- [C（2011）135-C（2011）135/CORR1-C/M（2011）20/PROV] and on 23 February 2016 [C（2016）11-C/M（2016）3].

[②] OECD, OECD Principles for Private Sector Participation in Infrastructure, 2007, principle 7.

投标中享有优势的情况，在这种情况中实现为了市场的竞争要更为容易。在大多数情况下，竞争性招标是分配基础设施合同的最佳方式。不过，在有限的情况下，可能也会考虑其他机制（例如，在合同签订前阶段存在交换了大量专有信息的情况下）。

根据过去 20 年在基础设施特许权方面的经验，一个逐渐形成的共识是，如果采用相对简单的授予标准，投标过程成功的可能性就会提高。复杂的标准使得几乎不可能分辨出哪个投标是"最好的"，并使投标过程容易受到操纵和非法行为的影响。一般来说，当评选标准直接关注提供给最终用户的服务的数量、质量和价格时，最能调动私营部门的竞争优势，以符合公众利益。这鼓励各个公司提出创新和有效的解决方案。

奖励程序有时因公共当局在设计和执行这些程序方面缺乏资源和能力而受到损害。就监管机构而言，培养这些执行机构的能力对于政策制定者而言至关重要。[①]

2.《OECD 关于公私合作公共治理原则的建议》中涉及竞争规制的内容

2012 年发布的《OECD 关于公私合作公共治理原则的建议》中涉及 PPP 领域竞争问题的相关建议包括：（1）成员国应建立清晰透明的 PPP 监管框架，这样的框架会促进竞争，并有助于将利益冲突、管制俘获、腐败和非道德行为的风险降至最低。[②]（2）在按照物有所值标准选择 PPP 社会资本方时，市场的竞争状况也是作出项目授权的公部门应当考虑的因素之一。项目授权者需要评估市场竞争的潜在水平如何。如果缺乏竞争，市场是具有"可竞争性"（Contestable）的吗？市场对该项目是否有足够的兴趣，从而能够产生强劲的竞争，以确保实现物有所值的结果？[③]（3）PPP 项目的重新谈判也应当采用竞争性程序。PPP 项目重新谈判时，也应当在谈判中坚持物有所值。只有当情况因酌情采取的公共政策行动而发生变化时，政府才应考虑对私营部门进行补偿。任何重新谈判都应透明地进行，并遵守 PPP 项目授予的一般程序。任何实质性改变原协议的重新谈判都应公开，并且需要经过负责审批 PPP 的主管

---

① OECD, OECD Principles for Private Sector Participation in Infrastructure, 2007, principle 15.
② OECD, Recommendation of the Council on Principles for Public Governance of Public-Private Partnerships, May 2012, point 3.
③ Ibid., point 5.

部门批准。重新谈判的协议应该尽可能地具有竞争性。[①]（4）政府应当通过竞争性招标程序来确保市场中有充分的竞争。即使当市场竞争参与者较少时，政府也应当确保在招投标中存在公平竞争的环境，保障非在位企业在相关市场的市场准入。竞争有助于确保风险的有效转移，确保私营部门给出最佳方案。因此，当PPP投标时，市场应该有竞争，或者在没有竞争的情况下，一旦招标结束，PPP开始运作，市场应该是具有可竞争性的，这样运营项目的社会资本方会知道其他社会资本方有进入市场的潜在可能性。为了进一步加强竞争，精心设计PPP项目以确保市场持续运转是有益的。这可以通过拆分供应链来实现，这样不同的运营商可以进入供应链的各个业务环节，也可以将大型的国家性或地区性项目按照地理区域拆分为不同的部分。这在PPP经营者后来在某一地区成为垄断经营者的情况下尤其重要。《OECD关于管制性行业结构分离的建议》[②]可以在这方面提供指导。保持开放和非歧视性的投资环境是有益的，应采取步骤确保本国和外国的公司能够平等竞争。[③]

3. OECD有关PPP中竞争问题举行的听证与讨论

OECD还在竞争议题中特别关注PPP中的竞争问题。2014年6月16日，OECD竞争议题代表特别就PPP举行了专门的听证会，讨论PPP合同的优缺点，在何种情况下PPP模式可以最为有效同时又物有所值地提供公共服务，应当如何设置PPP合同授予过程来确保社会资本方的广泛参与以及项目评选过程的有效性。本次听证会得出的主要结论包括：（1）采用PPP模式有诸多好处。例如，私营部门拥有财务和管理方面的专门知识，可以帮助更好地评估复杂项目所带来的风险，并更有效地管理这些项目。此外，将基础设施的建设与运营捆绑在一起，确保了建设期高质量的投资和项目维护的投资之间的良好平衡。（2）PPP对于竞争的影响在于，由于合同涵盖项目的各种阶段，PPP合同具有复杂性，这种复杂性可能带来投标参与者不足的问题，特别是中小企

---

① OECD, Recommendation of the Council on Principles for Public Governance of Public-Private Partnerships, May 2012, point 8.

② OECD, Recommendation concerning Structural Separation in Regulated Industries, 2001, as approved by Council on 26 April 2001 [C（2001）78/FINAL-C/M（2001）9/PROV], amended on 13 December 2011- [C（2011）135-C（2011）135/CORR1-C/M（2011）20/PROV] and on 23 February 2016 [C（2016）11-C/M（2016）3].

③ OECD, Recommendation of the Council on Principles for Public Governance of Public-Private Partnerships, May 2012, point 9.

业的参与不足。这会有利于少数潜在的参与者之间达成限制竞争的协议。其次，PPP的典型做法是签订长期合同，这种长期合同的存在会引起市场封闭问题。因此，PPP项目中的辅助性服务业务，即非核心服务，应分开订约，并且对于辅助性服务设置较短的合同期限。这就防止了那些只能提供辅助服务的公司被排除在外，并确保只有在那些确实需要长期合同的业务中才设定较长的合同期限。(3) 建议在投标阶段使用标准合同。由于标准合同是为了每个产业和部门所统一设计的，使用标准合同可以让投标过程更为透明，也可以产生一个更为公平的竞争环境。(4) 建议谨慎设计合同，避免非必要的重新谈判。长期合同不可避免地无法预见所有可能的市场变化，一些PPP合同条款的重新谈判是不可避免的。然而，重新谈判的可能性不应使投标人获得采取战略性行动的激励机制，从而破坏合同的履行。(5) 建议鼓励PPP项目的跨境参与，这需要通过鼓励各国PPP立法的协调来实现，以促进企业跨境参与PPP项目，从而增加参与竞标者的数量。①

4. OECD有关扼制公共采购中串通投标的建议

尽管串通投标是各国法律所禁止的，但是这种限制竞争的做法一直存在。OECD指出，串通投标的行为给OECD成员国的政府和纳税人每年造成数十亿美元的损失。OECD国家将其国内生产总值的大约12%用于公共采购，消除串通投标可以使政府采购价格降低20%甚至更多。② 因此，OECD长期致力于打击公共采购中的串通投标行为，于2009年发布了《公共采购串通投标指南》，③ 2012年发布《打击公共采购中串通投标的建议》，④ 呼吁各国政府评估其公共采购的法律和实践，以促进更有效地采购并降低投标中的串通投标风险。

针对促进公共采购领域中的有效竞争和减少串通投标的风险，OECD提出了如下建议：(1) 订约机构在设计招标程序前要掌握全面信息。例如，了解目

---

① OECD, Competition Issues in Public-Private Partnerships, http://www.oecd.org/competition/competitionissuesinpublic-privatepartnerships.htm, last visited on October 20, 2020.

② OECD, Fighting Bid Rigging in Public Procurement, http://www.oecd.org/competition/cartels/fightingbidrigginginpublicprocurement.htm, last visited on October 20, 2020.

③ OECD, Guidelines for Fighting Bid Rigging in Public Procurement: Helping Governments to Obtain Best Value for Money, 2009.

④ OECD, Recommendation of the OECD Council on Fighting Bid Rigging in Public Procurement, as approved by Council on 17 July 2012, C（2012）115-C（2012）115/CORR1-C/M（2012）9, 2012.

第五章
比较法视域下公用事业公私合作的竞争规制

标市场的特点，关注近期可能影响招标竞争的行业活动或趋势；确定目标市场是否有可能产生串通投标；了解采购品的价格和成本以及近期相关物价信息等。（2）订约机构在设计招标程序时最大限度地增加愿意参与竞标的投标人。主要措施包括：避免不必要的资格或者要求限制，导致减少合格的投标者数量；不要设立过高的担保金额；尽量减少对外国公司参与竞标的限制；避免资质审核与确定中标的时间间隔过长，导致参与者之间容易达成串通投标；尽可能减少参与者投标筹备的费用和成本，例如，简化程序，或者使用电子投标系统；在可行的情况下，允许投标人对采购合同的部分项目进行竞标，或者进行组合投标等。（3）订约机构应当明确界定招标的要求，但是要避免参与投标者能够直接预测到评审结果。（4）订约机构在设计招标过程中，应当降低参与者之间沟通交流和交换信息的可能性。例如，在进行信息披露时，要审慎考虑应当向投标者披露何种信息，从而避免敏感性信息的外流，可以让投标者之间串通酝酿投标计划。（5）订约机构在评审标书和决定中标者过程中，应当保持公共采购上的中立性，既不偏袒"在位经营者"，也要避免对特定阶层或特定类型的供应商给予任何形式的优惠待遇。（6）通过专业培训，提高采购官员对公共采购领域中竞争问题的认识。具体措施例如，负责采购的订约机构与竞争主管机构通过设立交流机制等建立合作关系，方便采购官员向竞争主管机构等提供相关的信息资料；在竞争执法机构或者外部法律顾问的帮助下，对从事公共采购的人员就如何发现串通投标和卡特尔进行定期的培训；对容易产生串通投标行为的行业进行定期审查；专门针对串通投标设立投诉和举报机制。[①]（7）建议成员国制定工具，以评估、衡量和监测公共采购法律和法规对竞争的影响。[②]

5. OECD 有关政府采购中"竞争中立"的建议

近十年来，针对国有企业及采用"国家资本主义"（State Capitalism）模式的经济体可能给公平竞争造成的负面影响，OECD 开始积极推动"竞争中立"（Competitive Neutrality）框架的建立。OECD 的研究报告指出，政府对国有

[①] OECD, Guidelines for Fighting Bid Rigging in Public Procurement: Helping Governments to Obtain Best Value for Money, 2009, pp. 4-10. OECD, Recommendation of the OECD Council on Fighting Bid Rigging in Public Procurement, as approved by Council on 17 July 2012, C（2012）115-C（2012）115/CORR1-C/M（2012）9, 2012, p. 2.

[②] OECD, Recommendation of the OECD Council on Fighting Bid Rigging in Public Procurement, as approved by Council on 17 July 2012, C（2012）115-C（2012）115/CORR1-C/M（2012）9, 2012, p. 3.

企业往往存在"管制偏宠"（Regulatory Favouritism），主要表现在政府补贴、融资和信用担保优惠、监管优惠、政府授予特权与指定垄断、政府持股、免除破产、获取信息优势等方面。[1] 因此，OECD 制定了一系列相关的文件来矫正国有企业因为其政府所有权而获得的不当竞争优势，推动公私企业公平竞争环境的建立，包括：2009 年《国有企业与竞争中立原则》[2]、2012 年《竞争中立：维持国有企业和私营企业的公平竞争环境》[3]、2012 年《竞争中立：国家实践》[4]、2015 年《OECD 关于国有企业的公司治理指南》[5]。

在这些文件中，政府采购中的竞争中立是整个竞争中立框架的重要内容之一。OECD 指出，对于致力于营造公平竞争环境的政府而言，在政府采购中的国有企业的参与是一个不容忽视的问题。政府应当设计适当的招投标机制，确保原则上不偏袒任何一类投标人。OECD 建议，如果国有企业参加公共采购，无论是作为招标方还是竞标方，都应当遵循一套具有竞争性、非歧视性且具有透明度的招投标流程，确保参与招投标的全体竞争者处于公平竞争环境。[6] 具体措施包括：第一，确保采用竞争性程序进行采购，并且国有企业与私营企业在政府采购上的规则一致。国有企业参与政府采购也应当与其他私营企业一样适用政府采购的一般规则。规则的一致适用鼓励了公平竞争环境的实现。[7] 第二，确保政府采购政策和程序的透明度，所有投标参与者受到公平待遇。政府采购政策和程序应当在事先有明确的筛选标准。订约当局在评选时应当公平公正对待所有参与者，无论其所有权属于国有还是非国有。当国有企业作为订约当局进行采购时，同样也应当遵循这一规则。[8] 第三，所有参与投标过程的公共实体，包括内部投标人，都应按照竞争中立的标准运作。内部投标应与外部

---

[1] Antonio Capobianco and Hans Christiansen, Competitive Neutrality and State-Owned Enterprises: Challenges and Policy Options, OECD Corporate Governance Working Papers No. 1, 2011.

[2] OECD, State Owned Enterprises and the Principle of Competitive Neutrality, DAF/COMP (2009) 37, September 20, 2009.

[3] OECD, Competitive Neutrality: Maintaining a Level Playing Field between Public and Private Business, Paris: OECD Publishing, 2012.

[4] OECD, Competitive Neutrality: National Practices, 2012.

[5] OECD, Guidelines on Corporate Governance of State-Owned Enterprises (2015 Edition), Paris: OECD Publishing, 2015.

[6] Ibid., p.50.

[7] OECD, Competitive Neutrality: Maintaining a Level Playing Field between Public and Private Business, Paris: OECD Publishing, 2012, p.76.

[8] Ibid., p.77; OECD, Recommendation for Enhancing Integrity in Public Procurement, 2009, p.22.

第五章
比较法视域下公用事业公私合作的竞争规制

投标同等对待，并应维护私人和国有经营者之间的中立性。① 第四，确保采购过程中的诚实信用。无论国有企业以招标者还是竞标者的身份参与政府采购，都应当遵循诚实信用原则、道德②以及禁止串通投标的竞争法规则。③

二、主要国家和地区公私合作法律制度中的竞争规制

（一）美国

1. 美国公私合作相关立法及其中涉及竞争规制的内容

美国并没有统一的 PPP 法律制度，PPP 相关立法散见于联邦立法和各州立法之中。④ 美国的 PPP 项目主要在收费公路特许经营、社区邮局和城市更新领域，近年来才开始扩展到更多基础设施项目（例如教育、垃圾处理和供水等领域）。⑤ 最初美国推行 PPP 主要是为了削减公共服务的成本，PPP 项目主要由地方政府推动，而联邦指导很少。⑥ 自 2013 年开始，在奥巴马第二任期期间，美国

---

① OECD, Competitive Neutrality: Maintaining a Level Playing Field between Public and Private Business, Paris: OECD Publishing, 2012, p. 77; OECD, Contracting Out Government Services: Best Practice Guidelines and Case Studies, 1997, p. 10.

② OECD, Competitive Neutrality: Maintaining a Level Playing Field between Public and Private Business, Paris: OECD Publishing, 2012, p. 77; OECD, Guidelines on Corporate Governance of State-Owned Enterprises (2015 Edition), Paris: OECD Publishing, 2015, p. 59.

③ OECD, Guidelines for Fighting Bid Rigging in Public Procurement: Helping Governments to Obtain Best Value for Money, 2009.

④ 傅宏宇：《美国 PPP 法律问题研究——对赴美投资的影响以及我国的立法借鉴》，载《财政研究》2015 年第 12 期，第 94 页。

⑤ 有学者认为美国的 PPP 可以溯源至罗斯福新政时期，在 20 世纪 40 年代的匹兹堡，行政部门、大学及私人部门就以非形式化的协商合作方式，共同参与经济发展计划与城市计划更新。旨在借助私人的专业技术与财务资源，以期拯救并改造日益衰颓的重工业城市，其普遍被视为公私伙伴关系概念的起源。See Joachim Becker, Rechtsrahmen für Public Private Partnership, ZRP 2002, S. 303 (304); Björn Höftmann, Public Private Partnership als Instrument zur Verwaltungsmodernisierung: Kooperative und sektorübergreifende Konzeptionen zwischen staatlicher und privater Aufgabenerfüllung, in: Budäus/Ahlgrimm (Hrsg.), Neues öffentliches Rechnungswesen: Stand und Perspektiven, Klaus Lüder zum 65. Geburtstag, Wiesbaden 2000, S. 799 (802). 转引自刘淑范：《公私伙伴关系（PPP）于欧盟法制下发展之初探：兼论德国公私合营事业（组织型之公私伙伴关系）适用政府采购法之争议》，载《台大法学论丛》2011 年第 2 期，第 512 页。

⑥ 有学者总结了此前的美国联邦立法，包括：1991 年《多式联运陆路运输效率法案》、1995 年《国家高速公路法》、1998 年《进入 21 世纪交通公平法案》、2005 年《安全、可靠、灵活、高效的运输公平法：留给使用者的财产》。参见刘承韪：《美国公私合作关系（PPP）的法治状况及其启示》，载《国家行政学院学报》2018 年第 4 期，第 142 页。

联邦政府采取了多项政策以促进 PPP 项目。在奥巴马政府的领导下，2014 年国会通过了《水利基础设施融资和创新法案》（Water Infrastructure Finance and Innovation Act），允许联邦向水利 PPP 项目提供支持。2015 年，美国运输部建设成立了建设美国交通投资中心（Build America Transportation Investment Center）。该中心的主要任务之一是培育 PPP 项目，主要措施包括帮助 PPP 项目获得联邦信贷，指导相关的 PPP 许可程序要求。在 2015 年，国会还通过了《修复美国的陆地运输法案》（Fixing America's Surface Transportation Act）。该法案允许各州使用联邦高速公路基金用于创建和运营 PPP 项目。它还允许在特定情况下使用联邦资金向不成功的 PPP 竞标者实施补偿。[1]

除了 PPP 直接相关的联邦立法，如果采用广义的 PPP 定义，公部门购买公共服务也可能会涉及美国政府采购和公共合同相关规则的适用，主要包括：《联邦财产和行政服务法》（Federal Property and Administrative Services Act）、《联邦采购规则》（Federal Acquisition Regulations）、《合同竞争法》（Competition in Contracting Act）、《服务获取改革法》（Services Acquisition Reform Act）。这些法律规定也要求政府签订公共合同必须经过全面、公开的竞争程序，其中最常见的模式就是公开招标或者竞争性谈判。[2]

州立法则对 PPP 项目中社会资本方的选择以及相关的程序作出了具体规定。研究显示，截止到 2017 年，已经有 37 个州制定出台了 PPP 相关的立法。[3] 虽然各州程序要求不尽相同，但各州立法基本上都要求通过竞争性程序来选择社会资本方，同时要求 PPP 合同授予过程全面、详尽且有计划性，相关信息应充分和透明，从而保证采购过程的竞争性和公平性。部分州的立法允许采用"非应标建议书"，但同时要求政府应当及时进行信息公布，并在规定时间内允许其他参与者提交应标建议书，以保证项目授予过程具有充分的竞争性。[4] 以弗吉尼亚州为例，其颁布的有关 PPP 的立法包括：1995 年《公私合

---

[1] Pricewater House Coopers, Public-Private Partnerships in the US: The State of the Market and the Road Ahead, November 2016, p. 8, https://www.pwc.com/us/en/capital-projects-infrastructure/publications/assets/pwc-us-public-private-partnerships.pdf, last visited on October 20, 2020.

[2] 常江：《美国政府购买服务制度及其启示》，载《政治与法律》2014 年第 1 期，第 156 页。

[3] 刘承韪：《美国公私合作关系（PPP）的法治状况及其启示》，载《国家行政学院学报》2018 年第 4 期，第 142 页。

[4] 傅宏宇：《美国 PPP 法律问题研究——对赴美投资的影响以及我国的立法借鉴》，载《财政研究》2015 年第 12 期，第 96—97 页。

第五章 比较法视域下公用事业公私合作的竞争规制

作运输法》（Public-Private Transportation Act，以下简称"PPTA"），该法案为运输部门的 PPP 提供了法律框架；2002 年《公私合作教育设施和基础设施法》（Public-Private Educational Facilities and Infrastructure Act，以下简称"PPEA"）将 PPP 采购的可能性扩大到运输领域之外。自 2005 年以来，弗吉尼亚州政府内部设有专门的 PPP 机构，其当前形式为弗吉尼亚州公私合作办公室（Virginia Office of Public-Private Partnerships，以下简称"VOP3"）。弗吉尼亚州还发布了《PPTA 实施手册和指南》（PPTA Implementation Manuel and Guidelines）和《PPEA 实施手册和指南》（PPEA Implementation Manual and Guidelines）。① 弗吉尼亚州的 PPP 选择过程分为三个阶段：项目识别、项目筛选和项目开发。在项目识别阶段，应标建议书和"非应标建议书"都是可以接受的。项目筛选是一个分为两部分的高层次分析：高层次筛选/政策审查和详细层次筛选。如果建议书可以被用于项目开发，则将对其进行物有所值和风险分析。② 弗吉尼亚州的 PPP 立法要求负责 PPP 合同授权的公共实体将通过"密封投标竞争"（Competitive Sealed Bidding）作为授予 PPP 合同程序的基本原则。③ 在评估投标建议书时，不应要求该负责任的公共实体选择报价最低的建议书，但可将价格作为评估所收到建议书的一个因素。可以考虑的其他因素包括：（1）合格运输设施的拟议费用；（2）私营实体的一般声誉、资格、行业经验和财务能力；（3）符合资格的运输设施的拟议设计、运作和可行性等共计 11 项因素。④ 弗吉尼亚州还特别规定了在多个阶段都要对 PPP 项目进行公部门评估和竞争评估（Public Sector Analysis and Competition Review），⑤ 通过该评估确定采用 PPP 模式运营项目是否比采用传统政府采购方式能够提供更多的福利给消费者。⑥ 弗吉尼亚州立法中对于接受"非应标建议书"的 PPP 合同授权程序则相对更为严格，在经过运输部门和 PPTA 指导委员会的双重公

---

① World Bank Group, Open Learning Campus, Virginia P3: How Proposals Are Identified and Screened for PPP Development, https://olc.worldbank.org/content/virginia-p3-how-proposals-are-identified-and-screened-ppp-development-0, last visited on October 20, 2020.
② Ibid.
③ Virginia Public-Private Transportation Act, 1995, section § 33.2-1819.1.
④ Ibid., section § 33.2-1819.2.
⑤ Virginia Implementation Manuel and Guidelines for the Public-Private Transportation Act of 1995 (As Amended), October 2017, article 1.4.1.
⑥ Ibid., article 2.2.1.

103

部门评估和竞争评估之后，公部门才能够决定可以接受"非应标建议书"。运输部门的公私合作办公室必须在网站上公布"非应标建议书"的信息，并且还要附上一项通知，说明其他竞争者也可以在120天之内提交投标建议书。在120天之后，项目授权者要按照正常的评估程序对"非应标建议书"和其他竞争者的建议书进行评估和筛选。[1]

除了PPP相关立法对于竞争性招投标程序的要求以及"非应标建议书"的特别规定，美国主要通过反托拉斯法来规制PPP中的垄断行为。PPP中的某些合同和行为可能会涉及违反《谢尔曼法》[2]和《克莱顿法》[3]的情况。例如，在市场中本已经数量有限的经营者之间形成联营体或者达成排他性联营协议，来竞标PPP项目中的某项特定服务或者技术的提供，这些经营者之间就可能存在涉嫌违反反托拉斯法的行为。经营者之间还可能存在串通投标的问题，例如与另外的经营者达成协议，为了让其他经营者获得投标，而不去参与竞标或者故意提交高价格的投标建议书，以换取另外的经营者在下次投标竞争中作出同样的让步行为从而中标。这些行为会因为违反反托拉斯法而要受到民事或者刑事处罚。[4] 但是对于PPP中的政府活动而言，美国反托拉斯法只规制经营者的限制竞争行为，并不规制政府的限制竞争行为。一是因为公部门的行为一般被视为国家行为，而根据"国家行为理论"（State Action Doctrine），

---

[1] Virginia Implementation Manuel and Guidelines for the Public-Private Transportation Act of 1995 (As Amended), October 2017, article 4.13. "应标建议书"和"非应标建议书"评估的具体流程，参见《PPTA实施手册和指南》第30—32页表格。

[2] 《谢尔曼法》的核心条款为第1条和第2条。第1条规定，任何妨碍州际或者对外贸易的商业合同、托拉斯或者其他任何形式的联合或者共谋，都被视为违法。第2条规定，任何人若从事垄断或者企图垄断，或者与他人联合或者合谋以实现对州际或对外贸易或商业的任何部分的垄断，都被视为违法。根据上述条款，《谢尔曼法》主要反对以下三种有碍于州际或者对外贸易的行为：（1）以合同或者企业联合的方式组建托拉斯或者类似的垄断组织；（2）订立限制竞争的协议；（3）垄断行为和谋求垄断的行为。参见王晓晔：《紧盯国际卡特尔：美国反托拉斯法及其新发展》，载《国际贸易》2002年第3期，第40页。

[3] 《克莱顿法》的核心条款为第2条、第3条和第7条。第2条规定，对交易对手实行价格歧视行为或以其他方式表现的歧视行为，如果其后果是严重减少了竞争或者其目的是形成垄断，这样的行为是违法的。第3条规定，该条禁止排他性的交易和搭售行为。第7条规定，从事商业或者从事影响商业活动的任何人，不得直接或者间接取得从事商业或影响商业活动的其他人的股份或财产，如果该取得会导致国内某个商业部门或某个影响商业的活动严重减少竞争或者产生垄断趋势。

[4] O'Brien Moye et al., United States, in Clive Lovatt and Edward Banvard Smith, eds., Construction Law and Practice, London: Thomson Reuters, 2012, p.281.

第五章
比较法视域下公用事业公私合作的竞争规制

此类行为享有反托拉斯法上的豁免;[①] 二是因为美国政府采购法律体系中已经规定了政府采购中限制竞争行为如何规制的相关规则,明确要求政府工作人员不得从事限制竞争的行为,还对发现潜在的限制竞争和贸易的行为负有报告义务。[②]《联邦采购规则》中指出,消除竞争或限制贸易的做法通常会导致价格过高,此类行为的从事者会面临刑事、民事或行政措施。反竞争做法的例子包括:从竞争性招标突然变为统一招标;合谋竞标;同步涨价;跟随定价;轮流低价竞标;市场划分;合谋价格估算系统;业务共享;当至少有一个竞争者具有足够的技术能力和生产能力来履行合同时,由两个或更多个竞争者提出联合投标;任何暗示在竞争对手之间直接串通的事件(例如在两个或多个竞争性要约中出现相同的计算或拼写错误,或者一个公司向其他公司提出要约);雇员、前雇员或要约人的竞争对手提出存在限制贸易的协议的主张;代理商有某种理由认为竞标是串通造成的;对于外国承包商提出的要在美国及其外围地区以外执行的合同的报价,承包人员可将涉嫌串通报价转交给有关外国政府当局以采取适当行动。[③]《联邦采购规则》要求:订约人员是反托拉斯执法中重要的潜在调查线索来源,因此,应对要约人和承包商的违法行为具有敏感性。主管机构人员应按照规定,报告上述在交易中涉嫌违反反托拉斯法的证据。[④]

2. 美国公私合作领域反托拉斯规制的相关案例:政府行为豁免的新发展

如前所述,根据 1943 年帕克诉布朗(Parker v. Brown)案的判决,由于国家行为理论,公部门以及当私人经营者按照公部门的指示行事时,可以免受

[①] 美国反托拉斯法中的国家行为理论是美国联邦最高法院在 1943 年的帕克诉布朗(Parker v. Brown)一案中提出的,最高法院在判决中指出:"我们在《谢尔曼法》的语言或历史中均未发现任何暗示其目的是限制国家或其官员或代理人进行立法机关指示的活动的内容……《谢尔曼法》没有提及国家本身,也没有暗示它旨在限制国家行为或国家指示的官方行为……国会不要求国家服从《谢尔曼法》,因此,国家可以自己的名义,以私人不被允许的反竞争方式从事管理或者行为。" See Parker v. Brown, 317 U. S. 341, 350-351 (1943).
由于帕克诉布朗案判决未明确政府行为不适用《谢尔曼法》的前提条件,在该案之后的 30 年间,地方法院一度出现扩张适用国家行为论的趋势,导致许多政府部门滥用行政权力限制竞争的行为,特别是公用事业企业的滥用行为依据该理论获得豁免。为制止打着州的幌子限制竞争,实质为个人或小集团牟利的行为,1975 年以来,联邦最高法院通过一系列判例进一步发展"国家行为论",对能够获得反垄断豁免的"国家行为"的构成,从主体到行为要件加以限制和解释。参见苏华:《PPP 模式的反垄断问题与竞争中立——基于美国路桥基础设施建设项目的分析》,载《国际经济合作》2016 年第 9 期,第 79 页。

[②] 吴宇飞:《政府采购反竞争行为规制研究》,载姜明安主编:《行政法论丛(第 18 卷)》,法律出版社 2016 年版,第 323—324 页。

[③] Federal Acquisition Regulations, 48 C.F.R., 2012, sections 3.301 and 3.303.

[④] Ibid., section 3.301.

反托拉斯法的监管。由于 PPP 是公部门与私人社会资本方之间就提供公共服务而达成的合同安排，这可能在很大程度上符合反托拉斯法豁免的标准。[①] 加利福尼亚啤酒零售商会诉米德卡尔铝公司案（California Retail Liquor Dealers Association v. Midcal Aluminum）发展出了两阶段测试标准，由此决定某项行为是否应被视为反托拉斯豁免的政府行为。第一，被诉行为必须是肯定和清晰地表达出来的（Clearly Articulate and Affirmatively Express）政策；第二，这项政策必须受到政府的积极监管。如果抑制竞争是法令授权的"可预见的结果"，那么就可以推断出这是明确表达的政府政策。[②] 一直以来，国家行为论以及相关的"清晰和明确地表达"标准和"可预见性"标准都在美国司法实践中存在争议。[③]

2013 年 2 月 19 日，美国联邦最高法院对于重要的反托拉斯案件——联邦贸易委员会诉福比普特尼县医务局案（Federal Trade Commission v. Phoebe Putney Health System Inc.）作出了判决。这一涉及 PPP 模式的判决澄清了反托拉斯法中国家行为豁免上的分歧，即如前所述，政府实体在多大程度上不受管辖私人公司的反托拉斯法的约束。这一案例是对于传统上政府行为不适用反托拉斯法的某种程度的限制，也明确了在 PPP 相关领域公部门限制竞争行为的限度与条件。

本案基本案情如下：1941 年，佐治亚州立法机构颁布了《医院管理局法》（Hospital Authorities Law），允许建立医院管理局作为公共机构，以监督佐治亚州社区的公共卫生需求。奥尔巴尼市和多尔蒂县创建了奥尔巴尼—多尔蒂县医院管理局（以下简称"县医院管理局"）。自成立以来，县医院管理局收购了整个地区的医院，并将设施租给了两家非营利性公司——福比普特尼医疗系统（Phoebe Putney Health System，以下简称"PPHS"）和福比普特尼纪念医院（Phoebe Putney Memorial Hospital，以下简称"PPMH"）。2010 年 12 月，PPHS 向县医院管理局提出了一项计划，以购买该地区唯一剩下的医院巴尔米拉医院（Palmyra Hospital，以下简称"Palmyra"）。县医院管理局于

---

① R. Richard Geddes, Competition Issues and Private Infrastructure Investment through Public-Private Partnerships, in Thomas K. Cheng et al., Competition and the State, Stanford, California: Stanford University Press, 2014, p. 59.
② California Retail Liquour Dealers Association v. Midcal Aluminum, 445 U. S. 97, 105 (1980).
③ Alexander Volokh, Privatization and Competition Policy, in Thomas K. Cheng et al., Competition and the State, Stanford, California: Stanford University Press, 2014, pp. 28-29.

第五章
比较法视域下公用事业公私合作的竞争规制

2011年4月批准了该计划。批准后,联邦贸易委员会(Federal Trade Commission,以下简称"FTC")启动了一项行政程序,以确定该计划是否会在多尔蒂县及其周边地区的医疗服务市场上形成垄断地位。为了确保该计划在FTC作出最终决定之前不会付诸实施,FTC对被告——县医院管理局、PPMH、PPHS和Palmyra提起了诉讼。被告要求驳回诉讼请求,依据在于:国家行为论使县医院管理局以及医院的运作免于承担反托拉斯责任。州地方法院批准了被告要求驳回诉讼请求的动议,FTC向美国第11巡回上诉法院提起上诉。上诉法院维持了下级法院的判决,认为立法机关在颁布《医院管理局法》时应当已经预料到FTC所指控的反竞争效果。

应如何看待国家行为论是否免除了由法律设立的医院管理局对反竞争行为承担的反托拉斯法责任?对于这一问题,美国联邦最高法院大法官最终作出一致裁决,推翻了下级法院的判决,案件被退回进一步审理。最高法院裁定,国家行为豁免论不适用,因为佐治亚州立法机关未明确表示有通过颁布《医院管理局法》来允许进行限制竞争活动的意图。州立法机关无须明确说明这一意图。如果限制竞争效果是州立法的可预见结果,那么就可以适用国家行为豁免。但是,在该案中,由于该州未"清晰和肯定地表达"其政策,允许特殊目的公共实体——县医院管理局进行实质性减少竞争的收购,也没有发现任何证据表明该州曾预期或甚至认为医院管理局会取代竞争,因此不适用国家行为的反托拉斯豁免权。尽管《医院管理局法》授予医院管理局参与市场的一般权力,但不允许它们以限制竞争的方式使用这些权力。[①]

实际上,如果公部门可以完全免受反垄断法的规制,就会给PPP的运作带来影响。如果政府机构不受适用于私营部门的反垄断法律体系的约束,那么由公部门自己来提供公共服务比将其外包给私营部门便宜。因此,对公共和私营运营商的不平等待遇可能会阻碍PPP的发展。如果按照州地方法院和第11巡回上诉法院的判决,反托拉斯法中的"国家行为"豁免将非常宽泛,这将使许多政府机构免受反托拉斯审查。在本案中,联邦贸易委员会诉福比普特尼县医务局案收紧了"可预见性"的要求,限制竞争行为必须与权力的授予在逻辑上更为紧密地联系在一起。有学者指出,对于政府行为者而不是私人行为者广泛免除反托拉斯法的任何公共利益辩护,都是值得商榷的。经济理论和经验都

---

① Federal Trade Commission v. Phoebe Putney Health System,68 U.S. 216 (2013).

表明，与营利性医院一样，非营利性医院也会利用其市场力量来提高价格。而长期以来，美国司法制度中的"国家行为论"以及"潜伏贸易条款"（Dormant Commerce Clause）[①]都可能造成反托拉斯法的选择性执法，让公部门企业以及获得公部门授权的企业处于与私营企业不公平的市场环境。[②] 因此，联邦贸易委员会诉福比普特尼县医务局案的判决对于倡导 PPP 中公平竞争的环境，实现"公私中立"（public-private neutrality）是有所助益的。[③]

（二）欧盟

1. 欧盟公私合作相关立法及其中涉及竞争规制的内容

欧盟自建立伊始就强调要促进交通、能源、数字网络的发展，从而为更好地形成欧洲凝聚力、实现一体化创造条件，而这些建设项目都需要鼓励引入私人技术和资本。[④] 特别是从 21 世纪开始，欧盟一直积极推动 PPP 的发展，发布了一系列相关法律文件来解决欧洲各部门 PPP 相关领域存在的法律不确定性问题，主要包括：2000 年《欧共体法中对特许经营的解释》[⑤]、2003 年《成功的公私合作指南》[⑥]、2004 年《公私合作及有关公共合同和特许经营的共同体法律的绿皮书》[⑦]、2008 年《欧盟委员会关于对政府采购和组织型公私合作

[①] 对于"潜伏贸易条款"的论述，参见毕金平：《美国州际税收竞争的司法规制及其启示：以美国宪法"潜伏贸易条款"为中心》，载《法商研究》2018 年第 6 期，第 157 页。

[②] Alexander Volokh, Privatization and Competition Policy, in Thomas K. Cheng et al., Competition and the State, Stanford, California: Stanford University Press, 2014, pp. 28-30.

[③] Alexander Volokh, Supreme Court Antitrust Ruling Supports Public-Private Neutrality, Reduces Barriers to Privatization, Reason Foundation, February 21, 2013, https://reason.org/commentary/scotus-antitrust-privatization/, last visited on October 20, 2020.

[④] Marco Ceruti, The Evolutionary Path of the Public-Private Partnerships (PPPs) within the Trans-European Networks (TENs): An Overview, European Procurement and Public Private Partnership Law Review, Volume 11, Issue 4, 2016, p. 371.

[⑤] Commission Interpretative Communication on Concessions under Community Law, OJ C121/2, 29.4.2000, pp. 2-13.

[⑥] Guidelines for Successful Public-Private Partnerships, European Commission Directorate-General Regional Policy, Brussels, February 2003.

[⑦] Green Paper on Public-Private Partnerships and Community Law on Public Contracts and Concessions, COM (2004) 327 final, Brussels, 30.4.2004.

第五章
比较法视域下公用事业公私合作的竞争规制

特许经营的解释性文件》[①]、2014 年《特许经营合同授予指令》[②]、2014 年《政府采购指令》[③]、2014 年《供水、能源、运输和邮政服务部门实体采购的指令》[④]。后三份指令具有强制性法律效力。欧盟要求在 2016 年 4 月 18 日之前，欧盟成员国需要将这三份指令转化为国内法。欧盟法在公私合作问题上主要关注两方面内容：一方面，以公平、透明和竞争理念构建现代政府采购法；另一方面，通过公开招标程序，将市场竞争机制引入原本由国家或地方政府垄断的公共基础设施和公用事业领域。[⑤] 这些文件中涉及竞争规制的内容具体体现在如下方面：

2000 年《欧共体法中对特许经营的解释》（以下简称《解释》）中明确规定特许经营要遵循平等待遇、透明度、比例原则、相互承认和保护个人权利原则。平等待遇体现了在特许经营中的竞争中立要求。《解释》中指出，根据欧盟法院已经确立的判例法和《欧共体条约》的规定，平等待遇的一般原则是禁止以国籍为由的区别对待。在特许经营中，平等待遇原则特别意味着，所有潜在的经营者都事先了解规则，并且规则以相同的方式适用于每个经营者。判例法表明，平等待遇原则不仅要求经营者获准参与经济活动的条件是非歧视性的，还要求公共部门采取一切必要措施来保障经营者参与经济活动的非歧视性。投标活动的参与者应当可以自由选择最合适的投标程序；公共部门必须根据客观标准来选择候选人，并且必须按照最初设定的程序规则和基本要求进行。[⑥]《解释》还特别指明了何种做法构成违反平等待遇原则，包括：（1）将公共合同保留给国家或公共部门直接或间接作为主要或唯一股东的公司；

[①] Commission Interpretative Communication on the Application of Community Law on Public Procurement and Concessions to Institutionalised PPP (IPPP) (Text with EEA relevance), OJ C 91, 12.4.2008, pp. 4-9.

[②] Directive 2014/23/EU of the European Parliament and of the Council of 26 February 2014 on the Award of Concession Contracts (Text with EEA Relevance), OJ L 94, 28.3.2014, pp. 1-64.

[③] Directive 2014/24/EU of the European Parliament and of the Council of 26 February 2014 on Public Procurement and Repealing Directive 2004/18/EC (Text with EEA Relevance), OJ L 94, 28.3.2014, pp. 65-242.

[④] Directive 2014/25/EU of the European Parliament and of the Council of 26 February 2014 on Procurement by Entities Operating in the Water, Energy, Transport and Postal Services Sectors and Repealing Directive 2004/17/EC (Text with EEA Relevance), OJ L 94, 28.3.2014, pp. 243-374.

[⑤] 刘淑范：《公私伙伴关系（PPP）于欧盟法制下发展之初探：兼论德国公私合营事业（组织型之公私伙伴关系）适用政府采购法之争议》，载《台大法学论丛》2011 年第 2 期，第 556 页。

[⑥] Commission Interpretative Communication on Concessions under Community Law, OJ C121/2, 29.4.2000, p. 2, article 3.1.1.

（2）允许接受不符合规格的投标，或者允许接受在开标后进行了修改的投标，或者允许接受在初始投标书中没有写明的替代解决方案；（3）在谈判过程中，改变程序开始时规定的标准和要求，从而导致改变了合同的性质。① 在比例原则方面，《解释》将特许协议经营者的财务稳定与竞争之间的平衡作为比例原则的一项内容，指出，比例原则要求竞争与财务稳定性必须协调一致；应当设定特许权的期限，以免在投资者的投资有合理回报的要求之上过度限制竞争。②

2003年《成功的公私合作指南》（以下简称《指南》）旨在为公用事业领域 PPP 项目的参与者提供实用工具，从而构建 PPP 计划和整合资金。《指南》将"确保市场开放和竞争"作为 PPP 的关键问题之一，要求 PPP 不应当对市场开放产生负面影响。PPP 项目社会资本方的选择程序、资金的用途、合同续签和特许合同的期限设计特别会涉及竞争问题。PPP 需要注意私部门投资回报与市场非竞争性甚至市场封闭之间的平衡，也需要遵守欧盟法律框架下对于开放和公平竞争、透明度和比例原则的要求。③

2004年《公私合作及有关公共合同和特许经营的共同体法律的绿皮书》（以下简称《绿皮书》）旨在激起有关 PPP 相关问题的广泛讨论，致力于探索可以让 PPP 在有效竞争和法律明确性的环境下发展的最好方法。④（1）《绿皮书》将 PPP 分为"合同型 PPP"（Contractual PPPs）和"组织型 PPP"（Institutionalised PPPs）两种类型，并在这种分类架构下分别阐述欧盟政府采购法的适用问题。"合同型 PPP"，是指公部门与私部门的合作仅基于纯粹合同关系；"组织型 PPP"，则是指公部门与私部门之间的合作是以独立实体形式来运行的。⑤ 在"合同型 PPP"中，自从 2004/18/EC 号指令通过以来，在授予特别复杂的合同时，可以采用一种被称为"竞争性对话"（Competitive Dialogue）的新程序。这一新程序将使订约机构能够与候选人展开对话，以确定

---

① Commission Interpretative Communication on Concessions under Community Law, OJ C121/2, 29.4.2000, p.2, article 3.1.1.
② Ibid., p.2, article 3.1.3.
③ Guidelines for Successful Public-Private Partnerships, European Commission Directorate-General Regional Policy, Brussels, February 2003, pp.8-9.
④ Green Paper on Public-Private Partnerships and Community Law on Public Contracts and Concessions, COM (2004) 327 final, Brussels, 30.4.2004, p.7, para.16.
⑤ 刘淑范：《公私伙伴关系（PPP）于欧盟法制下发展之初探；兼论德国公私合营事业（组织型之公私伙伴关系）适用政府采购法之争议》，载《台大法学论丛》2011年第2期，第519页。

第五章
比较法视域下公用事业公私合作的竞争规制

能够满足公共服务需求的解决办法。欧盟委员会认为,在纯粹的"合同型PPP"中,将竞争性对话纳入成员国国内法能够为当事人提供与公共合同授予过程相适应的程序性保护,同时又能维护经济运营商的基本权利。[①](2)但是在特许合同中,《绿皮书》指出,鲜少有立法涉及特许合同的竞争性授权问题,只在工程特许合同中要求公部门有发布公告的义务,来确保有意向的投标者可以参与竞争,而授权者在遵守欧盟条约的基础上则可以自由决定如何选择社会资本方。[②]对此,《绿皮书》援引了欧盟法院在 Telaustria 案判决中的陈述:"成员国的透明度义务包括要从保障参与投标者的利益出发,确保公告的程度足以让服务市场达到开放竞争的程度,还要确保政府采购程序的无偏性。"[③]《绿皮书》建议评估这些规定是否足够保障有效的竞争性环境,是否需要采取其他措施来促进更有竞争性的环境的出现。[④](3)对于私人经营者主动发起的投标项目,《绿皮书》指出,成员国有时候会向先行者(First Mover)提供某些激励措施,从而让项目看起来更有吸引力,例如为其提出项目倡议而支付额外的报酬,或者在后续投标竞争中给予其一定优惠。但是,这些优惠待遇却可能造成投标参与者之间的非中立竞争问题。对此,《绿皮书》建议成员国认真检视这些方案,确保给予项目发起者的这些竞争优势不会违反投标参与者之间的平等待遇原则。[⑤](4)在"合同型 PPP"的合同期限问题上,《绿皮书》建议合同的期限应当根据项目经营者收回合理回报的期限来确定,防止过长的合同期限对市场竞争造成负面影响,违反欧盟内部市场自由流动的相关法律原则和欧盟竞争法原则。[⑥](5)对于有些 PPP 项目中的"介入条款"("Step-in"Clasues)[⑦]和合同变更问题,《绿皮书》指出,实施"介入条款"可能导致未经过竞争程序而改变作为合同缔约方的社会资本方。因此,要保证 PPP 项目

---

① Green Paper on Public-Private Partnerships and Community Law on Public Contracts and Concessions, COM (2004) 327 final, Brussels, 30.4.2004, p.10, para. 27.

② Ibid., p.11, paras. 28-29.

③ Judgment of the Court of Justice of the European Union (Sixth Chamber) of 7 December 2000 in Case No. C-324/98-Telaustria Verlags GmbH and Telefonadress GmbH v. Telekom Austria AG [2000] ECR I-10745.

④ Green Paper on Public-Private Partnerships and Community Law on Public Contracts and Concessions, COM (2004) 327 final, Brussels, 30.4.2004, p.12, para. 33.

⑤ Ibid., p.14, para. 41.

⑥ Ibid., p.15, para. 46.

⑦ PPP 中的"介入条款",是指在某些项目中,如果项目产生的资金流低于一定水平,金融机构保留更换项目经理或任命新经理的权利。

111

与欧盟法中有关公共合同和特许经营的法律相适应,就必须特别注意该问题。对于合同的任何实质性修改都必须被视为缔结新的合同,因此需要经过新的竞争性程序。只有在不可预见的情况下,或基于公共政策、公共安全或公共卫生的理由,才能接受未经竞争程序而变更合同。① (6) 对于合同分包问题,《绿皮书》指出,当 PPP 项目公司进行分包时,必须在竞争性程序下签订分包合同。② (7) 在"组织型 PPP"中,《绿皮书》指出,为了在公共服务委任中鼓励竞争,成员国应当为公私合作实体的设立制定明确规则。有些成员国允许正在设立中的实体参与 PPP 项目的竞标,在确定项目中标后才正式成立实体。有些成员国则混淆了实体设立与被授权提供公共服务之间的界限,为了履行公共任务而设立 PPP 实体。这两种做法都存在问题,正在设立中的实体的特权地位可能扭曲有效竞争,选择实体的私部门伙伴的程序也存在诸多问题。这不仅可能违反透明度原则和平等待遇原则,还会损害公部门希望通过 PPP 来实现的公共利益目标。此外,实体的存续期限往往长于 PPP 合同或者特许权规定的期限,这鼓励了未经过竞争程序的续约和履行公共服务任务期限的不当延长。《绿皮书》还指出,此类公私部门联合实体的设立不应违反国籍非歧视原则和资本自由流动原则,也不应因为公部门作为实体股东的身份而给予其公司法允许范围之外的额外利益。③

2008 年《欧盟委员会关于对政府采购和组织型公私合作特许经营的解释性文件》(以下简称《解释性文件》)致力于让所有投标活动参与者能够按照欧盟内部市场的精神,在公平和透明的基础上参与政府采购和特许经营,通过提高竞争来提升公共服务的质量和降低公共服务的成本。④ 由于《绿皮书》中曾经指出,非常有必要澄清"组织型 PPP"如何适用政府采购和特许经营的相关规则,因此《解释性文件》专注在对"组织型 PPP"的设立与运营阶段的规则适用进行解释。《解释性文件》指出,"组织型 PPP"的设立仍然要遵循欧盟

---

① Green Paper on Public-Private Partnerships and Community Law on Public Contracts and Concessions, COM (2004) 327 final, Brussels, 30.4.2004, pp. 15-16, paras. 48-50.

② Ibid., p.17, para. 51.

③ Green Paper on Public-Private Partnerships and Community Law on Public Contracts and Concessions, COM (2004) 327 final, Brussels, 30.4.2004, pp. 19-20, paras. 59-62.

④ Commission Interpretative Communication on the Application of Community Law on Public Procurement and Concessions to Institutionalised PPP (IPPP) (Text with EEA relevance), OJ C 91, 12.4.2008, article 1.

第五章
比较法视域下公用事业公私合作的竞争规制

法的一般法律原则,包括:平等待遇原则、禁止以国籍为理由的歧视、设立自由、提供服务自由、透明度原则、相互承认、比例原则。① 如果"组织型 PPP"要履行的是公共合同(Public Contract)任务,那么就要完全按照欧盟政府采购的相关规则来选择社会资本方,其中一项重要的规则即为采用竞争性谈判程序。同时,成员国的透明度义务意味着政府要从保障参与投标者的利益出发,确保公告的程度足以让市场达到开放竞争的程度。这要求在设立"组织型 PPP"时,政府发布的招投标公告应当涵盖如下基本内容:PPP 实体未来将会获得的公共合同或特许经营权,法规和公司章程,股东协议以及其他所有涉及缔约实体、社会资本方、未来 PPP 实体之间合同关系的内容。为了鼓励竞争,还应当写明公共合同的存续期限或者特许权期限。②

2014 年《特许经营合同授予指令》的目标之一即是保障特许经营权向竞争开放和充分的法律确定性。③ 为了实现这一目标,该指令中的许多条款都旨在促进特许经营授权过程中的竞争,具体而言包括:(1)在特许合同的期限上,该指令第 18 条规定,特许经营权应当有期限限制,订约当局应当根据工程或服务的要求,对特许经营权的期限进行估算。当特许经营权超过 5 年时,其最长存续时间不应当超过特许经营者取得投资回报的合理预期时限。④ (2)在特许权授予程序上,该指令第 30 条允许订约当局或订约实体自由选择特许权授予程序,但是应当遵循该指令中平等待遇、非歧视和透明度原则,不得以差别对待的方式使部分竞标者享有竞争上的优势。根据该指令第 31 条,订约当局或订约实体还应当发布特许权公告(Concession Notices),以特许公告的方式表明其预授予特许经营权的意向。⑤ 该指令序言中解释了要求必须发

---

① Commission Interpretative Communication on the Application of Community Law on Public Procurement and Concessions to Institutionalised PPP (IPPP) (Text with EEA relevance), OJ C 91, 12.4.2008, article 2.1.

② Ibid., article 2.3.

③ Directive 2014/23/EU of the European Parliament and of the Council of 26 February 2014 on the Award of Concession Contracts (Text with EEA Relevance), OJ L 94, 28.3.2014, recital 8.

④ Ibid., article 18. 有学者指出,指令中对于特许权期限的要求能够达到防止特许经营者滥用市场支配地位的效果,因此其与欧盟竞争法有关禁止滥用市场支配地位的规则(即 TFEU 第 102 条)是一致的。See Martin Farley and Nicolas Pourbaix, The EU Concessions Directive: Building (Toll) Bridges between Competition Law and Public Procurement?, Journal of European Competition Law and Practice, Volume 6, Issue 1, 2015, p. 22.

⑤ Directive 2014/23/EU of the European Parliament and of the Council of 26 February 2014 on the Award of Concession Contracts (Text with EEA Relevance), OJ L 94, 28.3.2014, articles 30-31.

布特许权公告是为了尽可能消除对于竞争的不利影响。序言指出:"鉴于对竞争的不利影响,只有在非常特殊的情况下才允许不事先公告就授予特许经营权。"①(3)该指令第35条特别对作为授权者的公部门和公司混合实体提出了不得扭曲竞争的要求。该条规定,成员国应当要求订约当局和订约实体采取适当措施应对欺诈、管制偏宠、腐败,并有效预防、识别和解决特许经营权授予过程中的利益冲突,以避免任何扭曲竞争的行为,确保授予过程的透明度和所有竞标者的平等待遇。②(4)该指令特别规定,一旦竞标者之间存在串通投标或者其他限制竞争的协议,则会被剥夺候选人资格。第38条规定:"如果符合下列情况之一,订约当局或订约实体可以自行或者以成员国要求将该经营者排除在特许权授予之外:……(d)除了剥夺经营者的参与资格,第35条第2款中所述的利益冲突无法有效地以其他限制性程度更低的措施来补救;(e)订约当局或订约实体有充分合理的理由推断经济经营者(Economic Operater)与其他经济经营者之间订立了旨在扭曲竞争的协议。"③(5)在特许经营权授予标准上,该指令第41条要求特许经营权应当按照符合平等待遇、非歧视和透明度原则的客观标准进行授予,并确保在有效竞争的条件下对投标者进行评估,从而确定其对于订约当局或订约实体的总体经济利益。④

2014年《政府采购指令》旨在为订约当局在公共合同下的采购设定规则,其中与竞争规制相关的内容也体现在诸多方面:(1)该指令明确提出欧盟政府采购的原则性要求之一是不得人为地限制竞争。指令第18条规定,订约当局应平等、非歧视地对待经济经营者,并应以透明和符合比例原则的方式行事。政府采购的设计不得人为地减少竞争。如果采购的设计是为了对某些经济经营者给予不适当的竞争优势或劣势,则应认为构成人为地减少竞争。⑤(2)对于利益冲突所可能引致的限制竞争问题,该指令的规定与前述《特许经营合同授予指令》的规定类似。该指令第24条要求成员国应确保订约当局采取适当措

---

① Directive 2014/23/EU of the European Parliament and of the Council of 26 February 2014 on the Award of Concession Contracts (Text with EEA Relevance), OJ L 94, 28.3.2014, recital 51.

② Ibid., article 35.

③ Ibid., article 38 (e).

④ Ibid., article 41.

⑤ Directive 2014/24/EU of the European Parliament and of the Council of 26 February 2014 on Public Procurement and Repealing Directive 2004/18/EC (Text with EEA Relevance), OJ L 94, 28.3.2014, article 18.

第五章
比较法视域下公用事业公私合作的竞争规制

施,有效防止、查明和补救采购程序中产生的利益冲突,以避免扭曲竞争,并确保对所有经济经营者给予平等待遇。① (3) 对于采用何种程序进行政府采购,该指令给予成员国极大的自由,允许成员国的订约当局在符合指令要求的前提下根据国内法自由组织程序,或者选择该指令中规定的程序来授予采购合同,包括:公开招标程序(Open Proceudre)、限制性招标程序(Restricted Procedure)、创新伙伴关系程序(Innovation Partnerships)、竞争性协商程序(Competitive Procedure with Negotiation)或者竞争性对话程序(Competitive Dialogue)。但是,该指令同时要求,无论是采用上述程序中的哪一种,订约当局必须以合同公告的形式发布"竞争的吁请"(Call for Competition)。② (4) 该指令还要求无论是采购程序启动前的咨询程序,还是竞标者的事先参与,都不得扭曲竞争。根据第40条的规定,订约当局在启动采购程序前可进行市场咨询。为此,订约当局可以征求或接受独立专家、政府部门或市场参与者的建议,该建议可用于采购程序的规划和执行,但前提是此种咨询意见不会造成扭曲竞争的影响,也不会违反非歧视和透明度原则。第41条则要求,如果投标者曾经为项目提出过建议并且参与了项目准备,那么订约当局应当采取适当措施,确保该投标者的事先参与不会扭曲竞争。此类措施包括,向其他投标参与者告知该参与者在事先参与时获得的信息。只有在没有其他措施可以保证遵守平等待遇原则时,订约当局才可以将事先参与的投标者排除在采购程序之外。③ (5) 在采购文件中所写明的技术规格上,该指令要求,技术规格应使经济经营者平等地参与采购程序,并不得对公开竞争的公共采购造成不合理的障碍。④ (6) 该指令允许订约当局将采购合同分割为若干部分,分别进行招标。⑤ 这样做不但可以鼓励更多中小企业参与竞标,而且指令序言中也写明,为了促进竞争,应鼓励订约当局将大合同分成若干部分。⑥ (7) 与《特许经营合同授予指令》类似,该指令第57条中也规定了在特定情况下,订约当局可

---

① Directive 2014/24/EU of the European Parliament and of the Council of 26 February 2014 on Public Procurement and Repealing Directive 2004/18/EC (Text with EEA Relevance), OJ L 94, 28.3.2014, article 24.
② Ibid., articles 26 and 49.
③ Ibid., articles 40-41.
④ Ibid., article 42.
⑤ Ibid., article 46.
⑥ Ibid., recital 78.

以将参与竞标者排除在采购程序之外,剥夺其候选人资格。订约当局有充分合理的理由推断经济经营者与其他经济经营者之间订立了旨在扭曲竞争的协议,或者扭曲竞争的利益冲突无法有效地以其他限制性程度更低的措施来补救,即是其中的可以剥夺竞标者候选人资格的两种情况。[①] (8) 第65条虽然允许订约当局在限制性招标程序、创新伙伴关系程序、竞争性协商程序或者竞争性对话程序中设定被邀请参加投标程序的经营者的数量,但是在限制性程序中,候选人的最低数量应为5名;在创新伙伴关系程序、竞争性协商程序或者竞争性对话程序中,候选人的最低数量应为3名。此外,在任何情况下,邀请的候选人数目必须足以确保真正的竞争。[②] (9) 在政府采购合同的授予标准上,该指令规定订约当局授予政府采购合同应当坚持"经济上最有利的投标"(The Most Economically Advantageous Tender)标准。"经济上最有利的投标"可以以投标的成本、价格、质量等为基础,采用成本效益方法综合进行评估。同时,授予合同的标准不会产生下列后果:不会限制订约当局的选择自由;能够保证有效竞争的可能性;能够有效核实投标者提供的资料,以评估标书是否符合授标标准。[③]

2014年《供水、能源、运输和邮政服务部门实体采购的指令》规定了供水、能源、运输和邮政部门的公司或个人使用公共合同获取工程、供应或服务的规则。其中涉及竞争规制的内容与前述《政府采购指令》大体一致,主要包括如下方面:(1) 在采购原则上,该指令要求订约实体应当平等、非歧视地对待所有经济经营者,并且应以透明和符合比例原则的方式行事。采购程序的设计不应当出于人为限制竞争的意图。如果采购的设计是为了对某些经济经营者给予不适当的竞争优势或劣势,则应认为构成人为地减少竞争。[④] (2) 在利益冲突问题上,该指令也要求成员国应确保订约当局采取适当措施,有效防止、查明和补救采购程序中产生的利益冲突,以避免扭曲竞争,并确保对所有经济

[①] Directive 2014/24/EU of the European Parliament and of the Council of 26 February 2014 on Public Procurement and Repealing Directive 2004/18/EC (Text with EEA Relevance), OJ L 94, 28.3.2014, article 57.

[②] Ibid., article 65.

[③] Ibid., article 67.

[④] Directive 2014/25/EU of the European Parliament and of the Council of 26 February 2014 on Procurement by Entities Operating in the Water, Energy, Transport and Postal Services Sectors and Repealing Directive 2004/17/EC (Text with EEA Relevance), OJ L 94, 28.3.2014, article 36.

第五章　比较法视域下公用事业公私合作的竞争规制

经营者给予平等待遇。①（3）在采用何种程序进行政府采购上，与前述《政府采购指令》类似，该指令也允许订约当局选择该指令中规定的多种程序来授予采购合同，包括：公开招标程序、限制性招标程序、协商程序（Negotaited Procedure）、竞争性对话程序以及创新伙伴关系程序。但是，该指令也要求，无论是采用上述程序中的哪一种，订约当局必须公开发布"竞争吁请"。②（4）在采购程序启动前的咨询程序、竞标者的事先参与、技术规格、合同分割问题以及参与竞标者资格排除上，该指令均与前述《政府采购指令》的规定一致，要求这些特殊程序和规格设置不得违反平等对待原则，也不得扭曲竞争。③（5）在采购合同的授予上，该指令同样也允许订约当局根据具体的采购程序，设定相应的被邀请参加投标程序的经营者的数量，但同时也要求，在限制性招标程序、协商程序、竞争性对话程序以及创新伙伴关系程序中，订约当局在决定参与者的资格以及标准和规则时，不得差别以待，对某些参与者实施行政、技术或财务等方面的特殊要求，但对其他参与者却不设定相应要求。④（6）在采购合同的授予标准上，该指令也与前述《政府采购指令》的规定一致，规定订约当局授予政府采购合同应当坚持"经济上最有利的投标"标准，而且授予合同的标准不会产生下列后果：不会限制订约当局的选择自由；能够保证有效竞争的可能性；能够有效核实投标者提供的资料，以评估标书是否符合授标标准。⑤

目前，欧盟委员会仍在不断探索完善欧盟政府采购和公私合作的可行路径，将政府采购作为欧盟内部市场经济融合的重要内容，以及"欧盟2020发

---

①　Directive 2014/24/EU of the European Parliament and of the Council of 26 February 2014 on Public Procurement and Repealing Directive 2004/18/EC（Text with EEA Relevance），OJ L 94, 28.3.2014，article 42.

②　Ibid.，article 44.

③　Directive 2014/25/EU of the European Parliament and of the Council of 26 February 2014 on Procurement by Entities Operating in the Water, Energy, Transport and Postal Services Sectors and Repealing Directive 2004/17/EC（Text with EEA Relevance），OJ L 94, 28.3.2014，articles 58, 59, 60, 65 and 80. 在参与竞标者资格的排除上，第80条直接规定资格排除的情况包含《特许经营合同授予指令》第57条中规定的资格排除情况。如果订约当局有充分合理的理由推断经济经营者与其他经济经营者之间订立了旨在扭曲竞争的协议，或者扭曲竞争的利益冲突无法有效地以其他限制性程度更低的措施来补救，订约当局就可以将参与竞标者排除在采购程序之外，剥夺其候选人资格。

④　Directive 2014/25/EU of the European Parliament and of the Council of 26 February 2014 on Procurement by Entities Operating in the Water, Energy, Transport and Postal Services Sectors and Repealing Directive 2004/17/EC（Text with EEA Relevance），OJ L 94, 28.3.2014，article 76.3.

⑤　Ibid.，article 82.

展战略"的重要内容。因此，目前欧盟正一方面致力于进一步澄清上述指令在适用中可能存在的分歧，另一方面则努力推动政府采购的现代化改革，包括推动政府采购数字化发展、提高中小企业的参与度以及推动跨境政府采购。[①]

2. 欧盟竞争法对于公用事业公私合作的规制

在对于PPP的竞争规制上，欧盟竞争法与前述PPP相关的立法共同发挥作用。欧盟PPP相关指令中的某些内容，都可能会与竞争法的实施存在交叉。投标者之间的协议或者联合行为如果存在限制竞争的内容，要受到欧盟竞争法的规制。政府采购领域最典型的限制竞争行为即为串通投标，两个或两个以上的投标者在参与投标时进行合作，合谋竞标，采用同步涨价、轮流低价竞标等方式试图抬高中标价格或者划分市场。一旦发现这种串通投标的行为，投标者除了会被订约当局根据《特许经营合同授予指令》《政府采购指令》《供水、能源、运输和邮政服务部门实体采购的指令》中的相关要求而排除投标者资格，[②]还会因为违反《欧盟运作条约》（Treaty on the Functioning of the European Union，以下简称"TFEU"）第101条中禁止经营者之间达成以扭曲竞争为目的或具有限制竞争影响的协议而被竞争执法机构处罚。如果原本每个经营者单独投标都可以达到投标资格要求的门槛和资质，但是却组成联合体共同投标，也可能有违反TFEU第101条的嫌疑。[③]

订约当局和"组织型PPP"的限制竞争行为也会受到欧盟竞争法的规制。TFEU第101条与第102条主要规制各类企业的垄断协议行为与滥用市场支配地位垄断行为。依据第101条与第102条的字面解释，如果国家等公法意义上的主体没有从事营利性业务，那么对于它们限制竞争的相关行政垄断行为就无

---

① Christopher H. Bovis, The Potential of European Public Procurement Regulation, European Procurement and Public Private Partnership Law Review, Volume 14, Issue 3, 2019, pp. 141-142.

② Directive 2014/23/EU of the European Parliament and of the Council of 26 February 2014 on the Award of Concession Contracts (Text with EEA Relevance), OJ L 94, 28. 3. 2014, article 38 (e); Directive 2014/24/EU of the European Parliament and of the Council of 26 February 2014 on Public Procurement and Repealing Directive 2004/18/EC (Text with EEA Relevance), OJ L 94, 28. 3. 2014, article 57; Directive 2014/25/EU of the European Parliament and of the Council of 26 February 2014 on Procurement by Entities Operating in the Water, Energy, Transport and Postal Services Sectors and Repealing Directive 2004/17/EC (Text with EEA Relevance), OJ L 94, 28. 3. 2014, article 80.

③ Martin Farley and Nicolas Pourbaix, The EU Concessions Directive: Building (Toll) Bridges between Competition Law and Public Procurement?, Journal of European Competition Law and Practice, Volume 6, Issue 1, 2015, p. 19.

第五章
比较法视域下公用事业公私合作的竞争规制

法直接适用这两条规定。① 根据欧盟法院在 Klaus Höfner and Fritz Elser v. Macrotron GmbH 案中的判决,受到欧盟竞争法规制的"事业"(undertaking)包括从事经济活动的每一个实体,无论该实体的法律地位和资金来源如何。② 在之后的判例中,欧盟法院多次重申了这一观点。③ 由于订约当局一般并不是从事经济活动的实体,而主要集中于履行国家和社会职能,似乎并不构成要受到欧盟竞争法规制的"事业"。但是,在 2006 年 FENIN 案中,欧盟法院认为,经济活动的特征是在给定的市场上提供商品和服务,没有必要将购买物品与其后续的使用分离开来从而确定购买活动的性质。④ 如果订约当局在下游市场从事经济活动时使用了其所购买的公共物品或服务,那么其在上游市场中购买公共物品或服务的行为就应当构成经济活动,该订约当局就构成欧盟竞争法所规制的从事经济活动的"事业"。虽然通过政府采购购买了物品或服务的公部门很少直接在下游市场从事销售等经济活动,但是被授予特许经营权的实体却可能在下游从事经济活动,因此构成欧盟竞争法规制的对象,不仅不得从事 TFEU 第 101 条禁止的垄断协议行为,也不得从事 TFEU 第 102 条禁止的滥用市场支配地位行为。⑤ 特别是欧盟指令和解释性文件中覆盖了"合同型 PPP"和"组织型 PPP","组织型 PPP"是由公部门与私部门之间组成的从事 PPP 项目具体运营的独立主体。⑥ 这种混合了公私关系,面向下游市场和消费者提供服务的"组织型 PPP"也会被纳入欧盟竞争法规制的范围内。此外,根据 TFEU 第 106 条要求,受委托经营具有一般经济利益的服务或具有营利性垄断性质的企业,也应当遵守欧盟竞争法的规定。由于 PPP 项目企业往往直

---

① 翟巍:《欧盟公共企业领域的反垄断法律制度》,载《法学》2014 年第 6 期,第 55—56 页。
② Judgment of the Court of Justice of the European Union (Sixth Chamber) of 23 April 1991 in Case No. C-41/90-Klaus Höfner and Fritz Elser v. Macrotron GmbH, ECLI:EU:C:1991:161, [1991] ECR I-01979, para. 21.
③ 翟巍:《欧盟公共企业领域的反垄断法律制度》,载《法学》2014 年第 6 期,第 54 页。
④ Judgment of the Court of Justice of the European Union (Grand Chamber) of 11 July 2006 in Case No. C-205/03 P-Federación Española de Empresas de Tecnología Sanitaria (FENIN) v. Commission of the European Communities, ECLI:EU:C:2006:453, [2006] ECR I-06295, paras. 25-26.
⑤ Martin Farley and Nicolas Pourbaix, The EU Concessions Directive: Building (Toll) Bridges between Competition Law and Public Procurement?, Journal of European Competition Law and Practice, Volume 6, Issue 1, 2015, p. 20.
⑥ Green Paper on Public-Private Partnerships and Community Law on Public Contracts and Concessions, COM (2004) 327 final, Brussels, 30.4.2004. Commission Interpretative Communication on the Application of Community Law on Public Procurement and Concessions to Institutionalised PPP (IPPP) (Text with EEA relevance), OJ C 91, 12.4.2008.

119

接接受订约当局的委托来提供公共服务，这些服务基本上属于具有一般经济利益的服务或具有营利性垄断性质的服务，而且公权力对于如何提供服务甚至对于 PPP 项目企业的经营可以施加影响，因此，就要受制于 TFEU 第 106 条中公共企业相关规则的约束。[①] 此外，如果订约当局在授予特许权合同或者政府采购合同的过程中如果没有能够符合国家援助规则的"正常商业条件"（Normal Commercial Terms）标准，则可能会产生违反 TFEU 国家援助规则的问题。[②] TFEU 第 107 条禁止成员国向某些特定事业提供会扭曲竞争的国家援助。在 Altmark 案的判决中，欧盟法院确立了国家援助的四项标准：（1）受益人已被委托承担明确界定的公共服务义务；（2）计算履行公共服务受到的补偿的参数是事先以客观和透明的方式确定的；（3）公共服务补偿不超过支付履行公共服务义务所产生的全部或部分费用所需的数额；（4）如果履行公共服务的事业不是通过公共采购程序选择出来的，补偿的水平应当按照一般典型的运行良好、能够满足必要的公共服务需求的事业的运营成本来计算。[③] 因此，订约当局在授予政府采购合同或者特许权合同时，必须严格恪守欧盟指令中的程序性要求，保证合同授予程序的透明、非歧视，并保证合同授予以及合同所确立的补偿标准符合上述 Altmark 案确立的标准的要求，防止给予社会资本方的公共服务补偿构成不当的国家援助，违反 TFEU 第 107 条的规定。

3. 欧盟公私合作领域竞争规制的相关案例

（1）伦敦劳合社诉意大利卡拉布里亚地区环境保护局案：因串通投标而排除投标者资格中的比例原则

2018 年欧盟法院对于伦敦劳合社诉意大利卡拉布里亚地区环境保护局案（Lloyd's of London v. Agenzia Regionale per la Protezione dell' Ambiente della Calabria）的判决就涉及政府采购中投标者之间能否因为具有串通投标的可能性而被排除在采购程序之外的问题。伦敦劳合社（Lloyd's of London，以下简

---

① 翟巍：《欧盟公共企业领域的反垄断法律制度》，载《法学》2014 年第 6 期，第 54 页。
② Martin Farley and Nicolas Pourbaix, The EU Concessions Directive: Building (Toll) Bridges between Competition Law and Public Procurement?, Journal of European Competition Law and Practice, Volume 3, Issue 1, 2015, p. 33.
③ Judgment of the Court of Justice of the European Union of 24 July 2003 in Case No. C-280/00-Altmark Trans GmbH and Regierungspräsidium Magdeburg v. Nahverkehrsgesellschaft Altmark GmbH, and Oberbundesanwalt beim Bundesverwaltungsgericht, ECLI: EU: C: 2003: 415, [2003] ECR I-07747, paras. 89-93.

第五章
比较法视域下公用事业公私合作的竞争规制

称"劳合社")是一家成立于英国的保险公司,但它不是一家单纯意义上的公司,而是一家保险商协会,其会员可以是自然人,也可以是法人,并以团体的形式运作,称为"辛迪加"。因此,劳合社在某种程度上类似于一个市场,在这个市场中各个保险公司组成的团体提供着保险和再保险服务,而且服务是由这些团体提供的,而不是由劳合社统一组织的。虽然都隶属于劳合社,但这些团体之间是彼此竞争的。因此,劳合社构成了一个"多重结构的集体法人"(Collective Legal Person with Multiple Structures)。[①] 2015年8月13日,意大利卡拉布里亚地区环境保护局(Agenzia Regionale per la Protezione dell'Ambiente della Calabria,英文 Calabria Regional Environmental Protection Agency,以下简称"Arpacal")推出了公开招标采购保险服务的程序,来承保该机构对第三方的民事责任有关的风险。劳合社的两家财团 Arch 和 Tokio Marine Kiln(TMK)参与了招标。两份标书均由劳合社的意大利代理签署。但是,在2015年9月29日和2016年10月的两次采购决定中,它们均被 Arpacal 以违反意大利采购法为由排除在外。因为根据意大利采购法,如果按照公司控制权标准,两个或两个以上的企业最终应被认定为归属为"单一决策中心"(Single Decision-Making Centre),则禁止它们参加同一个采购项目。[②] 劳合社起诉到意大利法院,法院支持了劳合社的意见,认为劳合社中各个集团虽然有着共同的法定代表人,但集团之间是彼此独立和相互竞争的,意大利采购法不得以此为理由将其排除在采购投标者之外。但由于不确定这样解释意大利国内法是否符合欧盟法,意大利法院将案件提交欧盟法院,因为当劳合社总代表签署各个集团提交的标书时,他是知道标书内容的,同一人签署不同投标者提交的几份投标书,可能损害这些投标书的独立性和机密性,从而违反 TFEU 第101条和第102条所规定的竞争规则。[③]

欧盟法院认为,欧盟成员国有权制定排除某些投标者资格的相关规则,但是这些规则的制定应当符合欧盟法中平等待遇、非歧视、透明度和比例原则的要求。例如,国家立法可以为了防止在同一程序中授予公共合同的参与者之间

[①] Judgment of the Court of Justice of the European Union (Sixth Chamber) of 8 February 2018 in Case No. C-144/17—Lloyd's of London v. Agenzia Regionale per la Protezione dell' Ambiente della Calabria, ECLI：EU：C：2018：78, [2018] EUECJ C-144/17, para. 17.

[②] Ibid., para. 16.

[③] Ibid., paras. 20-21.

可能发生的合谋串标，而排除其参与者资格。但是，根据判例法，将彼此间具有控制关系或联合关系的投标者自动排除，已经超出了为了防止共谋行为的必要性限度，也会违反平等待遇原则和透明度原则的要求。这种自动排除使投标参与者丧失了证明其投标具有独立性的可能性，这与欧盟政府采购制度中要求鼓励尽可能多的竞标者参与的精神也是不相符的。① 欧盟法院指出，某一事业体的若干集团可以有不同的形式和目标，并不能以此否认这些集团在商业政策和参与经济活动上的自主权，例如参与公共合同投标上的自主权。比例性原则要求订约当局必须审慎评估事实情况，从而确定投标者之间的关系是否在实质上影响了其在采购投标程序中的具体内容。② 在主要程序中的招标书是由同一人签字的事实，不能证明排除投标者资格的合理性。③

在这一案件中，欧盟法院基于比例原则否定了订约当局排除投标者的合理性。④ 欧盟法院的这一判决澄清了能否基于控制权或者关联关系而排除投标者参与采购机会的问题，在防止投标者之间的串通与保障有尽可能多的投标者参与竞争之间作出权衡。这一判决也对《特许经营合同授予指令》《政府采购指令》《供水、能源、运输和邮政服务部门实体采购的指令》中赋予订约当局排除投标者资格的权力进行了必要的限制，要求其必须符合比例原则的要求。

（2）斯佩奇诺（Spezzino）案：国内法中规定的医疗运输领域未经竞争直接授予合同是否符合欧盟法

2014年欧盟法院在斯佩奇诺案中的判决涉及公部门在医疗运输服务中能否未经竞争性程序而直接授予合同的问题。⑤ 根据2010年12月22日的第940号决定，以及根据当地法律，意大利地方卫生当局——斯佩奇诺5号地方卫生局（Azienda Sanitaria Locale No. 5 Spezzino，以下简称"地方卫生局"）与两

---

① Judgment of the Court of Justice of the European Union (Sixth Chamber) of 8 February 2018 in Case No. C-144/17—Lloyd's of London v. Agenzia Regionale per la Protezione dell' Ambiente della Calabria, ECLI：EU：C：2018：78, [2018] EUECJ C-144/17, paras. 35-36.

② Ibid., paras. 37-38.

③ Ibid., para. 39.

④ Giuseppe Bitti, Competition in the Competitor: Collusion in Public Procurement Procedures and Insurance Syndicates Case Law, European Procurement and Public Private Partnership Law Review, Volume 14, Issue 2, 2019, p. 139.

⑤ Judgment of the Court of Justice of the European Union (Fifth Chamber) of 11 December 2014 in Case No. C-113/13—Azienda sanitaria locale n. 5 'Spezzino' and Others v. San Lorenzo Soc. coop. Sociale and Croce Verde Cogema cooperativa sociale Onlus, ECLI：EU：C：2014：2440, [2014] EUECJ C-113/13.

第五章　比较法视域下公用事业公私合作的竞争规制

个志愿组织——全国公共援助协会（Associazione Nazionale Pubblica Assistenza）和意大利红十字会（Crosce Rossa Italiana），签订了提供医疗运输服务的协议。两家在利古里亚地区经营医疗运输服务的合作社——圣洛伦佐社会合作社（San Lorenzo Società Cooperativa Sociale）和绿十字柯格玛社会合作组织（Croce Verde Cogema Cooperativa Sociale Onlus）对于该合同的授予提出异议，并向当地地方行政法院提起诉讼。地方行政法院审理认为，地方卫生局直接授予合同的做法违反 TFEU 第 49、56 和 105 条所规定的授予公共合同的规则。地方卫生局不服，提出上诉。2013 年 3 月 8 日，负责上诉审的意大利行政法院（Italian Consiglio di Stato）向欧盟法院提出请求，要求对 TFEU 第 49、56、105、106 条的规定作出裁定。[①]

案件的主要争议在于，TFEU 中的自由竞争规则和欧盟公共采购的第 2004/18 号指令[②]是否排除了意大利国家法律的规定？意大利法律规定，在授予医疗运输服务合同时，应优先考虑志愿组织，而且授予此类合同没有发布"竞争吁请"的要求，只需要向服务提供者支付实际发生的费用补偿即可。[③]

---

①　具体案情参见 Judgment of the Court of Justice of the European Union（Fifth Chamber）of 11 December 2014 in Case No. C-113/13—Azienda sanitaria locale n. 5 'Spezzino' and Others v. San Lorenzo Soc. coop. Sociale and Croce Verde Cogema cooperativa sociale Onlus，ECLI：EU：C：2014：2440，[2014] EUECJ C-113/13，paras. 19-22. 对于该案事实情况的详细介绍与分析可以参见 Annalisa Aschieri，Legal and Factual Background of the Spezzino Judgment（C-113/13）：Inconsistencies and Advantages of the Special Role Played by Voluntary Associations in the Functioning of the Italian Social Protection Systems，European Procurement and Public Private Partnership Law Review，Volume 11，Issue 1，2016，p. 6。

②　第 2004/18 号指令为《公共工程合同、公共供应合同及公共服务合同的程序协调的指令》（Directive 2004/18/EC of the European Parliament and of the Council of 31 March 2004 on the Coordination of Procedures for the Award of Public Works Contracts，Public Supply Contracts and Public Service Contracts，OJ L 134，30.4.2004，pp. 114-240）。目前该指令已失效，被 2014 年《政府采购指令》（第 2014/24 号指令）所取代。

③　2006 年 12 月 7 日第 41 号的《利古里亚区域法》（Regional Law No. 41 of 7 December 2006）第 75 条规定：

1. 医疗运输服务的提供是由普遍性、团结、可负担得起和适当的原则管理的涉及一般利益的一项活动。

2. 第 1 款所述的医疗运输服务，应由各个卫生机构……使用自己的资源和人员提供。在不可能的情况下，应按照以下原则将医疗运输服务委托给其他人或实体……：

(a) 代表地区卫生局提供的医疗运输服务应优先委托给志愿组织、红十字会和其他授权的公共机构或团体，以确保这项涉及一般利益的服务是按照预算方面经济平衡的条件来提供的。与意大利红十字会和志愿组织的关系应由协议来管理……

(b) 如果将医疗运输服务委托给 (a) 项所述人员或实体以外的其他人员或实体，则应根据有关授予公共服务和供应合同的法律进行。

3. 第 2 (a) 款所指的协议……应当按照区域议会所确定的标准，根据经济、效率、不得过度补偿原则，向且仅向志愿组织［和］意大利红十字会支付实际发生的费用的补偿。

123

这是否符合欧盟法要求的公共采购应当符合自由竞争、非歧视、透明度和比例原则？欧盟法院判决，只要国家法律中规定的此类组织的活动有助于实现社会性目标，追求人类共同的福祉，而且法律的规定符合预算效率，那么 TFEU 第 49 和 56 条就应当被解释为不排除这样的国家法律的规定。① 欧盟法院认为，欧盟法律并未减损成员国组织其公共卫生和社会保障体系的权力，但是成员国在行使这一权力时，不得对卫生保健领域的基本自由行使施加不合理的限制。在评估对于自由的不合理限制时，需要考虑到人类的健康和生命是 TFEU 所保障的最高价值，而在如何保护人类生命和健康，以及提供多大程度的保护上，成员国有一定的自由裁量权。会产生严重破坏社会保障体系财政平衡的风险就构成限制服务提供者自由的合理理由。为了公共健康，保持向所有公众开放的医疗服务的收支平衡，从而实现对于生命和健康的高水平保护，也是限制服务提供者自由的合理理由。②

欧盟法院的这一判决受到了来自学术界的严重批判。在这个案件中，欧盟法院的佐审官（Advocates General）沃尔（Wahl）的意见与欧盟法院的判决相反，他认为 TFEU 第 49 和 56 条以及欧盟政府采购的相关指令排除该意大利国内法律。他指出，虽然欧盟法不排除成员国组织社会保障体系，提供医疗公共服务的权力，但是成员国在行使该权力时必须遵守欧盟法的规定，特别是欧盟法中关于欧盟内部市场要求的相关规定，这些规定禁止成员国没有正当理由采用或维持在卫生医疗领域限制自由的行为。意大利法律直接向志愿组织授予合同的做法并没有充足的正当理由，因为没有理由认为其他企业或者组织就不能充分提供医疗运输服务，也看不出为何事前发表招标公告或者竞争吁请会损害公共财政，对其他潜在投标人开放采购程序可能会给订约当局提供更多的报价，从而更加经济和高效。③ 有学者担忧，斯佩奇诺案的判决将导致在医疗领域的国家援助规则背离原有 Altmark 案所确立的四项标准，特别是其中

---

① Judgment of the Court of Justice of the European Union (Fifth Chamber) of 11 December 2014 in Case No. C-113/13—Azienda sanitaria locale n. 5 'Spezzino' and Others v. San Lorenzo Soc. coop. Sociale and Croce Verde Cogema cooperativa sociale Onlus, ECLI：EU：C：2014：2440，[2014] EUECJ C-113/13, para. 66.

② Ibid., paras. 55-57.

③ Opinion of Advocate General Wahl delivered on 30 April 2014 in Case No. C-113/13—Azienda sanitaria locale n. 5 'Spezzino' and Others v. San Lorenzo Soc. coop. Sociale and Croce Verde Cogema cooperativa sociale Onlus, ECLI：EU：C：2014：291, paras 43-61.

第五章 比较法视域下公用事业公私合作的竞争规制

"如果履行公共服务的事业不是通过公共采购程序选择出来的,补偿的水平应当按照一般典型的运行良好、能够满足必要的公共服务需求的事业的运营成本来计算"的要求,变成可以直接按照接受委托的志愿组织的支出成本来计算。[1] 还有学者指出,欧盟法院认为直接将合同授予志愿组织更符合经济效率和财政收支平衡,是对于欧盟自由竞争理念的无视,也完全没有采用比例原则来衡量订约当局的行为是否适当。斯佩奇诺案的判决意味着给不经过竞争程序直接将公共合同授予非政府组织开了绿灯,扩大了这些组织直接越过竞争性程序的可能性。[2]

(三)英国

英国一直以来都是全球最大的 PPP 市场之一,很早就开始采用 PPP 模式来提供公共服务和进行基础设施建设。为了解决经济衰退以及公共支出不断增加的问题,自 20 世纪 70 年代以来,英国在电力、电信、供水和燃气供应等公用事业领域中进行了大规模的民营化改革,并于 1992 年提出"私人融资计划"(Private Finance Initiative,以下简称"PFI"),作为 PPP 模式中的一种新的方法。[3] PFI 一般采用长期合同,通常为 20 年到 35 年,其中私营部门负责建造项目并筹集所需资金,公部门则按照合同付款。[4] 为了进一步降低项目的风险,提高公部门的权益,以及保证项目成功率,自 2012 年开始,英国将 PFI 改进为"新型私人融资"(Private Finance,以下简称"PF2")。[5] 英国财政部公布的数据显示,截至 2020 年 10 月,在英国 PPP 模式已经为 700 多项基础

---

[1] Albert Sanchez-Graells, Competition and State Aid Implications of the Spezzino Judgment (C-113/13): The Scope for Inconsistency in Aid Assessments for Voluntary Organisations Providing Public Services, European Procurement and Public Private Partnership Law Review, Volume 11, Issue 1, 2016, p. 32.

[2] Roberto Caranta, After Spezzino (C-113/13): A Major Loophole Allowing Direct Awards in the Social Sector, European Procurement and Public Private Partnership Law Review, Volume 11, Issue 1, 2016, pp. 14 and 19.

[3] 谢煊等:《英国开展公私合作项目建设的经验及借鉴》,载《中国财政》2014 年第 1 期,第 66 页。

[4] European PPP Expertise Center, United Kingdom-England: PPP Units and Related Institutional Framework, June 2012, https://www.eib.org/attachments/epec/epec_uk_england_ppp_unit_and_related_institutional_framework_en.pdf, p. 4, last visited on October 20, 2020.

[5] PFI 和 PF2 两者最大的区别是,在 PF2 中私人部门对基础设施不再运营,同时 PF2 提高项目企业的注册资本金要求,同时政府还持有一定股权。参见谢煊等:《英国开展公私合作项目建设的经验及借鉴》,载《中国财政》2014 年第 1 期,第 66 页。

125

设施项目提供了560亿英镑的私营部门资本投资，其覆盖的领域包括教育、医疗、垃圾处理、道路、住房、监狱、消防、军事装备等。①

需要特别指出的是，英国政府在2018年的预算案中宣布将不再使用PFI和PF2。② 在过去的20年中，PFI项目受到了经济周期传统繁荣和萧条的影响，此类项目因为不具有灵活性而受到英国纳税人的严厉抨击，政府的私人融资被视为"抵押"了子孙后代的发展。同时，PFI项目往往在经济上升周期中为私营部门投资者创造可观的盈余利润，但是随着私营部门陷入困境和出现全球金融危机之后，很多项目出现停滞或烂尾。③ 不过，不再使用PFI和PF2并不意味着英国政府放弃了基础设施和公共服务领域的公私合作。英国基础设施和项目管理局2019年发布了《基础设施融资审查》咨询文件，以寻求在政府项目中使用私人融资的新方法的意见。④ 英国财政大臣菲利普·哈蒙德（Philip Hammond）也表示，仍然会致力于建立公私伙伴关系，寻求借助私人部门的资金帮助提供基础设施建设和公共服务。⑤ 因此，未来英国会采用何种创新模式和方法推动公私合作项目，有待时间观察。

在PPP法律框架上，作为普通法系的代表，英国并没有制定一部PPP法适用于所有PPP，也没有对所有公共机构参与PPP作出总体性规定。PPP法律依赖的是由涉及公私部门订立合同的《地方政府（合同）法》、欧盟政府采购和特许经营的相关指令、其他相关的各种规范性文件，加上判例法规则所共

---

① UK Government，Public Private Partnerships，https：//www.gov.uk/government/collections/public-private-partnerships，last visited on October 20，2020.

② UK Government，Her Majesty's Treasury，Budget 2018：Private Finance Initiative（PFI）and Private Finance 2（PF2），https：//assets.publishing.service.gov.uk/government/uploads/system/uploads/attachment_data/file/752173/PF2_web_.pdf，last visited on October 20，2020.

③ Davida Dunphy *et al.*，The UK has Signalled the Demise of Traditional Models of PPP—Will We Follow Suit in New Zealand?，March 29，2019，https：//www.dlapiper.com/en/newzealand/insights/publications/2019/04/the-uk-has-signalled-the-demise-of-traditional-models-of-ppp/，last visited on October 20，2020.

④ UK Government，Her Majesty's Treasury and Infrastructure and Projects Authority，Infrastructure Finance Review：Consultation，https：//assets.publishing.service.gov.uk/government/uploads/system/uploads/attachment_data/file/785546/infrastructure_finance_review_consultation_web_version.pdf，section 1.9，last visited on October 20，2020.

⑤ UK Government，Her Majesty's Treasury，Budget 2018：Philip Hammond's Speech，October 29，2018，https：//www.gov.uk/government/speeches/budget-2018-philip-hammonds-speech，last visited on October 20，2020.

第五章 比较法视域下公用事业公私合作的竞争规制

同构成的独特法律体系。[①] 1997年《地方政府（合同）法》[②] 赋予地方政府机构与私营实体签订合同的权力。为了履行政府职能，地方当局可以与私营实体签订合同，约定由私营实体提供资产或服务。英国还将欧盟《政府采购指令》以及《供水、能源、运输和邮政服务部门实体采购的指令》分别转换为国内法，形成《公共合同条例》[③] 和《公用事业合同条例》。[④] 此外，为了有效推动PPP，英国财政部还颁布了一系列指导性政策文件，涵盖PPP过程的各种方面，包括采购与合同管理、标准合同指南、财务指南、PPP安排的预算与审计、使用私人融资的物有所值评估、存档指南等。[⑤]

在涉及PPP竞争规制的内容上，由于《公共合同条例》和《公用事业合同条例》主要吸收了欧盟《政府采购指令》以及《供水、能源、运输和邮政服务部门实体采购的指令》中的内容，其中大部分内容与欧盟指令都是相同或者相似的。例如，《公共合同条例》的采购原则中要求，订约当局应平等和不歧视地对待经济经营者，并应以符合透明度和比例原则的方式行事；在设计采购时不得人为地减少竞争。[⑥] 采购可以采用公开招标程序、限制性招标程序、创新伙伴关系程序、竞争性协商程序、竞争性对话程序等，但是必须要发布"竞争吁请"（Call for Competition）。[⑦] 故此处将不再对其中的内容进行重复性论述，仅结合英国财政部发布的政策和指南中具有促进竞争性质的内容进行分析。

1. 英国关于竞争性对话程序的指南和审查

在英国财政部发布的采购与合同管理方面的政策和指南中，特别值得注意的是2008年由英国商务部和财政部联合发布的《竞争性对话程序指南》。[⑧] 该指南介绍了采用竞争性对话程序进行采购的主要要素，分析了采购过程的关键

[①] European PPP Expertise Center, United Kingdom-England: PPP Units and Related Institutional Framework, June 2012, https://www.eib.org/attachments/epec/epec_uk_england_ppp_unit_and_related_institutional_framework_en.pdf, pp. 23-25, last visited on October 20, 2020.
[②] Local Government (Contracts) Act 1997.
[③] The Public Contracts Regulations 2015.
[④] The Utilities Contracts Regulations 2016.
[⑤] UK Government, Her Majesty's Treasury, Public Private Partnership Policy and Guidance, https://webarchive.nationalarchives.gov.uk/20130102183301/http://www.hm-treasury.gov.uk/infrastructure_ppp_guidance.htm, last visited on October 20, 2020.
[⑥] The Public Contracts Regulations 2015, article 18.
[⑦] The Public Contracts Regulations 2015, article 26.
[⑧] Office of Government Commerce and Her Majesty's Treasury, Guidance on Competitive Dialogue, 2008.

阶段。根据该指南，采用竞争性对话程序的前提条件是，在"特别复杂的合同"的采购中，订约当局不能客观地确定能够满足其需求或目标的技术手段；或者不能客观地说明该项目的法律或财务构成。另外，订约当局考虑到使用公开或限制招标程序将导致无法授予合同。① 竞争性对话程序的具体流程包括：项目开始前的投资评估以及物有所值评估；在欧盟公报（Official Journal of the European Union）发表招投标公告之前的程序选择，设计竞争性对话具体流程；在欧盟公报正式发表招投标公告，写明招标的要求标准；发布资格预审问卷，挑选参与者；正式进入竞争性对话，与投标者进行对话以寻求解决方案；对投标者的方案进行评估，结束投标流程；进行投标后讨论，投标者可以澄清、明确和微调方案，但不得构成对于标书的实质性修改；订约当局选择出最优申请人作为中标者；合同签订。②

在这些流程中的很多阶段，指南都作出了涉及竞争的要求：（1）在于欧盟公报上发表招标公告之前的项目准备阶段中，该指南要求订约当局必须评估潜在的经营者在市场中是否可能实现真正的竞争。③ 如果发现经营者对于参与投标的兴趣程度不足，订约当局应考虑推迟正式采购程序的启动，可能需要改变项目的设计、要求和各种参数，使其更具吸引力，减少经营者参与投标的准入障碍。④（2）在于欧盟公报上发表招标公告之后，通过资格预审筛选进入谈判的投标者。准备进行竞争性对话的阶段中，该指南要求，受邀参加对话的人数必须足以确保真正的竞争，而且如果有足够多的合格候选人，受邀参加对话的人数必须至少达到3人。在评估整个采购的竞争阶段是否可能实现和保持有效的竞争时，订约当局将需要考虑投标者的数目、这些投标者可能的实力、它们对项目的兴趣和它们完成采购过程的愿望。⑤ 订约当局必须确保投标人之间的平等待遇，不应以歧视性的方式提供信息，从而使某些投标者处于优于其他投标者的竞争地位，或者不得将某一投标者提出的方案或商业秘密信息向其他投标者透露。⑥（3）在竞争性对话阶段中，该指南没有对进行竞争性对话作出具

---

① Office of Government Commerce and Her Majesty's Treasury, Guidance on Competitive Dialogue, 2008, p.9.
② Ibid., 2008, p.11.
③ Ibid., 2008, p.15, article 5.1.8.
④ Ibid., 2008, p.15, article 5.1.9.
⑤ Ibid., 2008, p.18, article 5.2.5.
⑥ Ibid., p.19, article 5.2.11.

第五章
比较法视域下公用事业公私合作的竞争规制

体方式的要求,但是要求订约当局应制定详细程序,确保对于所有参与对话的投标者给予平等待遇,保证整个对话程序的非歧视性和透明度。① 在订约当局宣布对话结束后,就不可能重新再开始对话程序,进一步讨论的空间也非常有限。但是,指南指出,根据《公共合同条例》的规定,订约当局可以要求投标者进一步澄清或者调整某些具体的标书内容,但是这种调整不得构成对于标书的实质性更改,也不得在扭曲竞争或者歧视性对待的情况下允许某些投标者调整标书。②（4）在对话后的评选阶段,该指南特别指出了如果最终只有一名投标者进入评审阶段的问题。指南指出,在没有竞争的情况下,没有适当的激励投标人提供其最优价格、条款和条件因素。因此,除非采取其他步骤,否则很难实现物有所值。然而,采购不应由于市场失灵而自动停止。此时,订约当局应该进行彻底的审查。如果断定不可能采取适当的额外行动来确保项目的物有所值性,则采购应在此时停止。③（5）在确定中标者后和签约阶段,根据《公共合同条例》的规定,指南要求订约当局在作出授予合同的决定和签订合同之间保持有10天的"等待期"。指南认为,设置这样的"等待期"的做法鼓励了授予过程的透明度,并使潜在的争议和问题能够在合同签署前得到解决。④

2010年英国财政部还发布了《竞争性对话评论》,对竞争性对话程序对公部门的影响进行考察,并提出了改进竞争性对话程序的若干建议。例如,对公部门的公务员开设统一的政府采购培训课程;要求订约当局不应将竞争性对话视为所有复杂采购的默认程序,而是要综合评价可能采用的公开招标程序、限制性招标程序等,最终确定是否采用竞争性对话程序;如果订约当局采用竞争性对话程序,应当在公开的采购文件中写明理由;订约当局应当制定采购时间表,其中包括处理内部核准程序的时间,并允许投标者有足够的时间根据对话修订文件。这些建议有助于完善竞争性对话程序,为PPP中的采购提供强有力的基础。⑤

2. 英国关于"组织型PPP"适用竞争法问题的指南

区别于公私部门之间基于纯粹以合同关系进行合作的"合同型PPP","组

---

① Office of Government Commerce and Her Majesty's Treasury, Guidance on Competitive Dialogue, 2008, p. 22, article 5.3.1.
② Ibid., p. 25, article 5.3.21.
③ Ibid., p. 27, box 5.7.
④ Ibid., p. 30, article 5.5.5.
⑤ Her Majesty's Treasury, Review of Competitive Dialogue, November 2010.

织型 PPP"是指公部门与私部门之间组成独立实体进行提供基础设施建设或者公共服务的合作。针对这种公私部门组成的以实体形式运作的"组织型 PPP",英国财政部专门发布了《公私合营实体:公部门与私部门组建合营企业的指南说明》,对公部门与私部门组建"合营实体"(Joint Venture)的问题制定政策指引。该指南集中于公部门在确定合营实体是否为其提供基础设施和公共服务需要的最佳模式,以及是否能以最有效率的方式实现其目标时应考虑的因素,并致力于为公部门提供了可遵循的框架。[①] 由于这种"合营实体"在很多方面会涉及欧盟和英国竞争法有关合营企业的规制,因此该指南中对此进行了较为详尽的说明。

该指南指出,公部门与私部门组建的"合营实体"会在多方面受到英国和欧盟竞争法的规制。由于"合营实体"会从事商业或经济活动,因此在英国和欧盟竞争法中都会构成受竞争法规制的"事业"(Undertakings)。在设立"合营实体"时,需要遵守竞争法中关于企业合并控制的制度以及限制竞争协议规制制度。[②] "合营实体"可能构成英国《企业法》(Enterprise Act)中的"相关兼并情况"(Relevant Merger Situation)。虽然合并没有必要向英国公平交易局(Office of Fair Trading)通知或者申报,但是如果公平交易局认为该"合营实体"协议可能产生限制竞争效果,则可以对该协议进行调查。[③] 如果"合营实体"构成"全功能合营企业"(Full-Function Joint Venture),还要遵守《欧盟并购条例》(EC Merger Regulation)的相关规则。[④] 在"合营实体"设立后的运营阶段,需要遵守英国和欧盟竞争法中不得滥用市场支配地位的规定。除此之外,"合营实体"设立后,在公部门向"合营实体"授予 PPP 合同时,既要遵守政府采购和特许经营有关法律的规定,也要遵守竞争法的规定。[⑤]

该指南还将竞争作为证明 PPP 项目"物有所值"的最佳方法。指南指出,由于 PPP 项目是否"物有所值"往往难以评估,一般而言,证明项目"物有所值"的最佳方法是通过竞争性程序选择社会资本方作为合作伙伴。竞争可能

[①] Her Majesty's Treasury, Joint Ventures: A Guidance Note for Public Sector Bodies Forming Joint Ventures with the Private Sector, March 2010.
[②] Ibid., p. 62, articles 9.6-9.8.
[③] Ibid., p. 103, article k.3.
[④] Ibid., p. 103, article k.4.
[⑤] Ibid., p. 63, articles 9.9-9.11.

是检验市场和确定公部门应当向"合营实体"支付合理价格的最好方法,甚至在有些时候是唯一方法;竞争能够让公部门证明其已寻求并实现了项目的最佳价值;在经过竞争性程序后,利益相关方基于国家援助规则提出异议的可能性也会相对降低;竞争也是证明采购过程遵循了欧盟政府采购规则的最佳方式。[①]

(四) 澳大利亚

1. 澳大利亚公私合作相关立法及其中涉及竞争规制的内容

公私合作模式在澳大利亚提供大规模基础设施方面起着至关重要的作用。自 20 世纪 80 年代以来,澳大利亚政府就开始采用 PPP 模式。在过去十多年中,公路、铁路、医院、教养设施、水处理基础设施以及其他社会和经济基础设施领域的 PPP 项目激增,2020 年及以后有大量 PPP 项目正在筹备中。[②] 在澳大利亚现有的联邦体制下,州和地区政府负责提供核心公共服务以及提供这些服务所需的基础设施。为了有效推动 PPP 模式,澳大利亚颁布了一系列文件和指南来规范、指导 PPP 项目的评审、授权、运营和管理,主要包括 2008 年《国家公私合作指南》(National PPP Guidelines) 和 2015 年《国家公私合作政策框架》(National PPP Policy Framework)。其中,《国家公私合作指南》分为 8 个部分,分别为:《国家公私合作指南概述》(National PPP Guidelines Overview)、《第 1 卷采购选择分析》(Volume 1 Procurement Options Analysis)、《第 2 卷从业者指南》(Volume 2 Practitioners Guide)、《第 3 卷社会基础设施的商业原则》(Volume 3 Commercial Principles for Social Infrastructure)、《第 4 卷公部门比较值指南》(Volume 4 Public Sector Comparator Guidance)、《第 5 卷折现率方法》(Volume 5 Discount Rate Methodology)、《第 6 卷管辖权要求》(Volume 6 Jurisdictional Requirements)、《第 7 卷经济基础设施的商业原则》(Volume 7 Commercial Principles for Economic Infra-

---

[①] Her Majesty's Treasury, Joint Ventures: A Guidance Note for Public Sector Bodies Forming Joint Ventures with the Private Sector, March 2010, p. 63, article 9.12.

[②] Andrew Griffiths et al., An Introduction to Public-Private Partnerships in Australia, April 5 2019, Lexology, https://www.lexology.com/library/detail.aspx? g = ddf2fe7f-6cc2-4107-80af-1bafd44cb89e, last visited on October 20, 2020.

structure)。① 《国家公私合作指南》和《国家公私合作政策框架》由澳大利亚基础设施委员会、联邦政府和州政府共同起草，旨在为澳大利亚的 PPP 政策提供一致性法律框架，使公共部门和私营部门可以共同努力，通过私营部门提供公共基础设施和公共服务来提升公共服务质量，实现公共基础设施的良好规划和有效交付。其中涉及竞争性程序与竞争规制的内容包括：

第一，在立法目标上，《国家公私合作政策框架》和《国家公私合作指南》都意在推动具有竞争性和透明度的 PPP 模式。《国家公私合作政策框架》明确规定，该框架的目标之一为保障对于 PPP 项目选择、合同的竞争性过程、合同授予进行有效管理。② 中标者的选择一般应当经过具有一致性、透明度的竞争性招投标系统进行。③ 《国家公私合作指南》也指出，其意在引导一种竞争性和具有透明度的机制，将公部门和私部门的想法、经验、技术相结合，实现创新发展，以提出满足社会需要和期待的基础设施和公共服务解决方案。④ 该指南将保持投标过程中的竞争作为成功的 PPP 的关键原则，并指出，在投标过程中需要鼓励私营部门之间进行激烈竞争，为政府带来物有所值的结果。⑤

第二，《国家公私合作政策框架》和《国家公私合作指南》将竞争性作为评估 PPP 项目是否符合物有所值标准以及是否满足可持续发展要求的因素之一，要求在 PPP 项目评估立项时应当考虑市场是否存在竞争性，采用竞争性程序有助于鼓励私营部门在提供公共服务上进行方式创新，同时降低成本并达成公共服务目标。⑥

第三，在 PPP 项目授予的整个过程中，竞争性程序以及各种对于市场竞

---

① Australian Government, Department of Infrastructure, Transport, Regional Development and Communications, National Guidelines for Infrastructure Project Delivery, https://www.infrastructure.gov.au/infrastructure/ngpd/index.aspx#anc_ppp, last visited on October 20, 2020.

② Australian Government, Department of Infrastructure and Regional Development, National Public Private Partnership Policy Framework, October 2015, article 2.1.

③ Ibid., article 1.

④ Australian Government, Department of Infrastructure and Regional Development, National Public Private Partnership Guidelines Overview, December 2008, article 1.1.

⑤ Ibid., article 4.1.

⑥ Australian Government, Department of Infrastructure and Regional Development, National Public Private Partnership Policy Framework, October 2015, article 4.3.2; Australian Government, Department of Infrastructure and Regional Development, National Public Private Partnership Guidelines Overview, December 2008, article 2.4.

第五章　比较法视域下公用事业公私合作的竞争规制

争的考虑贯穿全程。澳大利亚将 PPP 项目授予的流程分为若干阶段，包括：项目开发阶段（Project Development Phase）、意向书阶段（Expression of Interest Phase）、征求建议书阶段（Request for Proposal Phase）、协商与签约阶段（Negotiation and Completion Phase）。[①] 在意向书阶段，订约当局将对意向书答复进行评估，最终选择入围的投标者进入下一阶段。《国家公私合作指南》中指出，入围竞标者一般包括 3 名参与者，以确保形成充分的竞争。[②] 在征求建议书阶段，通过对于投标者标书的评估，订约当局最终选出最优申请人作为中标者。但是，如果订约当局认为保持竞争压力会产生实质性益处，也可以在其中选出两个或两个以上的申请人再开展新一轮竞争。[③] 在对 PPP 项目进行"物有所值"评审中，对于其中的"公部门比较值"，《国家公私合作指南》要求计算公部门提供 PPP 项目的成本时，需要进行"竞争中立"调整（Competitive Neutrality Adjustment），[④] 防止公部门因为其政府所有权在提供 PPP 项目时具有私人经营者不具有的优势，导致私人申请者建设和运营 PPP 项目的成本被不合理低估。

第四，澳大利亚的 PPP 模式允许接受"非应标建议书"，但是《国家公私合作指南》中对于不经过竞争性程序而采用"非应标建议书"设定了严格的限制性条件。《国家公私合作指南》指出，主动提出的建议书可以为改善政府公共服务的提供带来创新的想法。鉴于这些建议书是主动提出的，作为一项一般原则，这些建议书必须证明其独特的物有所值性，使政府能够有足够充分的理由说明为何要直接签订排他性协议而不经过竞争性投标程序。此外，与所有的项目一样，"非应标建议书"必须证明对整个社会有益，并与政府的计划相一致。[⑤]

2. 澳大利亚竞争执法机构对于公用事业公私合作的规制

澳大利亚竞争与消费者委员会（Australian Competition and Consumer Commission，以下简称"ACCC"）是澳大利亚的竞争执法机构，不仅负责澳

[①] Australian Government, Department of Infrastructure and Regional Development, National Public Private Partnership Guidelines Overview, December 2008, p.24, figure 3.
[②] Ibid., article 4.3.2.
[③] Ibid., article 4.3.3.
[④] Ibid., article 6.2.
[⑤] Ibid., article 3.2.

大利亚的竞争监管，还负责对基础设施领域和其他有限竞争的市场进行监管。因此，无论在竞争监管方面，还是在产业监管方面，很多公用事业领域的 PPP 项目都要受到 ACCC 的监管与规制。

公用事业公私合作模式在招投标中可能出现的串通投标，是受到澳大利亚《竞争与消费者法》严厉打击的限制竞争行为。澳大利亚 2010 年《竞争与消费者法》要求企业不得制定或实施包含卡特尔条款的合同、安排或谅解，而串通投标就是卡特尔条款的四种类型之一。[①] 竞争者之间实施串通投标的行为，不仅要受到竞争法的处罚，在澳大利亚刑法上还属于可公诉的罪行，要受到刑法的处罚。[②]

ACCC 在网站上公布的多个串通投标案例中就有两个涉及公用事业领域。一个是布里斯班消防联盟案。在 1997 年之前的大约 10 年时间里，提供布里斯班的消防报警和消防喷淋装置的大多数公司相关人员定期聚会见面，在会上，他们同意允许特定竞争者赢得投标。这些公司将这种聚会称为"洒水咖啡俱乐部"和"警报咖啡俱乐部"，相关人员会在酒店、咖啡馆以及各种体育和社交俱乐部碰头，喝上一杯咖啡。在这些会议上，他们将分享标书，并决定由谁提交"保护价"（Cover Prices），以使投标过程看起来合法，同时确保达成协议的公司中标。据估计，这一行为影响了价值超过 5 亿美元的合同。澳大利亚联邦法院对这些公司处以 1400 多万美元的罚款。[③] 另一个是电力变压器卡特尔案。澳大利亚电力和配电变压器的主要供应商和制造商在国内市场上操纵价格、操纵投标、分割市场。该联盟包括澳大利亚主要的变压器制造商和供应商，几乎覆盖了整个行业。这些公司的高管在澳大利亚各地的酒店房间、机场休息室和私人住宅举行秘密会议。在 1993 年至 1999 年期间，至少有 27 个投标项目存在串通投标。受该卡特尔影响的客户包括澳大利亚各地一些最大的输配电公用事业公司，其中许多是国有企业，这导致澳大利亚消费者支付更高的

---

① Australia Competition and Consumer Act of 2010, section 45 AA.
② Ibid., section 45 AF.
③ Australian Competition and Consumer Commission, Cartels Case Studies and Legal Cases, https://www.accc.gov.au/business/anti-competitive-behaviour/cartels/cartels-case-studies-legal-cases, last visited on October 20, 2020.

第五章
比较法视域下公用事业公私合作的竞争规制

电费。联邦法院对参与交易的公司及其部分高管处以 3500 万美元的罚款。①

基础设施领域和其他有限竞争市场中的 PPP 项目还要受到 ACCC 关于服务价格、质量等方面的监管。ACCC 的职能之一即是，在存在或曾经存在垄断经营者的某些基础设施服务领域和其他有限竞争的市场中进行监管，以保护、加强和补充竞争性市场流程，提高经济效率，增加社会公共福利。其具体监管职能体现在：(1) 确定一些具有全国意义的基础设施服务的价格以及使用条款；(2) 监管并执行有关供水、能源和通信的行业特定法律；(3) 监管和报告特定商品和服务的价格和质量，以提供有关市场状况受到影响的信息；(4) 传播信息以帮助利益相关者了解监管框架以及基础设施市场的结构和运作；(5) 应政府和政策机构的要求，就如何实现监管有效、竞争有序、运作良好的市场提供建议。②

(五) 德国

德国于 2005 年颁布了《加速实施公私合作及改善其法律框架条件法》(以下简称《公私合作促进法》)，旨在改善 PPP 实施的法律框架和环境。③《公私合作促进法》根据欧盟 PPP 相关的指令，对于德国国内相关的法律制度，包括《反对限制竞争法》《政府采购条例》《远程公路建设私人融资法》《联邦预算法》《土地购置税》《土地税法》《投资法》，作出了修改。基于公私合作制项目招标的复杂性以及周期长、综合性强的特点，德国《公私合作促进法》明确要求引入竞争性谈判机制，选择最优合作对象以满足公共采购的目标需求。④当订约当局客观上无法于招标公告时明确且详细地说明其需求以及达成目标所需的技术方法时，或者无法说明采购计划的法律与财务条件时，则可以采用竞

---

① Australian Competition and Consumer Commission, Cartels Case Studies and Legal Cases, https://www.accc.gov.au/business/anti-competitive-behaviour/cartels/cartels-case-studies-legal-cases, last visited on October 20, 2020.

② Australian Competition and Consumer Commission, ACCC's Role in Regulated Infrastructure, https://www.accc.gov.au/regulated-infrastructure/about-regulated-infrastructure/acccs-role-in-regulated-infrastructure, last visited on October 20, 2020.

③ Martin Fleckenstein, Abbau von Hemmnissen für Public Private Partnership: Das ÖPP-Beschleunigungsgesetz, DVBl. 2006, S. 75 ff, 转引自李以所：《竞争性谈判的适用：基于德国经验的分析》，载《领导科学》2013 年第 32 期，第 16 页。

④ 陈婉玲：《公私合作制的源流、价值与政府责任》，载《上海财经大学学报》2014 年第 5 期，第 78 页。

争性对话程序。当订约当局已经寻找到能满足采购需求的解决方案，或者已经知晓没有解决方案时，则应当终结竞争性对话程序。竞争性对话程序的进行，基本上要求实施采购任务的订约当局参与到采购方案的所有细节事项中，进而与参与竞争性对话程序的投标者协商。如果订约当局要求参与竞争性对话的投标者拟定草案、计划、图稿、估算单以及其他文件，那么订约当局必须对所有参与的投标者平等对待，也要求其提供相关文件。[1] 竞争性对话程序可以让订约当局与所有参与投标者之间，就 PPP 项目实现的所有细节事项交换意见，进行协商，德国学者普遍认为这种程序有助于创造公部门与私部门之间双赢的合作。[2]

在德国，与 PPP 直接相关的公共合同和特许权的授予规定在《反对限制竞争法》[3] 第 4 部分公共合同和特许权的授予中。[4] 将公共合同和特许并入《反对限制竞争法》体现了德国政府采购和特许经营中以促进竞争为目标。

首先，在立法原则上，第 97 条有关公共合同和特许经营权授予的一般原则中明确写道："公共合同和特许经营权是通过竞争和透明的程序授予的；在此过程中，应坚持成本效益和比例原则；应平等对待采购程序的参与者。"[5]

其次，在公共合同授予的程序上，与欧盟政府采购指令一样，《反对限制竞争法》也允许公共合同通过灵活多样的多种类型程序来授予，包括：公开招标程序、限制性招标程序、协商程序、竞争性对话程序以及创新伙伴关系程序。订约当局可以在公开招标程序和限制性招标程序之间自由选择，但必须要

---

[1] 詹镇荣：《公私协力与行政合作法》，台北：新学林出版股份有限公司 2014 年版，第 35 页。

[2] Martin Fleckenstein, Abbau von Hemmnissen für Public Private Partnership: Das ÖPP-Beschleunigungsgesetz, DVBl. 2006, S. 79, 转引自詹镇荣：《公私协力与行政合作法》，台北：新学林出版股份有限公司 2014 年版，第 35 页。

[3] Act Against Restraints of Competition in the version published on 26 June 2013 (Bundesgesetzblatt (Federal Law Gazette) I, 2013, p. 1750, 3245), as last amended by Article 10 of the Act of 12 July 2018 (Federal Law Gazette I, p. 1151), https://www.gesetze-im-internet.de/englisch_gwb/englisch_gwb.html#p1289, last visited on October 12, 2020.

[4] 德国没有严格意义上的 PPP 立法，而是散见于《反对限制竞争法》（Gesetz gegen Wettbewerbsbeschränkungen—GWB）、《政府采购条例》（Vergabeverordnung—VgV）以及《建筑工程的一般合同条款》（Vergabe-und Vertragsordnung für Bauleistungen—VOB）的部分内容。See Marcel Ruhlmann, Public-Private Partnership (PPP) in Germany—Current Developments, European Procurement and Public Private Partnership Law Review, Volume 11, Issue 2, 2016, p. 148.

[5] Act Against Restraints of Competition in the version published on 26 June 2013 (Bundesgesetzblatt (Federal Law Gazette) I, 2013, p. 1750, 3245), as last amended by Article 10 of the Act of 12 July 2018 (Federal Law Gazette I, p. 1151), https://www.gesetze-im-internet.de/englisch_gwb/englisch_gwb.html#p1289, article 97, last visited on October 12, 2020.

第五章
比较法视域下公用事业公私合作的竞争规制

经过竞争性招标。其他类型的程序仅在《反对限制竞争法》允许的范围和情况下可用。《反对限制竞争法》也分别对这些程序进行了界定：公开招标程序是订约当局公开邀请无限数量的企业投标的程序。限制性招标程序是公共订约当局在事先公开邀请参加之后，根据客观、透明和非歧视性的标准（竞争性招标）选择数量有限的企业并邀请其提交程序的招标。协商程序是指公共承包当局在有或没有竞争性招标的情况下与选定的企业接触以与其中一个或多个企业进行招标的程序。竞争对话是授予公共合同的一种程序，其目的是确定最能满足公共合同授权机构的需要的方式。在进行竞争性招标后，订约当局应当与被选定的投标参与者进行对话，讨论授予合同的各方面内容。创新合作伙伴关系是一种程序，用于开发市场上尚不可用的创新用品、作品或服务，并从中获得由此产生的服务。在竞争性招标之后，公共承包商当局会与选定的企业分几个阶段就初次和后续招标进行谈判。①

再次，在投标者资格排除上，《反对限制竞争法》将排除分为"强制性排除理由"（Compulsory Grounds for Exclusion）与"有条件排除理由"（Facultative Grounds for Exclusion）两大类型。"强制性排除理由"一般都是投标者存在洗钱、欺诈等严重犯罪行为。而投标者之间的限制竞争行为，被放在"有条件排除理由"内。如果公共订约当局有充分的迹象表明该企业与其他企业缔结了协议或从事了以限制或扭曲竞争为目的或产生了该效果的一致行动；或者执行采购程序中存在利益冲突，这可能会损害为公共订约当局工作的人员在执行采购程序中的公正性和独立性，并且不能通过其他限制性较小的措施来有效地加以纠正；或者竞争的扭曲是由于企业事先参与了采购程序的准备，而这种竞争的扭曲不能用其他限制性较小的措施来纠正。②

最后，在公共合同授予的要求上，《反对限制竞争法》要求合同应授予经济上最有利的投标者，"经济上最有利"是依据价格或成本等综合来判断的。除了价格或成本外，还可以考虑质量、环境或社会因素等。此外，《反对限制

---

① Act Against Restraints of Competition in the version published on 26 June 2013（Bundesgesetzblatt（Federal Law Gazette）I，2013，p.1750；3245），as last amended by Article 10 of the Act of 12 July 2018（Federal Law Gazette I，p.1151），https：//www.gesetze-im-internet.de/englisch_gwb/englisch_gwb.html#p1289，article 119，last visited on October 12，2020.
② Ibid.，articles 123-124.

竞争法》还特别要求合同的授予应当确保有效竞争的可能性。①

（六）日本

日本的公私合作模式主要借鉴了英国的"私人融资计划"（Private Finance Initiative，以下简称"PFI"）。② 日本 1999 年颁布《利用民间资金促进公共设施完善的法律》（通称《PFI 法》），其主要内容包括：总则、基本方针、特定项目的实施、公共设施等的运营、PFI 事业推进机构有限公司对特定项目的支持、对选定项目的优惠措施、PFI 事业推进会议、杂则和罚则。③ 一般而言，主管机构授予 PFI 的标准程序如下：首先，主管机构对项目进行规划，选择合格的项目，进行可行性研究，然后论证通过 PFI 模式实施此类项目的优点；其次，主管机构通过招投标选定社会资本来执行 PFI 项目。④ 概括而言，《PFI 法》坚持以效率性、公平性、透明性、客观性以及合同主义为基本原则，允许政府部门充分利用社会力量在资金、管理以及技术等方面的优势，通过"性能发包"和"项目融资"的方式将公共设施等的设计、建设、维护以及管理运营等业务一揽子外包给由不同企业等组成的"特定目的公司"。而作为购买主体的政府部门必须事先制定购买服务的内容和质量要求并实施监管。⑤

《PFI 法》对于竞争的促进主要体现在选定社会资本的过程中，要求 PFI 项目在社会资本的招标、评估、选定和公布阶段，必须做到公开竞争、过程透明。《PFI 法》第 4 条规定，关于民间投资者的选定，要通过公开的竞争进行

---

① Act Against Restraints of Competition in the version published on 26 June 2013 (Bundesgesetzblatt (Federal Law Gazette) I, 2013, p. 1750, 3245), as last amended by Article 10 of the Act of 12 July 2018 (Federal Law Gazette I, p. 1151), https://www.gesetze-im-internet.de/englisch_gwb/englisch_gwb.html#p1289, article 127, last visited on October 12, 2020.

② 王锡锌、郑雅方：《日本公私合作模式研究——以 PFI 立法过程为中心的考察》，载姜明安主编：《行政法论丛（第 20 卷）》，北京：法律出版社 2017 年版，第 1 页。

③ 同上书，第 5—9 页。

④ 参见日本代表团在 OECD 有关公私合作的竞争与规制的听证会上的发言。OECD, Summary of Discussion of the Hearing on Public-Private Partnerships, 57th meeting of Working Party Issue 2, DAF/COMP/WP2/M (2014) 2/ANN4/FINAL, October 20, 2014, pp. 5-6.

⑤ 俞祖成：《日本政府购买服务制度及启示》，载《国家行政学院学报》2016 年第 1 期，第 75 页。

第五章
比较法视域下公用事业公私合作的竞争规制

选定，以期实现过程的透明化，同时要尊重民间投资者的创造性。① 日本必须采用"竞争性投标综合评价方法"（Competitive Bidding with a Comprehensive Evaluation Method）来选定社会资本，该方法要求对参与招标的社会资本方进行全面评价，综合考虑报价和其他因素（例如项目维护、运作的服务标准，社会资本方的技术能力等等）。日本代表团在 OECD 有关公私合作的竞争与规制的听证会上的发言中指出，这种评价方法让投标者无法轻易预估最终的综合评价分数，降低了相互竞争的投标者之间达成合谋的可能性。但是，如果万一出现了串通投标的情况，则适用日本反垄断法律制度来对此进行规制和处理。②

为了促进公共服务领域的竞争，日本还于 2006 年特别制定了《通过导入竞争以实现公共服务改革的法律》（通称《市场检验法》）。所谓市场检验（Market Testing），是指在公共服务的提供中，政府（官）和社会资本（民）可以基于平等立场开展竞争性投标，在价格和质量方面均最具优者能够获得提供该项公共服务的许可权。换言之，市场检验制度并非单纯地将公共服务进行外包，而是强调"官民同台竞争"，以此实现财政支出的削减和公共服务质量的提升，同时通过导入市场竞争原理，实现政府工作流程的再造和公共服务供给方式的变革。③ 《市场检验法》中还规定了在内阁府中设置第三方机构——"官民竞标监理委员会"，来保障竞争的公平和高效，确保公共服务改革实施过程中的透明性、中立性和公正性。④

---

① 日本《利用民间资金促进公共设施完善的法律》（1999 年 7 月 30 日法律第 117 号，2015 年 9 月 18 日法律第 71 号，第 5 次修订），第 4 条。
② OECD, Summary of Discussion of the Hearing on Public-Private Partnerships, 57th Meeting of Working Party Issue 2, DAF/COMP/WP2/M（2014）2/ANN4/FINAL, October 20, 2014, p.6.
③ 俞祖成：《日本政府购买服务制度及启示》，载《国家行政学院学报》2016 年第 1 期，第 76 页；〔日〕山本隆司：《日本公私协力之动向与课题》，刘宗德译，载《月旦法学》2009 年第 9 期，第 206—207 页。
④ 韩丽荣等：《日本政府购买公共服务制度评析》，载《现代日本经济》2013 年第 2 期，第 17 页。

第六章
公用事业公私合作中竞争促进的竞争执法实现路径

2013年11月12日中国共产党第十八届中央委员会第三次全体会议通过的《中共中央关于全面深化改革若干重大问题的决定》中特别提出,要在公用事业领域完善主要由市场决定价格的机制,"凡是能由市场形成价格的都交给市场,政府不进行不当干预。推进水、石油、天然气、电力、交通、电信等领域价格改革,放开竞争性环节价格。政府定价范围主要限定在重要公用事业、公益性服务、网络型自然垄断环节,提高透明度,接受社会监督。"公用事业公私合作的竞争价值在于,它将原本只有国资才能经营的"特权"向非国有主体开放,首要目标在于将竞争和市场力量引入公共服务、国企运营和公共资产利用过程中,维护公共利益。

美国研究公用事业民营化与公私合作的著名学者萨瓦斯从公共利益保护的视角论述了公私合作制对公用事业的竞争性重塑,指出任何民营化与公私合作努力的首要目标是将竞争和市场力量引入公共服务、国企运营和公共资产利用过程中。[1] 以学者阿尔奇安(Armen Alchian)和德姆塞茨(Harold Demsetz)为代表的产权理论(Theory of Property Rights)倡导者强调财产权归属和经营效果之间的关系,认为利润最大化会促使私有财产拥有者积极回应市场的需求,竞争的结果自然会促进效率的提升。然而,公用事业的所有权往往属于国家,政府由于必须负担许多政治性任务,其经营公用事业时一般并不以效率提

---

[1] 〔美〕E.S.萨瓦斯:《民营化与公私部门的伙伴关系》,周志忍等译,北京:中国人民大学出版社2002年版,第124页。

第六章
公用事业公私合作中竞争促进的竞争执法实现路径

升或利润最大化作为首要目标，最终将造成资源的低度利用。因此，国家应该尽量让渡出公用事业的所有权，将公用事业交由民间机构运营，从而提高效率。[1] 产权理论因此成为论证公用事业引入民间资本、排斥政府专营的理论基础之一。

然而，认为引入民间资本可以打破政府提供公共品过程中的垄断问题的观点，实际上建立在将权属机制的改变与竞争机制的引入联系在一起的基础上，即认为通过将公用事业由政府经营，转为由私人经营，则可以打破垄断，引入竞争，从而提升效率。但是，近年来的研究显示，产权权属与效率提升之间似乎并无必然正相关关系，将公用事业完全或部分交由私人经营，同样会产生限制竞争或损害消费者利益的情况。[2] 因此，目前学者们越来越强调在公用事业的改革中，将引入私人资本与引进竞争机制相结合。正如史际春指出，仅通过拆分产业打破垄断而不搞民营化，政企不能真正分开，也不可能真正引入市场机制；只实施民营化而不打破垄断，政企可以分开，但不可能引入竞争机制。无论是缺少不同的利益主体，还是缺少必要的竞争机制，都不可能建立一个有效的竞争性市场。[3]

实践中发生的PPP项目中经营公用事业的企业的诸多滥用市场支配地位行为也支持了在公用事业的公私合作中需要促进竞争的观点。公用事业项目具有自然垄断属性，当项目企业获得某类公共产品或服务的特许经营权时，该企业就可以成为特定区域范围内公共产品或服务的垄断经营者，并在规模经济下实现生产效率。虽然垄断地位保证了项目企业能够收回投资成本并获得利润，但是如果项目企业滥用市场支配地位实施垄断行为，则会严重损害社会公共利益。

理论基础的反思和实践暴露出的问题给公用事业公私合作提出了新挑战：如何在公用事业引入私人资本运营后，最大限度地保障竞争、促进竞争，遏制私营企业以损害消费者利益、损害社会公共利益为代价的私人逐利行为？如何确保公私合作不会使公用事业从政府垄断变成私人寡头垄断、公私合谋垄断，

---

[1] Harold Demsetz, The Private Production of Public Goods, Journal of Law and Economics, Volume 13, Issue 2, 1970, p. 293.

[2] 张晋芬：《台湾公营事业民营化：经济迷思的批判》，台北："中研院"社会科学研究所2001年版，第44页。

[3] 史际春：《资源性公用事业反垄断法律问题研究》，载《政治与法律》2015年第8期，第5页。

扭曲公私合作的竞争价值？本章意在回应前述问题。在结构安排上，第一部分论述公用事业 PPP 竞争价值的重要性并剖析 PPP 项目在实践中遇到的垄断问题。第二部分在论述公用事业公私合作所表现出的主要限制竞争问题的基础上，根据萨瓦斯有关 PPP 实现方式的分析框架讨论竞争规制问题，以突显委托授权、政府撤资、政府淡出的不同 PPP 实现方式中竞争法律规制的不同侧重点。第三部分探索如何通过将政府规制与竞争规制进行有效协调，构建政府与市场良性互动的公用事业发展机制。第四部分从公用事业公私合作中政府、企业、消费者所构成的三元格局视角审视政府在从公共服务的垄断提供者演进为公共服务提供的合作者和监管者时，竞争抑制的法律责任与司法救济问题。

一、公用事业公私合作中的竞争价值

公用事业公私合作的首要目标是将竞争和市场力量引入公共服务、国企运营和公共资产利用过程中。维护和促进竞争是公用事业 PPP 项目成功运行所不可或缺的条件，能够提高公共服务的供给效率，也能最大限度维护消费者利益。正如世界银行所指出的，竞争从两个方面解决了信息不对称的问题。第一个方面是，公用事业经营者为了追求利润，有了向消费者提供最佳的服务质量水平和最优的价格水平的激励机制，在满足经营者支付其成本需要的同时带来了消费者剩余。第二个方面是，竞争的市场揭示了客户的实际需求、经营者的内在效率能力以及经营者愿意为提高效率付出多少努力。即使竞争是微弱的，竞争的公司也可以利用它们所掌握的所有信息在竞争激烈的市场中取得成功。竞争限制了政府利用监管来偏袒某些利益相关者或牺牲长期效率来实现短期政治目标的能力。它还限制了运营商提高价格的能力，并为不同的公司创造了尝试创新方式来吸引消费者的机会。[①]

（一）通过竞争机制提升公共服务供给效率

维护和促进竞争可以提高公用事业 PPP 项目的运营效率，提升公共服务的供给效率。如果缺乏竞争和自由选择，公共利益就会受到损害。在公共部门

---

① World Bank Body of Knowledge on Infrastructure Regulation, First Approach: Competition, http://regulationbodyofknowledge.org/overview/first-approach-competition/, last visited on October 20, 2020.

中，基于产业的自然垄断、公共财产、外部性等特点，传统上往往由垄断性公共机构来提供公共产品和服务。传统研究往往着眼于提升政府绩效，通过改善公共行政、公务员制度改革、组织结构重组、流程重塑等方式完善公共服务的提供。然而，这样的做法忽略了公部门垄断所导致的低效率这一最基本的结构性问题，垄断也恰恰是公部门在公共服务供给上绩效不佳的主要原因。[①] 为了真正提高公共产品和服务的提供效率，有必要引入市场力量和竞争机制，打破公共部门所建立和维持的垄断机制。对于仍然由国有资本继续控股经营的自然垄断行业，根据各种具体业务在公共资源与公共服务重要性上的差异，采用PPP模式的各种不同具体形式，配置不同的股权结构，放开竞争性业务，形成混合所有制形态，有助于实现政企分开、政资分离，进一步破除各种形式的行政垄断，构建公共服务供给的多元化主体，推进公共资源配置的市场化改革。[②]

（二）通过竞争机制保障公用事业公私合作中的消费者利益

维护和促进竞争可以在公用事业PPP项目中最大限度地保护消费者利益。萨瓦斯指出，公共服务供给中的自由选择是极其重要的。完全依赖单一供应者，无论该供应者是政府部门还是私营企业，都是很危险的。如果没有选择和灵活性，公共服务的最终消费者的利益就会受到损害。[③] 在选择权被剥夺的情况下，消费者就无法有效表达其对公共服务的偏好，导致公共服务的控制取决于相关利益集团的政治影响力。[④] 因此，公用事业PPP项目需要借由竞争机制来保护消费者利益。通过保护竞争来保护消费者一直体现在竞争法的价值构造中。1978年伯克（Robert Bork）在其名著《反垄断悖论》一书中提出，《谢尔曼法》是国会颁布的意在保护消费者福利的法律，反托拉斯法的内在目的和提升经济效率的追求意味着反托拉斯法的唯一目标是保护消费者，而不是保护竞

[①] 〔美〕E.S. 萨瓦斯：《民营化与公私部门的伙伴关系》，周志忍等译，北京：中国人民大学出版社2002年版，第124—125页。

[②] 陈婉玲：《公私合作制的源流、价值与政府责任》，载《上海财经大学学报》2014年第5期，第77页。

[③] 〔美〕E.S. 萨瓦斯：《民营化与公私部门的伙伴关系》，周志忍等译，北京：中国人民大学出版社2002年版，第125页。

[④] 同上书，第126页。

争者。① 国会的立法目的是通过提升资源配置效率来增进消费者福利。② 这一观点随后被美国最高法院在一系列著名案件中所引述,因此深刻影响了美国反托拉斯法价值构造的重塑。芝加哥学派、哈佛学派以及后芝加哥学派尽管在反托拉斯法的目标是一元还是多元上存在争论,③ 但是均认为保护消费者福利是反托拉斯法的目标。④ 欧盟竞争法在很多具体条例的序言中都将保护竞争视为提高消费者福利和保障市场资源有效配置的工具。⑤

二、公用事业公私合作模式的竞争规制

虽然公用事业通常具有网络产业特性以及自然垄断属性,但是公用事业领域的公私合作模式仍然需要有效的竞争规制,来维护社会公共利益和保障消费者利益。正如 OECD 发布的《OECD 关于公私合作公共治理原则的建议》中所建议的,在公私合作模式中,政府应当通过竞争性招标程序以及将公私合作模式规范化等方式,确保市场中有充分的竞争。即使当市场竞争参与者较少时,政府也应当确保在招投标中存在公平竞争的环境,保障非在位企业在相关市场的市场准入。⑥ 竞争有助于确保风险的有效转移,确保私营部门给出最佳方案。⑦ 考虑到公私合作是公共和私营部门共同参与生产和提供服务的任何安排,不同学者对于公用事业民营化和公私合作的各种形式有不同分类,本部分将在萨瓦斯有关 PPP 实现方式分析框架的基础上讨论垄断规制问题,以突显不同 PPP 实现方式中垄断规制的不同侧重点。

---

① Robert H. Bork, The Antitrust Paradox: A Policy at War with Itself, New York: Free Press, 1978, p. 66, p. 405.
② Robert H. Bork, Legislative Intent and the Policy of Sherman Act, Journal of Law and Economics, Volume 9, Issue 1, 1966, pp. 7, 16.
③ 王晓晔:《反垄断法》,北京:法律出版社 2011 年版,第 28 页。
④ 但是芝加哥学派、哈佛学派以及后芝加哥学派对于反托拉斯法如何才能更好地实现这一目标存在分歧。See Herbert Hovenkamp, The Antitrust Enterprise: Principle and Execution, Cambridge, Massachusetts: Harvard University Press, 2008, p. 31.
⑤ 王晓晔:《反垄断法》,北京:法律出版社 2011 年版,第 29 页。
⑥ OECD, Recommendation of the Council on Principles for Public Governance of Public-Private Partnerships, 2012, http://www.oecd.org/gov/budgeting/PPP-Recommendation.pdf, last visited on October 12, 2020.
⑦ Ibid.

第六章
公用事业公私合作中竞争促进的竞争执法实现路径

（一）公用事业公私合作的主要形式与竞争规制框架

根据政府对行政任务的介入程度不同，萨瓦斯认为公用事业引入私人资本的形式可以分为委托授权、政府撤资和政府淡出三大类。

委托授权是指将公共服务的实际生产活动委托给民营部门，国家依然承担全部责任。委托授权通常包括契约承包、特许经营等方式。政府可以通过与营利或非营利私营企业签订承包契约的方式引入民间资本参与公用事业，特别是地方政府会运用契约承包方式提供直接面向市民的服务，如固体垃圾收集、路面维修、街道清洁、积雪清除、树木维护等。[1] 特许经营是引入民间资本参与公用事业的另一种主要形式，是指在公共服务的提供中，将原本由政府建设的公共设施由政府授权给民间企业来建设，政府通过特许协议或者其他方式明确规定政府与获得特许权的企业之间的权利义务关系，让获得特许权的企业享有在一定时间内对公共设施进行经营，并直接向公众出售其产品或服务的排他性权利，同时允许获得特许权的企业在一定期间可以享有经营利润。特许经营的具体形式包括，建设—转让—经营（Build-Transfer-Operate，BTO）、建设—经营—转让（Build-Operate-Transfer，BOT）、建设—拥有—经营—转让（Build-Own-Operate-Transfer，BOOT）、租赁—建设—经营（Lease-Build-Operate，LBO）。[2]

政府撤资是指公共部门放弃某一企业、某一职能或某一资产。其具体方法包括：将全部或一部分国有业务出售给或赠与私营企业经营；与私人投资者建立合资企业，私营企业通过注入资本和技术获得部分股份，并掌握企业运营的控制权。典型方式如，购买—建设—经营（Buy-Build-Operate，BBO）、建设—拥有—经营（Build-Own-Operate，BOO）。在 BBO 模式下，政府将现有基础设施出售给有能力改造和升级扩建这些基础设施的民营部门，获得特许权的民营部门根据特许协议永久性地运营这些基础设施。在 BOO 模式下，民营部门的开发商基于特许权协议投资建设基础设施，对所建设的基础设施拥有所有权并且负责其运营。但是，民营部门获得特许权一般是要附条件的，必须接受

---

[1] 〔美〕E.S. 萨瓦斯：《民营化与公私部门的伙伴关系》，周志忍等译，北京：中国人民大学出版社 2002 年版，第 129 页。
[2] 同上书，第 257—260 页。

政府关于价格和运营方面的规制。[1]

　　政府淡出是一个消极和间接的过程，与委托授权和政府撤资形式中政府积极行动的做法不同，在政府淡出的形式中，民营部门是逐渐取代政府部门的。萨瓦斯指出，政府淡出可以通过民间补缺、政府撤退和放松规制等形式来实现。[2] 民间补缺形式的政府淡出一般是指，当公众感到政府所提供的公共服务无法满足需求，私营部门也意识到市场需求的缺口并采取行动满足公众对于公共服务的需求的过程。例如，美国传统的治安保护无法满足公众需要，公众对治安状况愈发不满，促使私人安保和民间治安巡逻队规模不断扩大，就是一种典型的民间补缺形式。与民间补缺形式是在政府无意识的情况下逐渐民营化不同，以政府撤退形式实现淡出是指政府通过限制国有企业的增长或者缩小其规模，有意识地实现淡出。例如，政府不再继续向国有企业提供补贴，并且让民营部门进入原本由国有企业经营的相关领域。此外，政府放松规制也可以渐进式达到政府淡出的效果，产业的放松规制有助于改变政府的垄断权甚至由民营部门取代政府，从而推动公私合作。实际上，原本在管制性的公用事业领域，政府垄断或者国企垄断的重要原因之一就在于行业准入限制了民营部门参与竞争。但是在公用事业放松规制后，随着社会资本的进入和竞争机制的引入，反而能够实现公共资本与社会资本在提供公共服务上的合作。例如，随着美国邮政业的放松规制，私人快递公司可以进入市场并参与竞争，因此递送的快件和包裹数量急剧增长，社会资本占有了大量原本属于美国邮政的市场份额。[3]

　　公用事业 PPP 中竞争规制的总体思路为：区分公用事业的自然垄断业务和非自然垄断性业务，在自然垄断业务中通过特许权竞争和缔约竞争实现"为了市场的竞争"（Competition for the Market），并确保市场具有"可竞争性"（Contestable）；在非自然垄断性业务中则更主要依赖于反垄断法的规制。[4] 按照萨瓦斯的分类框架，在政府淡出方式中，政府放松规制、停止国企补贴、实现民间补缺是 PPP 成功的关键。因此，在竞争规制上应以防止行政越位、国

---

　　[1] 〔美〕E. S. 萨瓦斯：《民营化与公私部门的伙伴关系》，周志忍等译，北京：中国人民大学出版社 2002 年版，第 257—258 页。
　　[2] 同上书，第 133 页。
　　[3] 同上书，第 133—136 页。
　　[4] Alexander Volokh, Privatization and Competition Policy, in Thomas K. Cheng et al., Competition and the State, Stanford, California: Stanford University Press, 2014, p. 25.

企补贴、公私合谋等形式的行政垄断为重点。在政府撤资方式中，竞争规制的重心在于如何防止接手的私主体形成寡头垄断并滥用市场优势地位，如何防止国有资产流失。在委托授权方式中，如何引入特许权竞争机制，如何防止公私合谋或被授权私主体之间的共谋，如何合理进行价格监管，则尤为重要。

（二）委托授权方式中的竞争规制

1. 政府购买服务时的竞争性谈判

通过契约承包将部分公用事业委托社会资本经营，如果能够获得合理实施将创造竞争，这正是公私合作模式的初衷。为了防止契约承包因公私合谋而流于形式，较为理想的情况是鼓励数名投标者参与，从而实现真正的竞争性招标。在德国，基于 PPP 项目招标过程的复杂性，以及项目周期长、综合性强的特点，德国《公私合作促进法》专门规定了"竞争性谈判"，确保在政府采购时能够选择最优合作对象以更好地满足政府采购的目标需求。[①] 在美国，政府购买服务时，政府作为一方当事人与私人缔结的契约将被视为"公共契约"（Public Contract），要受到包括《契约竞争法》（Competition in Contracting Act）在内的一系列法律的约束。根据这些法律的要求，政府在签订公共契约时，必须经过全面、公开的竞争性程序，其中最常见的竞争性程序就是公开招标以及竞争性谈判。竞争性谈判意味着需要招标的政府部门会要求潜在的竞争者提交符合政府规定条件的"意向申请"（Requests for Proposals），然后政府部门将与每个递交了意向申请的竞争者进行单独会谈，从中选出报价最佳而且最能满足政府要求的要约，选定最合适的竞争者作为公共契约的签约对象。[②] 我国《政府采购竞争性磋商采购方式管理暂行办法》要求政府购买服务采用竞争性磋商采购方式，即采购人、政府采购代理机构通过组建竞争性磋商小组与符合条件的供应商就采购货物、工程和服务事宜进行磋商，供应商按照磋商文件的要求提交响应文件和报价，采购人从磋商小组评审后提出的候选供应商名单中确定成交供应商的采购方式。

要确保竞争性契约承包的实现，首先要通过制度设计确保竞争性投标过程的公开、透明。政府应当确保以公开、透明的方式进行 PPP 项目契约承包的

[①] 德国《公私合作促进法》全称为《公私合作制加速实施和改善其法律框架条件法》，其第 2 条"公共采购条例"专门规定了"竞争性谈判"的内容。

[②] 常江：《美国政府购买服务制度及其启示》，载《政治与法律》2014 年第 1 期，第 156 页。

招投标过程,以保障城市公用事业形成有效竞争的格局,使政府在采购中能够进行综合选优,选择最优竞标者,从而以最少的付出获得最大的经济效益。在竞争性招标中,一般以"最低价格"(Low-Bid Source Selection)或者"最优价值"(Best-Value Source Selection)作为中标原则。[1] 但是,必须注意防止只追求最低报价而忽略项目总体的最佳效益。维斯库斯(W. Kip Viscusi)等人的研究显示,特许经营权应当拍卖给提出的价格能使社会福利最高的厂商,否则如果将特许经营权授予愿意支付最高费用给政府的厂商,并且厂商被允许自由定价,那么特许经营权获得者就会将价格定在垄断价格水平,损害消费者利益。[2] 此外,在服务合同转包的情况下,政府还应当要求主承包商在合同转包时也要采用竞争性程序,确保绩优竞争者在合理报价下提供优质公共服务。

其次,要确保竞争性契约承包的实现还必须解决竞争性谈判参与者不足的困境。虽然《政府采购竞争性磋商采购方式管理暂行办法》要求采购人应当邀请不少于三家符合相应资格条件的供应商参与竞争性磋商采购活动,但实践中私营企业会基于对政府拖延付账的担心,以及认为政府主管部门拟议的招标缺乏诚意,而导致很多潜在投标者不愿意参与投标。[3] 另外,由于实践中我国很多PPP项目规模较大、程序复杂,但投标准备时间却又较短,导致参与投标者有限。[4] 萨瓦斯提出通过制度设计解决投标者参与不足的问题,他指出,良好的政策应该包括:(1)政府应当提供数个小契约,而不是采用大型契约,因为这样做可以在尽可能不牺牲规模经济的同时,防止捆绑了多种服务的大型合同产生限制竞争的效果;(2)为投标者提供充分的准备时间和充分的信息;(3)对于招标事项进行公开且广泛的宣传;(4)签约分散化,给相当比例的合格投标者以机会,避免过度依赖单一供应商,鼓励竞标失败者次年再来参与投标;(5)尽可能将合同期限设定得更为合理,既不过短,能保障中标者通过运营获取利润;也不过长,能保证每年都有一定数量的公共服务项目公开招标,以维持潜在竞争者对投标的兴趣与参与;(6)对投标者制定较低的签约总次数

---

[1] 常江:《美国政府购买服务制度及其启示》,载《政治与法律》2014年第1期,第156页。
[2] W. Kip Viscusi et al., Economics of Regulation and Antitrust, Cambridge: MIT Press, 2005, p. 471.
[3] Gregg G. Van Ryzin and E. Wayne Freeman, Veiwing Organizations as Customers of Government Services, Public Productivity and Management Review, Volume 20, Issue 4, 1997, pp. 419-431.
[4] 王守清、刘婷:《PPP项目监管:国内外经验和政策建议》,载《地方财政研究》2014年第9期,第9页。

第六章 公用事业公私合作中竞争促进的竞争执法实现路径

上限;(7)公平处理问题,及时支付合同约定的价款,使投标者愿意保持合作关系。①《OECD关于公私合作公共治理原则的建议》中也提出了类似建议,要求政府应当通过竞争性招标程序以及将公私合作模式规范化等方式,确保市场中有充分的竞争;即使当市场竞争参与者较少时,政府也应当确保在招投标中存在公平竞争的环境,保障非在位企业在相关市场的市场准入。具体做法例如拆分供应链或者拆分项目,使不同的经营者可以进入供应链的不同操作环节,或者使不同经营者进入大型项目的不同的地理部分。② 还可以通过区域划分,将承包契约细分为若干分支契约进行招标,从而形成有利于竞争的市场环境。萨瓦斯对美国垃圾运输服务外包进行研究后发现,垃圾运输业的几家民营企业试图共谋划分市场,分割顾客群和经营区域,有时甚至出现经营者对竞争者实施威胁或采取暴力行为来阻碍竞争者参与市场竞争。③ 为了应对这一问题,萨瓦斯指出,如果服务具有地域可分割性,可以分别签订承包契约,从而形成竞争环境。对目前实施垃圾收集服务的市镇来说,最好的办法是把市镇分成几个区域,分别实行竞争性招标,对象包括市政部门和私营公司。该策略能确保最大限度的竞争,并防范承包商之间可能的共谋。④ 此外,为了解决竞标者数量不足而难以创造竞争性市场的问题,《OECD关于公私合作公共治理原则的建议》还特别建议政府应保持开放良好的营商环境、非歧视性的投资环境和公平的竞争环境,吸引外国投资者参与 PPP 项目的竞争,并采取措施确保本国和外国企业能够平等竞争。⑤

再次,在法律上完善次顺位申请人递补签约机制和竞争者诉讼来保障PPP项目申请人公平竞争的权利。财政部在《政府采购竞争性磋商采购方式管理暂行办法》中规定竞争性磋商采用类似公开招标的"综合评分法",但是如果存在情势变更致使第一顺位者无法履行PPP任务时,是由次顺位者递补签约还

---

① 〔美〕E. S. 萨瓦斯:《民营化与公私部门的伙伴关系》,周志忍等译,北京:中国人民大学出版社 2002 年版,第 194 页。

② OECD, Recommendation of the Council on Principles for Public Governance of Public-Private Partnerships, 2012, http://www.oecd.org/gov/budgeting/PPP-Recommendation.pdf, last visited on October 12, 2020.

③ 〔美〕E. S. 萨瓦斯:《民营化与公私部门的伙伴关系》,周志忍等译,北京:中国人民大学出版社 2002 年版,第 171 页。

④ 同上。

⑤ OECD, Recommendation of the Council on Principles for Public Governance of Public-Private Partnerships, 2012, http://www.oecd.org/gov/budgeting/PPP-Recommendation.pdf, last visited on October 12, 2020.

是重启竞争性磋商,却尚不明确。在我国台湾地区的 ETC 案件中,最优申请人资格因甄选程序违法而被行政法院撤销之后,主管机构选择重启磋商程序,而非由次顺位申请人递补签约,从而引起争议。我国台湾地区学者詹镇荣提出以"先前甄选程序合法性考量原则"以及"程序经济原则"作为行政机关行使裁量权的必要考虑因素,来细化 PPP 递补签约机制。根据先前甄选程序合法性考量原则,如果先前甄选程序存在瑕疵,且牵动到次顺位申请人资格的合法性问题,那么主管机构仍然决定由次顺位申请人递补签约,即属有瑕疵裁量。程序经济原则是指,由于公用事业 PPP 项目往往内容复杂,公私部门均要为招标和投标作出众多准备工作,在进入评审阶段彼此间也需要进行一连串沟通对话,使主管机构逐渐了解申请人的执行能力,判断计划书优劣差异。因此,要求主管机构在单一招标程序中先行甄选出多位合格申请人并对其进行排序,并在最优申请人未能完成签约手续时,赋予主管机构基于程序经济的考量决定由次顺位申请人递补签约的裁量权。[①] 在次顺位申请人资格决定具有合法性的前提下,遵从程序经济原则,主管机构如果选择重新招标征求申请人,则其裁量就属于有瑕疵裁量。[②]

2. 通过特许权竞争在垄断性经营权的取得上保障竞争

公用事业,特别是大型基础设施建设需要很高的沉淀成本,属于自然垄断行业,由数量有限的经营者来运营更符合规模经济和效率要求。《国家发展改革委关于开展政府和社会资本合作的指导意见》要求依法放开相关项目的建设、运营市场,积极推动自然垄断行业逐步实行特许经营。我国《基础设施和公用事业特许经营管理办法》要求基础设施和公用事业特许经营应当坚持公开、公平、公正,保护各方信赖利益,并遵循以下原则:发挥社会资本融资、专业、技术和管理优势,提高公共服务质量效率;转变政府职能,强化政府与社会资本协商合作;保护社会资本合法权益,保证特许经营持续性和稳定性;兼顾经营性和公益性平衡,维护公共利益。

要让公用事业的运营既能充分发挥民间资本的积极性,提高公用事业的供给效率,又能兼顾消费者利益和公共利益,就必须坚持在有限竞争的行业内在

---

① 詹镇荣:《论公私协力法制上之"递补签约机制"》,载《月旦法学》2014 年第 2 期,第 145 页。
② 詹镇荣:《公私协力与行政合作法》,台北:新学林出版股份有限公司 2014 年版,第 310 页。

第六章
公用事业公私合作中竞争促进的竞争执法实现路径

获得垄断性经营权方面引入竞争，在竞标阶段以竞争替代传统的管制。① 德姆塞茨于 1968 年提出"特许权投标竞争管制"理论（Franchise Bidding Regulation），主张用特许权投标竞争来代替公用事业的费率管制，以事前竞争力量替代正常的市场竞争，通过在市场准入环节引入竞争机制实现低价位优质的公共服务供给。② 通过特许权投标在市场准入阶段引入竞争，可以在保留自然垄断产业运营所需的规模经济的同时引入竞争，特许权投标竞争实际上是以市场化方式避免了传统规制手段的诸多弊端，成为政府行使规制权的有效手段。有关公用特许的理论指出，如果特许经营权是按照一套适当的竞争性招投标程序进行分配的，就可以在极大程度上缩减政府规制的介入空间。对自然垄断进行规制的"芝加哥学派的方法"建议，自然垄断业务的特许经营权应当授予以最好条件供应该产品的企业。③ 正如英国学者安东尼·奥格斯（Anthony Ogus）指出，为了事后能够享有垄断地位，竞标者必须事先参与竞争以获得垄断地位，因此，在某种程度上，竞争性投标可以替代传统的市场竞争。我国学者也指出，公用事业的自然垄断产业应当通过招标方式公开竞争，择优选用条件最好的企业负责经营。④

公平竞争是特许权分配程序的关键要求，这不仅是程序正义相关的法价值的要求，而且是整个特许制度经济正当性的要求。⑤ 公部门在招标时应当设定一定的竞争门槛，确保能够促使竞争者所提供的产品或服务符合一定条件，而这些条件应当与分配和生产效率相一致。⑥ 在特许权经营期间主管机关负责全面考核，一经发现特许权经营者严重违规即可解除特许权。在特许权经营期限届满后，则再度进行招标，重新选定经营者。⑦

通过特许权竞争在获得垄断性经营权方面实现竞争，除了需要满足前述契

---

① W. Kip Viscusi, et al., Economics of Regulation and Antitrust, Cambridge: MIT Press, 2005, p. 465.
② Harold Demsetz, Why Regulate Utilities?, Journal of Law and Economics, Volume 11, Issue 1, 1968, p. 56.
③ Ibid., pp. 55-56; Richard A. Posner, The Appropriate Scope of Regulation in the Cable Television Industry, Bell Journal of Economics and Management Science, Volume 3, Issue 1, 1972, pp. 98-129.
④ 鲁篱：《公用企业垄断问题研究》，载《中国法学》2000 年第 5 期，第 71—72 页。
⑤ 〔英〕安东尼·奥格斯：《规制：法律形式与经济学理论》，骆梅英译，北京：中国人民大学出版社 2008 年版，第 333 页。
⑥ 同上书，第 324 页。
⑦ 鲁篱：《公用企业垄断问题研究》，载《中国法学》2000 年第 5 期，第 71—72 页。

约承包的一般性竞争要求之外，还特别需要解决在位企业竞争优势、管理者参与的竞争、特许权分配监管体系的问题：

（1）通过特许契约规制保障竞争机制

如果特许的结果背离了经济学上的特许理论内在蕴含的公平竞争的原则，那么该体系将会产生明显的福利损失，而通过契约的制定与修改，利益相关者能够将围绕风险与救济等焦点问题竭力达成的共识通过权利和义务的配置确定下来，[①]不但可以在事后定分止争，更可以在事前实现竞争促进。具体而言，可以在公共利益保障、防止在位企业垄断地位、限制契约变更三方面通过特许契约的规制来保障竞争机制的实现。

首先，特许契约应当将竞争性特许与公共利益保障的目标结合起来。PPP模式主要发生在社会公共服务领域，涉及国计民生和社会公共福祉，PPP模式必须服务于公共产品的社会功能，公共利益也应当成为PPP模式的最高利益标准。[②]因此，特许契约在要求申请人遵守竞争性投标程序和条款的同时，还应当要求竞争的各项条件和投标条款受制于公益目标。即便特许权授予时已经根据"垄断价格竞标"（Monopoly Price Bidding，MPB）或"消费价格竞标"（Consumer Price Bidding，CPB）等方式在竞标时事先确定，限制了企业的消费定价策略，但是当公共服务的供给明显会产生利润损失时，主管机构需要使用规制权通过补贴等激励方法要求特许权人保障特定形式和特定区域的普遍供应。[③]

其次，特许契约应当通过确立适当的契约期限来限制在位企业的垄断地位。PPP的典型做法是签订长期契约，这种长期契约的存在会引起市场封闭问题。研究显示，特许契约的期限将对竞争过程产生显著影响：如果契约的期限过短，它将减少投标人的数量；但如果太长，又将使在位企业在能力和经验上获得绝对优势。因此，契约期限应当合理设置，足以使特许权人获得合理的

---

① 陈婉玲、曹书：《政府与社会资本合作（PPP）模式利益协调机制研究》，载《上海财经大学学报》2017年第2期，第109页。

② 陈婉玲：《公私合作制的源流、价值与政府责任》，载《上海财经大学学报》2014年第5期，第78页。

③ Victor P. Goldberg, Regulation and Administered Contracts, Bell Journal of Economics, Volume 7, Issue 2, 1976, pp. 439-441.

第六章
公用事业公私合作中竞争促进的竞争执法实现路径

投资回报，但同时又不足以使其形成阻碍潜在竞争者进入市场的垄断地位。①联合国国际贸易法委员会有关 PPP 的示范立法就要求将 PPP 契约的存续期限与竞争问题结合在一起考虑，以防止长期契约对于市场竞争的过度限制。《贸易法委员会公私合作示范立法条文》第 48 条"PPP 合同的期限"中规定，PPP 合同应当载明期限，在设定该期限需要考虑的因素中，该条文将"适用的法律规章所规定的涉及相关基础设施或服务部门的竞争和市场结构的任何相关政策"作为因素之一。②对于 PPP 项目中的辅助性服务业务，即非核心服务，应分开订约，并且对于辅助性服务设置较短的合同期限，从而确保只有在那些确实需要长期合同的业务中才设定较长的合同期限。③也可以考虑根据美国学者格迪斯（R. Richard Geddes）的建议，采用"最小收益净现值"（Least Present Value of Revenue）的方法弹性确定特许契约的期限。当中标特许权经营者收到的收费收入达到投标的最低金额时，特许权期即告结束。然后，经营者需要出让 PPP 项目，重新开始投标竞争。④"弹性特许期"条款允许政府和社会资本方根据项目实际运营状况对特许期进行动态调整，解决了"固定特许期"的局限性，有利于平衡各方利益，合理消化和分担项目风险，彰显社会公平和 PPP 价值。⑤

再次，特许契约还应当通过限制不合理的契约变更，防止投标申请人采用掠夺性低价排挤其他竞标者。奥格斯指出，如果申请人意识到契约条款可以在将来作出变通，则它会提出一个过分乐观的报价，从而有损公平竞争理念。特许的历史从来都不缺乏这样的例子，即企业提出不现实的报价，以求先达到"跑马圈地"的效果，因为企业知道契约一旦签订，就可以在某些优惠条款上再行协商，并修改基础期间内的定价直至垄断水平。⑥因此，在特许契约的规

---

① 〔英〕安东尼·奥格斯：《规制：法律形式与经济学理论》，骆梅英译，北京：中国人民大学出版社 2008 年版，第 337 页。

② UNCITRAL Model Legislative Provisions on Public-Private Partnerships，2020，model provision 48.（d）.

③ OECD, Competition Issues in Public-Private Partnerships, http://www.oecd.org/competition/competitionissuesinpublic-privatepartnerships.htm, last visited on October 20, 2020.

④ R. Richard Geddes, Competition Issues and Private Infrastructure Investment through Public-Private Partnerships, in Thomas K. Cheng et al., Competition and the State, Stanford, California: Stanford University Press, 2014, pp. 67-68.

⑤ 陈婉玲：《PPP 合同弹性调整机制研究》，载《上海财经大学学报》2018 年第 5 期，第 9 页。

⑥ 〔英〕安东尼·奥格斯：《规制：法律形式与经济学理论》，骆梅英译，北京：中国人民大学出版社 2008 年版，第 338 页。

制上,应当严格限制情势变更修约原则的适用。除非在客观上能够举出存在缔约方在缔约当时无法预料的情势变更之外,在特许契约这种长期契约关系中的价格条款与买卖约定条款实际上应当属于当事方风险分配的结果。①

最后,由于 PPP 项目经营者的独占地位是协议中"不竞争条款"所明确赋予的,单纯依靠反垄断法只能在事后对相关的滥用市场支配地位行为和行政垄断行为进行规制,但是从保护社会公共利益的视角来看,对于此类并入"不竞争条款"的 PPP 项目,不仅应当强化事前的竞争规制,要求公部门在授予排他性特许权时严格恪守投标竞争程序,还特别需要建立有效的"契约规制"机制以平衡不竞争条款在长期合同实施中所可能产生的负效应。例如,设置合理的情势变更条款,嵌入修补程序并设置重新谈判的条件,并入补偿条款来作为终止不竞争条款的条件,② 对于契约的定期审查,项目运营中对于公共服务的价格和质量进行有效监管等。③

(2) 将"在位优势"减到最低限度,实现特许权投标者之间的公平竞争

许多潜在投标商会认为,由于在位承包商具有在特定地域的特定活动方面的知识和经验,拥有无与伦比的优势,这一想法使它们不敢参与投标。例如,如果特定服务以场地为基础,比如老年人活动中心或者无家可归人的庇护所,这一服务的提供中竞争有时会非常有限。拥有所需设施的在位承包商可能具有潜在竞争对手无法超越的竞争优势。④ "在位优势"会成为阻碍其他私营主体参与投标的重要顾虑。威廉姆森(Oliver Williamson)在批判德姆塞兹的"特

---

① 王文宇:《正本清源——评台电与民营电厂纷争涉及的多重法律议题》,载《月旦法学》2013 年第 6 期,第 91 页。

② 由于"不竞争条款"会限制公共服务提供的质量改善,因此,在美国,很多特许合同中会并入补偿条款,规定公部门的合作伙伴可以建造计划外的与 PPP 项目互相竞争的设施,但必须补偿私人合作伙伴的收入损失。See R. Richard Geddes, Competition Issues and Private Infrastructure Investment through Public-Private Partnerships, in Thomas K. Cheng et al., Competition and the State, Stanford, California: Stanford University Press, 2014, p. 59.

③ 为了有效应对政府与私人部门合作中长期合同的不确定性问题,有学者就契约规制方面提出如下建议:第一,PPP 立法应强制性地将弹性特许期、价格调整、收益分配调整、股权变更等"可变条款"嵌入 PPP 合同的"核心条款",以法的规定性固化应对 PPP 合同风险的处置机制;第二,设定可变条款的触发机制,并非所有的不确定性都可以作为合同调整的依据,立法应明确启动合同调整的条件,明确不可抗力、情势变更等 PPP 合同调整触发条件的基本内涵和适用范围;第三,借鉴国外先进经验,引入"早期警告"和"定期审查"机制,并提出 PPP 项目必须建立权威且中立的专家小组的立法要求。参见陈婉玲:《PPP 长期合同困境及立法救济》,载《现代法学》2018 年第 6 期,第 92—93 页。

④ 〔美〕E. S. 萨瓦斯:《民营化与公私部门的伙伴关系》,周志忍等译,北京:中国人民大学出版社 2002 年版,第 194—195 页。

第六章
公用事业公私合作中竞争促进的竞争执法实现路径

许权竞标"理论所存在的潜在不确定性时就指出,在特许期满重新招标时,新进者和在位企业的竞标实力不对等会导致竞争难以实现。在特许权的重新授予阶段,企业之间的竞争优势是不对等的,在位企业相对于其他的竞争者具有优势地位。[1] 法国的实践经验也验证了这种分析。在法国的供水领域,很多特许经营在续约时往往是不经过重新的招投标程序而直接续约的,导致特许经营权的无限期延续。后来出台了相关法律,要求私人主体必须通过公开的竞争性招投标程序才能获得特许经营权,以及私人经营供水服务的最大合同期限为20年。[2]

萨瓦斯提出了两种解决在位企业优势问题,从而创造公平竞争市场环境的机制:第一,如果政府向潜在竞争者提供一些公有设施的租用权,在位承包商的竞争优势就会受到一定的削弱,从而导致更多的竞争。第二,还可以通过在特许权协议中明确要求,如果在位经营者在后续竞标中失败,则必须以合理的价格向新的中标者租借设施,以此来减少在位企业的竞争优势。[3] 我国学者仇保兴和王俊豪还特别提出,要尽可能避免垂直一体化经营的企业参加其中某业务领域特许经营权的竞争,以鼓励更多企业在投标中公平参与竞争。[4] 维斯库斯等人也认为,可以通过将资本从先前的特许经营权所有者转移到新厂商手中来解决在位企业的不当竞争优势问题。政府应当确保能够以公正、有效的方式实施强制性资产转移,这样可以保障新厂商不必从起点进行投资,只要从先前的特许经营权所有者手中购买现存设施和设备即可。[5]

(3) 在管理者参与的竞争中确保监管中立与竞争公平

管理者参与的竞争(Managed Competition)是指政府和任何外部投标者同时应邀投标并应答同样的标书。虽然管理者参与的竞争被引入很多原本由政府垄断的公共服务领域,但是私人企业还是经常抱怨竞争的不公平,理由就在

---

[1] Oliver E. Williamson, Franchise Bidding for Natural Monopolies in General and with Respect to CATV, Bell Journal of Economics, Volume 7, Issue 1, 1976, p. 83.

[2] Emanuele Lobina, Problems with Private Water Concessions: A Review of Experiences and Analysis of Dynamics, International Journal of Water Resources Development, Volume 21, Issue 1, 2005, pp. 59-60.

[3] 〔美〕E.S. 萨瓦斯:《民营化与公私部门的伙伴关系》,周志忍等译,北京:中国人民大学出版社2002年版,第194—195页。

[4] 仇保兴、王俊豪等:《中国城市公用事业特许经营与政府监管研究》,北京:中国建筑工业出版社2014年版,第42页。

[5] W. Kip Viscusi et al., Economics of Regulation and Antitrust, Cambridge: MIT Press, 2005, p. 476.

于公共机构和私营企业的竞标要求存在监管非中立的问题。正如萨瓦斯在分析美国有管理者参与的竞标时所指出的,在竞标时,私营竞标者需要作出绩效承诺,而来自公共部门的竞标者则无须作出绩效承诺。在中标后,如果中标的是私营竞标者,则要求私营竞标者自行承担项目运营风险,但如果中标的是来自公共部门的竞标者,其经营风险却不是由竞标者自己承担,而是由整个行政辖区承担。私营竞标者必须缴税和遵守相关监管规定,而来自公共部门的竞标者却可能被豁免纳税义务和其他要求。此外,来自公共部门的竞标者有时候还会被特许可以推迟出价,直到私营竞标者完全出价,甚至被允许参照私营竞标者的出价而调整自己的价格。[①] 因此,在管理者参与的竞争中,需要建立监管中立的要求,要求公共机构、国有企业确保财务的公开透明,将商业行为和非商业行为账户分离,要求参与投标的公共部门与私营企业承担同等风险,受制于同样的监管制度,从而确保公私企业在竞标过程中处于竞争中立的环境。

3. 要求合作协议或者合作实体严格遵循反垄断法

公部门与社会资本方之间的合作,无论是采用纯合同形式,还是采用合作实体形式,都应当严格遵循反垄断法的要求。

首先,在PPP项目的竞争性投标过程中,投标参与方之间不得串通投标,合谋竞标,采用同步涨价、轮流低价竞标等方式试图抬高中标价格或者划分市场。对此,应当从订约机构、反垄断执法机构两方面强化对于公用事业PPP项目中串通投标的预防与规制。一方面,订约机构一旦发现串通投标的行为,可以排除投标者的投标参与资格。欧盟就采用了这种做法。在欧盟,一旦发现这种串通投标的行为,投标者除了会被订约当局根据《特许经营合同授予指令》《政府采购指令》《供水、能源、运输和邮政服务部门实体采购的指令》中的相关要求而排除投标者资格,[②] 还会因为违反《欧盟运作条约》第101条中禁止经营者之间达成以扭曲竞争为目的或具有限制竞争影响的协议而被竞争执

[①] 〔美〕E.S.萨瓦斯:《民营化与公私部门的伙伴关系》,周志忍等译,北京:中国人民大学出版社2002年版,第203—205页。

[②] Directive 2014/23/EU of the European Parliament and of the Council of 26 February 2014 on the Award of Concession Contracts (Text with EEA Relevance), OJ L 94, 28.3.2014, article 38 (e); Directive 2014/24/EU of the European Parliament and of the Council of 26 February 2014 on Public Procurement and Repealing Directive 2004/18/EC (Text with EEA Relevance), OJ L 94, 28.3.2014, article 57; Directive 2014/25/EU of the European Parliament and of the Council of 26 February 2014 on Procurement by Entities Operating in the Water, Energy, Transport and Postal Services Sectors and Repealing Directive 2004/17/EC (Text with EEA Relevance), OJ L 94, 28.3.2014, article 80.

第六章 公用事业公私合作中竞争促进的竞争执法实现路径

法机构处罚。[①] 订约机构还应当参照 OECD 提出的《打击公共采购中串通投标的建议》，在设计招标程序前要掌握全面信息，关注近期可能影响招标竞争的行业活动或趋势；在设计招标程序时最大限度地增加愿意参与竞标的投标人；明确界定招标的要求；在设计招标过程中，应当降低参与者之间沟通交流和交换信息的可能性；在评审标书和决定中标者过程中，应当保持公共采购上的中立性，既不偏袒在位经营者，也要避免对特定阶层或特定类型的供应商给予任何形式的优惠待遇。[②] 另一方面，遏制串通投标行为有赖于反垄断执法机构的严格执法。反垄断执法机构还可以对容易产生串通投标的公用事业行业进行定期审查，对从事公共采购的人员就如何发现串通投标和垄断协议进行定期的培训，以及专门针对串通投标设立投诉和举报机制。[③]

其次，当公部门与私部门之间组成独立实体进行提供基础设施建设或者公共服务的合作时，应当要求其遵守经营者集中申报审查制度。英国就通过发布指南说明的形式，明确要求此类组成公私合作实体的"组织型PPP"遵守英国和欧盟企业合并控制的相关规则。针对"组织型PPP"，英国财政部专门发布了《公私合营实体：公部门与私部门组建合营企业的指南说明》，对公部门与私部门组建"合营实体"（Joint Venture）的问题制定政策指引。其中要求，PPP项目在设立"合营实体"时，需要遵守竞争法中关于企业合并控制的制度以及限制竞争协议规制制度。[④]"合营实体"可能构成英国《企业法》（Enterprise Act）中的"相关兼并情况"。如果公平交易局认为该"合营实体"协议可能产生限制竞争效果，则可以对该协议进行调查。如果"合营实体"构成"全功能合营企业"（Full-Function Joint Venture），还要遵守《欧盟并购条例》

[①] Martin Farley and Nicolas Pourbaix, The EU Concessions Directive: Building (Toll) Bridges between Competition Law and Public Procurement?, Journal of European Competition Law and Practice, Volume 6, Issue 1, 2015, p.19.

[②] OECD, Recommendation of the OECD Council on Fighting Bid Rigging in Public Procurement, as approved by Council on 17 July 2012, C (2012) 115-C (2012) 115/CORR1-C/M (2012) 9, 2012.

[③] OECD, Guidelines for Fighting Bid Rigging in Public Procurement: Helping Governments to Obtain Best Value for Money, 2009, pp.4-10. OECD, Recommendation of the OECD Council on Fighting Bid Rigging in Public Procurement, as approved by Council on 17 July 2012, C (2012) 115-C (2012) 115/CORR1-C/M (2012) 9, 2012, p.2.

[④] Her Majesty's Treasury, Joint Ventures: A Guidance Note for Public Sector Bodies Forming Joint Ventures with the Private Sector, March 2010, p.62, articles 9.6-9.8.

（EC Merger Regulation）的相关规则。[①] 在这一点上，英国采用财政部发布的政策指南形式将"组织型 PPP"适用企业合并控制制度的问题予以明确说明的方法值得参考借鉴，从而明确、强化反垄断执法机构在 PPP 项目中对于符合申报标准的经营者集中的规制力。

最后，在 PPP 项目运营阶段，运营 PPP 项目的公私合作实体也应当遵守反垄断法中不得滥用市场支配地位的规定。对于目前实践中凸显出的公用事业领域 PPP 项目企业滥用市场支配地位，实施超高定价、搭售、指定交易等不合理限制竞争的行为，予以严格查处。

（三）政府撤资方式中的竞争规制

在政府撤资方式下，虽然公部门退出了 PPP 项目的运营，但是由于基础设施产业具有规模经济特征，无论基础设施产品或服务运营主体的公私部门如何改变，基础设施本身的自然垄断属性依然存在，[②] 因此，PPP 项目企业就特定的基础设施和公共服务而言仍然具有垄断地位。这在一定条件下为 PPP 项目企业以违背公共利益目的获取超额利润提供了环境和机会，导致 PPP 项目企业可以利用其垄断地位在提供公共服务时抬高价格。[③] 因此，在政府撤资方式中，必须防止运营项目的私营主体滥用其市场支配地位，损害消费者利益与社会公共利益，也应当要求运营 PPP 项目的私营企业必须接受政府在定价和接入上的规制，还要防止退出后作为规制者的政府与私营企业合谋，滥用其行政权力人为制造相关市场的准入壁垒。

1. 要求社会资本方接受政府在定价和接入方面的规制

萨瓦斯指出，如果政府部门将要出售的资产或企业具有自然垄断特征或者可能处于垄断地位，就必须设计并有效实施适当的规制框架和规则以保护公共利益。有效的规制框架应体现为产业规制、接入规制、费率规制三者的结合。

（1）以竞争性业务拆分为基础的产业规制框架

将产业的自然垄断性业务与潜在竞争性业务相分离，是能够最大限度减少

[①] Her Majesty's Treasury, Joint Ventures: A Guidance Note for Public Sector Bodies Forming Joint Ventures with the Private Sector, March 2010, p. 103, articles k. 3-k. 4.
[②] 陈婉玲：《基础设施产业 PPP 模式独立监管研究》，载《上海财经大学学报》2015 年第 6 期，第 49 页。
[③] 同上。

第六章
公用事业公私合作中竞争促进的竞争执法实现路径

政府撤资方式下公用事业公私合作中私人部门垄断性的方法。从产业的整体上来看,电力、电信、铁路运输、燃气和供水等产业都属于自然垄断产业,但是,这并不意味着这些产业的所有分支性业务都是自然垄断性业务。自然垄断性业务一般仅指网络型业务,如供电、供水和供气等涉及线路、管道输送的业务,还有电信产业中的有线通信网络业务和铁路运输中的铁轨网络业务。其他业务则属于非自然垄断性业务。[①] OECD 就建议,可以通过拆分产业链的形式来精心设计 PPP 项目,让更多运营商,特别是中小型运营商,可以参与到 PPP 项目的竞标过程中。通过拆分产业链,不同的运营商可以进入供应链的各个业务环节,这在 PPP 经营者后来在某一地区成为垄断经营者的情况下尤其重要。[②]《OECD 关于管制性行业结构分离的建议》可以对自然垄断性业务与竞争业务的分离提供指导。[③] 因此,在自然垄断产业实现有效竞争,首先要区分具体产业中的自然垄断性业务和非自然垄断性业务,并且在实施政府管制时对二者区别以待。[④] 对于自然垄断性质的业务部分,政府应当强化在费率定价、质量监控、特许权授予、接入规制等方面的专业化监管,阻断行政权力和垄断力量相互利用的条件。[⑤] 对于非自然垄断性业务,则应当放宽准入限制,减少准入壁垒,允许潜在竞争者进入市场,取消不当管制,从而较为充分地发挥竞争机制的作用。[⑥]

政府撤资方式的公私合作也主要集中在公用事业的竞争性业务中,伴随着公部门资本的退出,私人资本可以进入这些行业,采用市场化机制运作并实现竞争。美国电信业的变革就遵循着这样的体制——"管制独家垄断、允许多家分立和全面开放竞争",从而使美国电信成本日益降低,电信业务量显著

[①] 王俊豪:《论自然垄断产业的有效竞争》,载《经济研究》1998 年第 8 期,第 45 页。

[②] OECD, Recommendation of the Council on Principles for Public Governance of Public-Private Partnerships, May 2012, point 9.

[③] OECD, Recommendation concerning Structural Separation in Regulated Industries, 2001, as approved by Council on 26 April 2001 [C (2001) 78/FINAL-C/M (2001) 9/PROV], amended on 13 December 2011- [C (2011) 135-C (2011) 135/CORR1-C/M (2011) 20/PROV] and on 23 February 2016 [C (2016) 11-C/M (2016) 3].

[④] 王俊豪:《论自然垄断产业的有效竞争》,载《经济研究》1998 年第 8 期,第 45 页。

[⑤] 白让让:《行政权力、纵向约束与管制困境》,载《财经问题研究》2006 年第 9 期,第 25 页。

[⑥] 实际上,随着科学技术的发展,很多原来具有自然垄断属性的产业已经越来越具备竞争的条件和因素,从而存在引入竞争的可行性。参见胡鞍钢、过勇:《从垄断市场到竞争市场:深刻的社会变革》,载《改革》2002 年第 1 期,第 22 页。

增加。[1]

在网络型产业的拆分与重组中可能会出现企业的部分纵向一体化结构,在这种不对称产业组织结构中,强势垄断者不仅拥有具有自然垄断性的网络或瓶颈资源,还从事一部分竞争性业务。[2] 对于此类纵向一体化结构的规制,可以借鉴英美等国在放松规制过程中所采用的"不对称规制"框架,即在不对称产业结构中,为了保持竞争的有效性,管制者对于不拥有网络资源的弱势企业和新进入企业给予一定的政策倾斜,来降低准入壁垒或者沉淀成本给它们带来的压力。例如,在2003年之前,因为英国电信(BT)拥有电信网络,英国政府就限制英国电信进入有线电视领域,以防止其基于网络资源在提供有线电视服务时实施价格、质量歧视的行为。[3] 美国司法部在1984年依据《反托拉斯法》拆分了AT&T,分拆出一个继承了母公司名称的新AT&T公司负责专营长途电话业务和七个本地固定电话公司,美国电信业从此进入了竞争时代。在此后很长时间内,美国政府都禁止本地固定电话运营商提供长途电话服务,直到在长途电话服务市场中,新进入者的市场份额足以与提供长途电话服务的AT&T进行竞争后,美国政府才放松了对相关市场中纵向兼并的严格管制。[4]

(2)接入规制

经济学研究显示,大多数国家在拆分电力、电信等公用事业产业后,为了保障公共服务供给的稳定性,政府一般会将网络资源性业务分配给原有的垄断者,并同时允许运营网络资源业务的经营者拥有部分的竞争性业务。在这种混合结构下,部分纵向一体化的厂商就具有提高对手接入价格、实施价格歧视、排挤上下游竞争对手的动机或激励。[5] 拉丰和梯若尔以电信产业为背景讨论了不同类型的价格歧视对竞争可持续性的影响,指出自然垄断业务部分的接入歧

---

[1] 周其仁:《竞争与繁荣——中国电信业进化的经济评论》,北京:中信出版社2013年版,第18页。

[2] 白让让、王光伟:《结构重组、规制滞后与纵向圈定——中国电信、联通"反垄断"案例的若干思考》,载《中国工业经济》2012年第10期,第142—143页。

[3] 〔英〕戴维·M.纽伯里:《网络型产业的重组与规制》,何玉梅译,北京:人民邮电出版社2002年版,第314页。

[4] 白让让、王光伟:《结构重组、规制滞后与纵向圈定——中国电信、联通"反垄断"案例的若干思考》,载《中国工业经济》2012年第10期,第142—143页。

[5] 白让让、王小芳:《规制权力配置、下游垄断与中国电力产业的接入歧视——理论分析与初步的实证检验》,载北京大学中国经济研究中心:《经济学(季刊):第8卷·第2期》,北京:北京大学出版社2009年版,第612页。

第六章
公用事业公私合作中竞争促进的竞争执法实现路径

视具有阻止下游竞争者进入的效应。[①] 阿姆斯特朗（Mark Armstrong）等人对接入价格进行系统研究，指出在公用事业产业中，如果独立的竞争性业务经营者必须向自然垄断业务的经营者购买产品或服务才能经营自己的终端产品供给服务，而自然垄断业务经营者自己也经营终端产品供给的服务，那么自然垄断业务的经营者就有很大可能会寻求超高定价来限制独立厂商的竞争。[②] 维斯曼（Dennis Weisman）也指出，纵向一体化垄断者存在扭曲接入价格以排斥下游竞争者的激励问题。[③]

在政府撤资后，如果引入私人资本的 PPP 项目企业在相关市场上运营具有自然垄断性的网络基础设施，又不愿意将其网络基础设施向新进入的竞争者开放，那么，法律规制框架就应当对其设立强制性互联互通义务。[④] 针对这一问题，美国反托拉斯法就规定了"必要设施原则"（Essential Facility Doctrine）来保障下游企业对于垄断性网络的接入权。"必要设施"是指，必要设施的所有者不仅在一个市场中具有垄断支配力，而且被认为排斥了竞争者对另一个市场的公平接入。在美国终端铁路协会案（United States v. Terminal Railroad Association）中，美国联邦最高法院判决铁路切换接口是必要设施。[⑤] 在水獭尾电力公司案（Otter Tail Power Co. v. United States）中，美国联邦最高法院判决电力公用事业的传输线路是必要设施。[⑥] 美国管制经济学家西达克（J. Gregory Sidak）和史普博（Daniel F. Spulber）指出，对已有必要设施的标准反垄断救济方式，是授权竞争者能平等接入该设施的禁止令或和解协议。[⑦] 欧盟竞争法也接受了美国法上的"必要设施原则"。欧洲法院在 Magill

---

[①] Jean-Jacques Laffont and Jean Tirole, Access Pricing and Competition, European Economic Review, Volume 38, Issue 9, 1994, p. 1674.

[②] Mark Armstrong et al., The Access Pricing Problem: A Synthesis, Journal of Industrial Economics, Volume 44, Issue 2, 1996, p. 131.

[③] Dennis L. Weisman and Jaesung Kang, Incentives for Discrimination when Upstream Monopolists Participate in Downstream Markets, Journal of Regulatory Economics, Volume 20, Issue 2, 2001, pp. 125-139.

[④] 何源：《垄断与自由间的公用事业法制革新：以电信业为例》，载《中外法学》2016 年第 4 期，第 1091 页。

[⑤] United States v. Terminal Railroad Association, 224 U.S. 383 (1912).

[⑥] Otter Tail Power Co. v. United States, 410 U.S. 366 (1973).

[⑦] J. Gregory Sidak and Daniel F. Spulber, Deregulatory Takings and the Regulatory Contract: The Competitive Transformation of Network Industries in the United States, Cambridge: Cambridge University Press, 1998, p. 50.

案的判决中列出了设施所有者构成"滥用必要设施独占权"行为的要件，包括：第一，该设施不存在事实上或者潜在的可替代品；第二，设施所有者拒绝其他竞争者使用该设施，而且拒绝不具有正当化的理由；第三，设施所有者拒绝其他竞争者使用该设施，已经导致排除了相关市场竞争的效果。①

(3) 费率规制

虽然"必要设施原则"赋予网络使用者接入网络的权利，但是正如德国著名法学家巴泽多（Jürgen Basedow）所指出的，仅仅赋予竞争者接入基础设施的使用权仍然是不够的，因为必要设施理论及其机制只能起到对于具有市场支配地位的企业滥用其市场支配地位行为进行事后规制的作用，无法保证具有自然垄断特性的网络设施得到充分、合理的使用。② 由于社会资本具有逐利性，在信息不对称、成本核算复杂的情况下，PPP 项目企业难免会有动机对公共产品和服务进行高额定价以提高利润。特别是在 PPP 项目企业取代或部分取代政府垄断获得基础设施的经营权后，容易滥用其垄断地位实施超高定价、价格歧视行为。③ 因此，基础设施服务的自然垄断性与社会公共性决定了其定价机制不能完全由市场自由调节，实行市场定价。有必要通过费率规制来避免拥有垄断地位的 PPP 项目企业设定不当价格，侵害消费者利益和公共利益。PPP 监管机构的重要职责是对 PPP 项目实施价格监管，即对 PPP 项目企业的收费标准、收费结构进行控制，其目的是使基础设施服务的价格保持在合理范围内，在满足公众普遍承受力的基础上兼顾 PPP 项目运营商的合理收益。④

费率规制可以采用"利润率规制方法"或者"公式限价法"两种，二者都要求有法律和监管机构来设定和调整价格。"利润率规制方法"是美国公用事业价格规制所采用的较为普遍的做法。"利润率规制方法"是指，监管者在审查核实公用事业企业全部成本的基础上，批准某一合理价格作为公用事业服务的收费价格，既保障公用事业企业投入的资本有合理回报率，又保障大众消费

---

① Judgment of the European Court of Justice of 6 April 1995 in Joined Cases Issue C-241/91 P & C-242/91 P-Radio Telefis Eireann (RTE) and Independent Television Publications Ltd (ITP) v. Commission of the European Communities, [1995] E. C. R. I-743, [1995] 4 C. M. L. R. 718, paras. 52-58.

② 〔德〕于尔根·巴泽多：《限制与促进竞争的经济管制》，董一梁、刘鸿雁译，载《环球法律评论》2004 年第 3 期，第 384 页。

③ 陈婉玲：《基础设施产业 PPP 模式独立监管研究》，载《上海财经大学学报》2015 年第 6 期，第 54 页。

④ 同上。

第六章
公用事业公私合作中竞争促进的竞争执法实现路径

者能够负担。"利润率规制方法"能够为投资项目的社会资本提供更多保护,但是由于该方法需要进行复杂的成本核算,较为复杂又耗费时间,有时候监管机构的价格核定往往落后于投资者必须要作出的投资决定,有失灵活。另一种费率规制方法是英国政府实施大规模政府撤资时期发展起来的"公式限价法"。该方法旨在对公用事业项目的收费设定价格以及涨价幅度限制,一般采用通货膨胀率减去固定比率的方法来确定收费项目的价格增长幅度。由于预测价格的增长幅度比预测利润更容易,"公式限价法"更为灵活、省时,而且在价格限制下,项目经营者的经营自主权也更大。[1] 但是,"公式限价法"的不足在于设置价格上限的方法可能会产生"棘轮效应"(Ratcheting Effect)。拉丰和梯若尔指出,如果企业今天的生产成本较低,监管者就会推断认为,企业实现较低的成本、实施较低的定价是很容易实现的,也就是说企业今天的高效率会影响其未来可获得的租金,从而产生"棘轮效应"。[2] 因此,在对自然垄断性公用事业行业的价格进行规制时,需要通过合理的成本估算以及契约修改机制的设计来防止"棘轮效应"减损公用事业 PPP 项目运营者的激励机制。嘉丝奇(J. Luis Guasch)和斯特劳布(Stephane Straub)的研究显示,当因为价格上限的设置引发社会资本与政府进行再谈判时,最终往往容易达成混合型的规制形式,即将"公式限价法"的激励效应和"利润率规制方法"的成本补偿保证结合起来。[3]

此外,PPP 项目企业还有可能在价格限制的基础上实施价格歧视行为,从而违反竞争法。实践中,自然垄断行业往往从自身利益出发,通过歧视性价格或收费政策搞市场分割与地区封锁,阻碍正常的价格竞争。[4] 公用事业运营中的价格歧视常常存在于消费者群体之间和消费者群体内部。例如,公用事业经营者往往对商业消费者和居民消费者采用不同的定价,而且消费者内部也会因为"梯度定价"[5] 而存在不同收费标准。传统上,管制机构常常试图禁止对

---

[1] Jim Waddell, The Privatization of Monopolies, Journal of Economic Perspectives, Volume 2, Issue 1, 1997, pp. 24-26.

[2] 〔法〕让-雅克·拉丰、让·梯若尔:《政府采购与规制中的激励理论》,石磊、王永钦译,上海:格致出版社、上海三联书店、上海人民出版社 2014 年版,第 320 页。

[3] J. Luis Guasch and Stephane Straub, Renegotiation of Infrastructure Concessions: An Overview, Annals of Public and Cooperative Economics, Volume 77, Issue 4, 2006, pp. 479-493.

[4] 江山、黄勇:《论自然垄断行业价格规制与反价格垄断》,载《价格理论与实践》2011 年第 3 期,第 20 页。

[5] 例如,500 单位之内,每单位 5 元;超过 500 单位的部分,每单位 4 元。

消费者群体的过度歧视，其所追求的是一组没有过分歧视但允许总收益弥补总成本的价格，是一种出于公平和公正的考虑，而不是效率考虑。但现在管制机构也开始关注经济效率，例如在电力供应行业允许具有价格歧视性的高峰定价行为。① 拉丰和梯若尔的研究表明，在电信产业中允许一定程度的价格歧视是适宜的。② 因此，如何有效评估公用事业经营的成本，在此基础上保证公共服务的供给效率，同时又能惠及公共利益，防止发生反垄断法上的支配地位企业滥用市场支配地位的价格歧视行为，在尊重公用事业经营者的适当盈利目标与禁止对消费者群体的过度歧视之间寻求平衡点，是理论和实践面临的难点问题。

2. 防止政府与私营企业合谋，滥用行政权力限制市场准入

有些情况下，虽然政府在公用事业中实现了撤资，但是撤资后，政府作为管制者如果对引入私人资本的基础设施服务主体给予特殊保护，会导致政企合谋的政策垄断性，特别是一些地方性国有企业作为社会资本通常会寻求政府保护以抑制未来可能出现的竞争。例如，巴拿马电信公司民营化方案的背后就存在这样的问题。巴拿马政府将唯一的移动通信公司出售给有线电话网的购买者，几个月后才允许其他公司进入移动通信市场。这意味着，相关市场实际上是被第一个购买者"锁定"以后再向其他竞争者开放的。③ 除了通过控制市场准入限制竞争，由于基础设施建设项目关系到区域经济全局和社会秩序的稳定，政府还有可能在 PPP 项目规划、设计、运营、收费方面给予过度优惠的条件，保护 PPP 项目企业的经营利益。④ 例如，多哥的一家国有钢铁企业被租赁给一家私营企业。因急于脱手这一严重亏损的企业，政府应允了非常慷慨的租赁条件，以避免企业破产清算的命运。这些条件包括，向私人经营者承诺对进口钢材征收高额关税，从而降低私人经营者受外来竞争的影响程度，同时承

---

① W. Kip Viscusi et al., Economics of Regulation and Antitrust, Cambridge: MIT Press, 2005, p.422.
② 〔法〕让·雅克·拉丰、让·泰勒尔：《电信竞争》，胡汉辉等译，北京：人民邮电出版社 2001 年版，第 3 页。
③ 〔美〕E. S. 萨瓦斯：《民营化与公私部门的伙伴关系》，周志忍等译，北京：中国人民大学出版社 2002 年版，第 229 页。
④ 陈婉玲：《基础设施产业 PPP 模式独立监管研究》，载顾功耘主编：《公私合作（PPP）的法律调整与制度保障》，北京：北京大学出版社 2016 年版，第 171 页。

第六章
公用事业公私合作中竞争促进的竞争执法实现路径

诺对该企业的进出口给予免税待遇。[①] 公用事业公私合作的目标是通过引入市场机制和竞争机制来提高公共服务的供给效率，政府撤资背后的理念是将公用事业推向竞争性市场环境，因此，应当严格限制此类政府滥用行政权力实施政企合谋，或者给予 PPP 项目企业地方保护主义的做法。

（四）政府淡出方式中的竞争规制

在政府淡出方式中，政府放松规制、缩减国企补贴、实现民间补缺是 PPP 成功的关键。萨瓦斯指出，政府可以通过限制国有企业增长或缩小其规模，逐步减少给予国有企业的补贴与特惠待遇，让私营部门进入相关领域等方法，有意识地实现淡出。[②] 然而，在实践中，一些地方政府部门在项目招标时，通过设定有利于国有企业的评审标准和资质要求，最终让地方国有企业通过投资组成 PPP 项目企业参与公用事业经营，获取政府公用事业项目扶持和补贴，这种实践中的政企合谋不但会产生行政垄断问题，还会给国有企业改革和公用事业公私合作的开展带来阻碍。因此，在政府淡出方式中，其竞争规制应以防止行政越位、清理违法以及不合理的国企补贴、扼制行政垄断等措施为重点。

1. 扼制不当管制，消除公用事业准入壁垒

为应对政府管制失灵而出现的民间补缺促使企业进行垂直整合，暴露出上下游管制不当而导致的公用事业民间补缺的准入困境。公用事业公私合作中民间补缺形式的政府淡出一般是指，当公众感到政府所提供的公共服务无法满足需求，私营部门也意识到市场需求的缺口并采取行动满足公众对于公共服务的需求的过程。例如，美国传统的治安保护无法满足公众需要，公众对治安状况愈发不满，促使私人安保和民间治安巡逻队规模不断扩大，就是一种典型的民间补缺形式。[③] 在实践中，如果政府管制未能起到优化资源配置的功能，反而由于政府的不当管制限制了公用事业领域的市场准入，造成公用服务的供给不

[①] 〔美〕E.S. 萨瓦斯：《民营化与公私部门的伙伴关系》，周志忍等译，北京：中国人民大学出版社 2002 年版，第 237 页。

[②] E.S. Savas, Privatizing the Public Sector: How to Shrink Government, New Jersey: Chatham House, 1982, p. 118.

[③] 〔美〕E.S. 萨瓦斯：《民营化与公私部门的伙伴关系》，周志忍等译，北京：中国人民大学出版社 2002 年版，第 133 页。

足，就会出现企业自发进行补缺，甚至出现企业自身的"垂直整合"。[①] 我国学者就通过对民间企业为了经营电解铝而选择自行发电和生产氧化铝，涉足铝业的上下游产业链的案例进行分析，说明在政府对电力的生产进行严格管制下，电力服务无法满足企业的需求，这种供需缺口引起的公共服务价格攀升增加了企业的生产成本，会导致企业自我寻求产业链的垂直整合，通过自行发电满足电解铝厂的用电需求。[②] 而且其研究发现，现实中政府管制导致市场交易的成本增加和不确定性提高，从而促使企业进行垂直整合的例子并不少见。例如，亚洲最大的纺织企业——山东魏桥创业集团，投资设立滨州魏桥热电有限公司，供应集团内部的电力需求；鄂尔多斯集团投资建设的煤电硅铁联产项目，利用当地的煤炭资源火力发电，再用电冶炼硅合金、金属硅及硅铁产品。[③] 如果在公用事业公私合作中，PPP项目企业因上下游产业的接入困境而产生垂直整合的动机，试图将生产归入企业内部，扩大经营边界，这会严重挫败产业的放松管制和结构重组改革。因此，要推动公用事业PPP项目的竞争促进，就必须利用行政法和反垄断法律制度从源头上规制行政机构的不当管制，加强对行政限制竞争行为的治理，防止管制不当人为造成的行政垄断阻碍市场机制在公用事业PPP项目中的功能发挥。政府应当继续简政放权，将PPP项目中能够由市场提供的产品的市场准入放开，并且政府主动退出竞争性行业或竞争性环节，减少行政干预对市场主体的约束。[④]

2. 构建公共企业的有效竞争规制框架

在政府淡出方式中，政府也会通过限制国有企业增长或缩小其规模，比如政府停止给国有企业提供补贴，并让私营部门进入相关领域的方法，有意识地实现撤退。[⑤] 中国在基础设施和公用事业领域的很多国有企业事实上都是依据商业模式运营的，并且其对基础设施项目的投资大多数是来自商业银行的贷

[①] 即一个企业经营了上下游两个行业，而且其中一个行业的产品是另一个行业的要素投入。企业的垂直整合将原本由市场组织的生产归并到企业的内部。

[②] 陈信元、黄俊：《政府管制与企业垂直整合——刘永行"炼铝"的案例分析》，载《管理世界》2006年第2期，第135—137页。

[③] 同上文，第138页。

[④] 臧俊恒：《PPP项目中反垄断风险规制路径分析》，载《财经政法资讯》2016年第4期，第62页。

[⑤] 〔美〕E. S. 萨瓦斯：《民营化与公私部门的伙伴关系》，周志忍等译，北京：中国人民大学出版社2002年版，第133—136页。

第六章
公用事业公私合作中竞争促进的竞争执法实现路径

款,这意味着公用事业项目主要是私人融资性质的基础设施项目。然而,由于存在国有企业功能和角色定位上的政策性争议,通过国有企业运营PPP项目也留给了政府更多的控制手段,例如通过管理层的任免以及国有企业管理层与官僚体制之间的人事流动从行政上限制国有企业的商业运营。① 因此,国有企业能否在没有适当的市场压力之下,以合理的价格交付合格的服务存在疑问,而且国有企业可能在PPP项目的投标过程中享受某些优先权,阻碍了真正公平竞争的市场环境。中国垄断产业特有的国有企业垄断、重要产业的反垄断豁免以及政府监管体系的交织与重叠,使这一问题显得更为突出。②

因此,有学者建议拓宽行政垄断的规制主体,将国有企业纳入行政垄断规制。③ 但是这种观点可能会将国有企业的商业性功能和公共职能相混淆,导致以商业方式运营的国有企业被纳入规制框架,未必是解决国有企业与政府之间政企合谋的合适路径。笔者认为,应当区分国有企业的商业功能和公共功能,构建合适的公共企业的反垄断法律规制架构,抑制违背国家政策和反垄断法的不当政府扶持政策,保障民间资本能够有效进入公用事业领域,参与公用事业建设。在这点上,可以参照欧盟法公共企业规制制度,归纳公用事业企业实施的反垄断行为类型,④ 规定涉及公共经济利益服务的国家行政扶持行为可以获得反垄断豁免的范围与条件,有效协调公用事业领域项目主体因保障公共经济利益服务而获得的财政补贴、特许权等优惠政策的现实需求与其在运营时可能产生的限制竞争效果。⑤

---

① Li-Wen Lin and Curtis J. Milhaupt, We Are the (National) Champions: Understanding the Mechanisms of State Capitalism in China, Stanford Law Review, Volume 65, Issue 4, 2013, p.707.
② 白让让、王光伟:《结构重组、规制滞后与纵向圈定——中国电信、联通"反垄断"案例的若干思考》,载《中国工业经济》2012年第10期,第145页。
③ 臧俊恒:《PPP项目中反垄断风险规制路径分析》,载《财经政法资讯》2016年第4期,第63页。
④ 依据欧盟法院的司法判例,欧盟成员国这类促使或导致"公共企业实施违反欧盟反垄断法行为"的国家行为主要表现形式为行政垄断,既包括抽象行政行为(颁布行政法规、指令、规章),又包括行政管理与委托等具体行政行为。这类行政垄断行为又细分为四大类型,即"通过行政指令强制公共企业从事垄断行为""利用授予特许经营权等行为手段为公共企业从事垄断行为提供便利""强化公共企业从事垄断行为产生的限制竞争影响""向私法性质的市场经营者转嫁国家公共义务"。See Valentine Korah, An Introductory Guide to EC Competition Law and Practice, Oxford: Hart Publishing, 2007, pp.218-224.
⑤ 翟巍:《欧盟公共企业领域的反垄断法律制度》,载《法学》2014年第6期,第60页。

3. 防止放松管制演进为"管企合谋"的行政垄断

公用事业放松规制后，随着社会资本的进入和竞争机制的引入，能够实现公共资本与社会资本在提供公共服务上的合作。① 但是，如果公用事业的规制者与该行业的垄断性国有企业之间发生了"管企合谋"，② 或是由于"强垄断者、弱管制者"现象的存在，都会严重阻碍民间资本进入公用事业产业的可能性。我国经济学学者的研究显示，在电力、电信和民航等公用事业产业中，国有企业所享有的市场优势地位是自然垄断和行政垄断共同造成的结果。在不损害国有企业的战略地位和竞争力的前提下，对其限制竞争行为进行规制可能面临如下困境：第一，国有经济的主导地位主要集中在垄断产业，国有企业已经成为国家财政收入的重要来源之一；第二，规制机构依附垄断企业"生存"的状况屡见不鲜；第三，反垄断法并不限制行政机构出于"公共利益"目的干预企业的竞争行为，如何清楚划分国有企业利润和公共利益的界限却是长期未能解决的问题。③ 因此，未来规制的重点应当在于强化监管机构的独立性和权威，重构公用事业的有效监管体系，按照《中共中央、国务院关于深化国有企业改革的指导意见》，推进国有企业的政企分开、政资分开、所有权与经营权分离的改革，促使国有企业真正成为依法自主经营的独立市场主体，使之与政府职能脱钩、与政府代理人身份脱钩。

三、公用事业公私合作中垄断规制与监管制度的协调

维护公用事业 PPP 中的竞争机制也为公用事业的监管方式带来很大改变，需要探索如何通过政府管制与竞争法制的协调统一，构建政府机制与市场机制相结合的公用事业发展机制。④

首先，我国对公用事业 PPP 项目监管的最大问题是偏重产业利益而忽视

---

① 〔美〕E.S. 萨瓦斯：《民营化与公私部门的伙伴关系》，周志忍等译，北京：中国人民大学出版社 2002 年版，第 136 页。

② 新规制经济学显示，随着"管企合谋"的发生，规制者的目标会从初期的社会福利最大化转向利益集团。参见白让让：《制度均衡与独立规制机构的变革——以"信息产业部"和"电监会"为例》，载《中国工业经济》2014 年第 10 期，第 60 页。

③ 白让让：《国有企业主导与行政性垄断下的价格合谋》，载《中国工业经济》2007 年第 12 期，第 51 页。

④ 徐金海、邢鸿飞：《竞争法视角下的公用事业有限竞争》，载《南京社会科学》2010 年第 6 期，第 98 页。

第六章
公用事业公私合作中竞争促进的竞争执法实现路径

公众利益,偏重产业政策而忽视竞争政策。^① 因此,在监管思路上必须从以往将监管和竞争相对立的思想,逐步转变为建立竞争性的监管框架,强调监管和垄断规制的相互依赖性。产业监管与补贴在某些特定情况下对于 PPP 项目的成功开展而言必不可少,其原因在于:一方面,在若干特殊的公用事业行业中,例如能源产业,自然垄断、公共财产、外部性等特点显著,若由具有强制力的政府以产业政策主导资源分配,可以避免无效率的产生;另一方面,在民间筹资发生困难,或公共建设收入不足以支付公共建设成本的情况下,政府可以通过补贴民间企业增加其参与公共建设的激励。^② 但是,PPP 项目的成功开展还需要有效的竞争法律制度来规制公权力在 PPP 项目运营中的不当管制,防止公部门垄断演进为私人垄断、公私合谋,侵蚀消费者利益和社会公共利益。^③ 事实上既存的产业管制并非都存在合理的法律基础,除了法律或依法律授权制定的法规性命令外,被管制产业更多的屏障实际上是来自无法律授权的命令和指示等。由竞争执法机构限制这些无法律授权的不当管制,可以在很大程度上发挥去管制的作用,甚至达到产业完全开放的效果。^④ 即使在受管制产业内部,也需要管制的事前监管与竞争执法的事后规制双重机制协调并行,来确保竞争性市场环境的实现。在公用事业的自然垄断性业务中也需要竞争法律制度的适用来规制垄断企业滥用市场支配地位的行为,甚至确立"必要设施原则"来保障下游企业的垄断性网络接入权。^⑤

其次,根据诺贝尔经济学奖获得者让·梯若尔的研究理论重塑监管方式,改变原有公用事业领域以资格审查、数量限制、许可证等限制性进入的方式,采取"特许权竞争+契约监管"方式,规范和缩小监管范围和权限,将监管政策与竞争政策融合。公私合作伙伴关系就本质而言是契约式制度安排,契约已经成为政府规制的工具,需要在契约中明确界定公共部门的权限、职责、权利

---

① 周林军:《公共基础设施行业市场化的政府监管》,载周林军等主编:《中国公用事业改革:从理论到实践》,北京:知识产权出版社 2009 年版,第 196 页。
② 王文宇:《正本清源——评台电与民营电厂纷争涉及的多重法律问题》,载《月旦法学》2013 年第 6 期,第 69 页。
③ Alexander Volokh, Privatization and Competition Policy, in Thomas K. Cheng et al., Competition and the State, Stanford, California: Stanford University Press, 2014, p. 25.
④ 苏永钦:《自由化、解除管制与公平交易法》,载《月旦法学》1997 年第 2 期,第 18 页。
⑤ Robert Pitofsky et al., The Essential Facilities Doctrine under U.S. Antitrust Law, 70 Antitrust Law Journal, 2002, p. 443.

与义务，才能确保政府规制的有效性和规制预期目的的达成。[①] 瑞士著名经济和公共管理学家莱恩（Jane-Erik Lane）认为，新公共管理是一种关于政府如何通过竞争性的契约制度决定一项服务是由体系内还是由体系外的组织来提供的操作性理论。[②] 文森特·琼斯（Peter Vincent-Jones）指出，始于20世纪70年代的新公共管理改革运动实际上是一场新公共契约运动（New Public Contracting），其主要特征就是通过各种契约安排确保政府的干预目的。[③] 问题在于，在公私合作的契约关系中，企业是契约的签订者和实施者，而政府既是契约的签订者，在很多时候也是契约执行的监督者，这决定了契约主体之间的不平等关系，导致法学研究在PPP契约是行政契约还是民事契约上产生较大争议。[④] 虽然行政契约相对于行政权力而言，是行政权力控制的一种有效工具，对于相对人而言，则意味着权利与自由的扩大。[⑤] 此外，正如有学者指出，行政契约不能完全胜任以回应型国家和新的责任分配模式为基本精神的公私合作发展需要，也会限制政府违约的风险救济。[⑥] 因此，公用事业公私合作中契约更宜视为经济法上的契约[⑦]或者依照"双阶契约理论"进行处理[⑧]，强调其公私融合的特别属性，融当事人意思自治、财产因素等与公共性、国家意志性、政策性等因素为一体。[⑨] 一方面，在PPP契约规制下保留政府的合法规制权，对PPP项目经营者的权力进行公法和私法上的限制，以实现公用事业项目的

[①] 张丽娜：《合同规制：我国城市公用事业市场化中规制改革新趋向》，载《中国行政管理》2007年第10期，第92页。

[②] 〔英〕简·莱恩：《新公共管理》，赵成根、王洛忠等译，北京：中国青年出版社2003年版，第8页。

[③] Peter Vincent-Jones, The New Public Contracting: Regulation, Responsiveness, Rationality, New York: Oxford University Press, 2006, pp. 1-35.

[④] 邓敏贞：《公用事业公私合作合同的法律属性与规制路径——基于经济法视野的思考》，载《现代法学》2012年第3期，第72页。

[⑤] 孙笑侠：《契约下的行政——从行政合同本质到现代行政法功能的再解释》，载《比较法研究》1997年第3期，第320页。

[⑥] 邓敏贞：《公用事业公私合作合同的法律属性与规制路径——基于经济法视野的思考》，载《现代法学》2012年第3期，第73页。

[⑦] 同上文，第74页。

[⑧] 陈铭聪：《政府特许经营的法律性质与监管问题研究》，载张守文主编：《经济法研究（第13卷）》，北京：北京大学出版社2014年版，第263页。

[⑨] 史际春、肖竹：《公用事业民营化及其相关法律问题研究》，载《北京大学学报（哲学社会科学版）》2004年第4期，第84页。

第六章
公用事业公私合作中竞争促进的竞争执法实现路径

公共利益目标,[①] 保证公共项目服务的可持续性,防止其恣意提高收费标准;另一方面,PPP 契约规制也需要通过契约精神来限制政府公权力的行使,限制政府违约行为的发生,对政府违约进行有效的法律救济。[②]

最后,在监管机构设置上,首要的是建立更为一贯适用的制度架构,在确保管制机构独立性的同时,与反垄断执法机构协调配合,促进公用事业公私合作的竞争。研究显示,如果在推进 PPP 模式的过程中缺乏与之相匹配的监管制度,公用事业企业就容易成为实际的市场垄断者,当企业的利润目标与公共利益目标相冲突时,政府便不得不重新启动行政命令的方式管制企业经营活动,从而背离 PPP 模式的初衷。[③] 目前,我国公用事业 PPP 项目主要由行业监管机构,根据各自所属的行业由相应的行政部门来进行监管。[④] 这会造成监管权分散、多头监管的局面。这些监管部门中既有进行宏观监管的部门,也有专门监管的部门,部门之间缺乏协调沟通,会导致不同产业部门的 PPP 项目受制于不同的费率规制、准入规制、竞争性招标与谈判标准,带来不同的 PPP 政策适用,甚至产生不公平或者歧视性的行政规制处理结果,难以与我国反垄断执法机构的执法有效对接。更重要的是,从科层制度上来看,地方反垄断执法机构由于在人、财、事上受制于地方政府,反垄断执法机构的行政层级往往要低于行业监管机构。在"强垄断者和弱规制者"的委托代理关系下,规制机构的存在取决于受监管企业的规模和绩效,社会福利和竞争效率的改进反而退居次席。[⑤] 如何解决 PPP 监管机关与反垄断执法机构之间的协调问题,保障监

[①] 邓敏贞:《公用事业公私合作合同的法律属性与规制路径——基于经济法视野的思考》,载《现代法学》2012 年第 3 期,第 76 页。

[②] 拉丰和梯若尔特别研究了短期承诺可能导致的政府违约风险,他们指出,当第二届政府发现企业的成本较低,它不大可能知道企业是由于进行投资才降低了成本,还是成本本来就低而上一届政府并未严格要求。因此,政府可能迫于政治的压力而提前修改合同,抽走企业自身努力的结果,或者合同到期时对企业提出更苛刻的合同。参见〔法〕让-雅克·拉丰、让·梯若尔:《政府采购与规制中的激励理论》,石磊、王永钦译,上海:格致出版社、上海三联书店、上海人民出版社 2014 年版,第 529 页。

[③] Nutavoot Pongsiri, Regulation and Public Private Partnership, International Journal of Public Sector Management, Volume15, Issue 2, 2002, pp. 487-495.

[④] 《基础设施和公用事业特许经营管理办法》第 7 条规定:"国务院发展改革、财政、国土、环保、住房城乡建设、交通运输、水利、能源、金融、安全监管等有关部门按照各自职责,负责相关领域基础设施和公用事业特许经营规章、政策制定和监督管理工作。县级以上地方人民政府发展改革、财政、国土、环保、住房城乡建设、交通运输、水利、价格、能源、金融监管等有关部门根据职责分工,负责有关特许经营项目实施和监督管理工作。"

[⑤] 白让让、王光伟:《结构重组、规制滞后与纵向圈定——中国电信、联通"反垄断"案例的若干思考》,载《中国工业经济》2012 年第 10 期,第 145 页。

管独立性，也是重中之重。因此，公用事业公私合作的有效竞争规制需要在确保产业管制机构独立性的基础上，将产业管制机构通过费率管制、服务质量管制、竞争性招投标与投标管制的职能，与反垄断执法机构通过执行反垄断法、适用"必要设施理论"禁止自然垄断企业滥用市场支配地位、保障上下游企业接入权的职能有机融合：

第一，从发挥管制机构的作用入手，通过建构相应制度确保管制机构的独立性、规范性和程序性，有效激励管制机构的独立监管并约束管制机构的自由裁量权。有学者认为管制机构的独立性应体现为三个方面：（1）行业监管机构应当独立于被管制的对象，即政企分开；（2）行业监管机构应当相对独立于政府政策部门，不受政治和行政压力的影响，有独立的裁决权；（3）行业监管机构还必须有足够的专业能力与水平来维持行业竞争秩序。[1] 英国就通过专门设立产业 PPP 监管机构来实现"政监分离"，美国也以独立的监管委员会监管基础设施产业运行，借以减少政治因素对监管活动的影响。[2] 奥格斯还强调需要用法律制度来限制监管机构自由裁量权的行使，降低"管制俘获"的可能性。公用事业 PPP 项目的运营应当服从于更严格的责任机制和信息披露义务，在确保信息公开的同时，消费者利益也应当在规制程序中获得充分代表，规制者的决定应当经过消费者和企业代表的充分辩论。[3] 我国可以借鉴英美做法，建立专门的 PPP 独立监管机制和主体对公用事业 PPP 进行有效监管，同时构建相应法律制度框架约束 PPP 监管机构在项目筹备、规划、决策、评审、运营等各阶段的自由裁量权。

第二，合理划分管制机构与反垄断执法机构的管辖权，促进管制机构和反垄断执法机构在公用事业 PPP 项目竞争促进上的协调配合。对于管制机构与反垄断法执法机构管辖权的划分主要有三种典型模式：一是建立反垄断执法机构与管制机构之间的分权合作模式；二是反垄断执法机构与管制机构独立执法模式；三是反垄断执法机构与管制机构混合执法模式。[4] 虽然目前反垄断执法

---

[1] 曹博：《公用企业竞争与管制立法问题探析》，载《法学》2002 年第 6 期，第 72 页。
[2] 陈婉玲：《基础设施产业 PPP 模式独立监管研究》，载《上海财经大学学报》2015 年第 6 期，第 52—53 页。
[3] 〔英〕安东尼·奥格斯：《规制：法律形式与经济学理论》，骆梅英译，北京：中国人民大学出版社 2008 年版，第 347 页。
[4] 曾晶：《论管制行业的反垄断法规制》，载《政治与法律》2015 年第 6 期，第 96 页。

第六章
公用事业公私合作中竞争促进的竞争执法实现路径

机构在公用事业领域的执法被认为越来越朝着管制化的方向发展,[①] 传统经济管制和反垄断执法之间的界限正在消失,[②] 但是考虑到公用事业行业自然垄断性业务与竞争性业务同时存在,也考虑到反垄断执法机构与管制机构的各自特点,赋予二者在竞争促进上的不同监管重点,是较为合适的选择。产业管制机构主要通过实施费率管制、服务质量管制、竞争性投标程序上的管制来确保公用事业 PPP 项目的竞争性,而反垄断执法机构通过执行反垄断法、适用"必要设施理论"禁止串通投标或者共谋限价、禁止 PPP 项目企业滥用市场支配地位、保障上下游企业接入权等来促进竞争,扼制公用事业 PPP 模式中的垄断与限制竞争行为。同时,加强管制机构与反垄断执法机构在信息互换、资源共享、推动执法合作等方面的联系和协调。

第三,通过强化反垄断执法机构的行政垄断执法与反垄断司法机制,对违法和不合理管制进行纠正和救济,强化司法机制对公用事业领域指定交易行为的救济。由于公用事业 PPP 项目中政企不分,公权力与社会资本的交叉现象严重,当管制机构实施滥用行政权力排除、限制竞争行为时,应加强反垄断法对此类行政性反竞争行为以及公私合谋行为的监督与救济,[③] 解决管制俘获和政企合谋侵蚀 PPP 项目的竞争性精神。鉴于反垄断法律体系中司法救济机制本身存在内在困境,[④] 当反垄断行政执法占据核心地位时,管制俘获等一系列管制中的基本问题同样也将困扰反垄断执法,限制了反垄断执法机构在公用事业领域竞争执法效能的发挥。为了确保反垄断执法不会偏离反垄断法的目标,需要建立完善的行政机构内部执法程序以及司法审查程序,对不当的反垄断行政执法进行有效制约。[⑤]

[①] 李剑:《反垄断私人诉讼困境与反垄断执法的管制化发展》,载《法学研究》2011 年第 5 期,第 76 页。

[②] Kenneth M. Parzych, Public Policy and the Regulatory Environment, Lanham: University Press of America, 1993, p.147.

[③] 曾晶:《论管制行业的反垄断法规制》,载《政治与法律》2015 年第 6 期,第 96 页。

[④] 李剑:《反垄断私人诉讼困境与反垄断执法的管制化发展》,载《法学研究》2011 年第 5 期,第 71 页。

[⑤] 同上文,第 80—83 页。

四、公私合作中竞争抑制的法律责任与司法救济

PPP用政府—企业—消费者的三元格局取代了传统的政府—消费者的二元格局，公共利益的实现方式发生了改变。[①] 如果政府或企业在公共品供给时存在垄断行为，损害了公共利益，能否允许相关公众、机构与社团提起诉讼追究责任？如公共利益损害是由政府或企业单方引起的，是进行单方责任的制度设计，还是基于保护社会公共利益要求政府和企业承担连带责任？如果由于不公平竞争导致被淘汰的申请厂商在竞争过程中权益受损，是否有办法得到有效的法律保护？在公私合作模式下，政府不再是公共服务的垄断提供者，而演进为公共服务提供的合作者和监管者，[②] 因此探讨公私合作中竞争抑制的法律责任与司法救济问题，可以从政府作为契约缔约方与合作者的契约责任、政府作为公用事业PPP项目监管者的监管责任两方面分析。

（一）政府和企业作为契约缔约方的契约责任与违约救济

公私合作最理想的状态是能够使项目企业的个别目标与社会的共同目标具有互补性，引入社会资本参与公用事业的目标就在于创造出政府、消费者、参与项目兴建营运的民营企业及金融机构都能盈利的共赢局面。但多方共赢局面的前提在于公私主体之间风险与责任的明确分配。[③] 在公用事业的网络型产业部分，由于其与上下游企业之间可能并不存在有效的供需市场，也不存在借由供给与需求决定价格数量的市场机制，这意味着很多公用事业PPP项目中的竞争问题，特别是"契约型公私合作"[④] 实际上可以通过明确契约责任与违约救济的方式获得解决。例如，在电力产业中通过"契约外包"方式将发电业务委托给民营电厂经营，自然垄断业务的电力输送企业与民营发电厂之间的购电契约实际上是将原本由政府提供的服务转由民间提供的"契约外包"关系。在

[①] 邓敏贞：《论公用事业消费者的权利——基于公私合作背景的考察》，载《河北法学》2014年第4期，第64页。

[②] 邢会强：《PPP模式中的政府定位》，载《法学》2015年第11期，第19页。

[③] 王文宇：《正本清源——评台电与民营电厂纷争涉及的多重法律议题》，载《月旦法学》2013年第6期，第71页。

[④] 2004年欧盟执委会公布了《关于公私合作伙伴关系绿皮书》，该绿皮书将公私合作分为契约型的公私合作伙伴关系与组织型的公私合作伙伴关系两大类。

第六章
公用事业公私合作中竞争促进的竞争执法实现路径

这种服务购买契约关系中，如果公众普遍感到公共产品或服务的价格偏高，要求降低公共产品或服务价格，政府可能会迫于政治压力而提出契约修改要求，从而涉嫌滥用行政权力限制价格。[①] 若干家发电企业如果均拒绝政府或输电企业降价的要求，又可能涉嫌构成固定价格或协同价格的限制竞争行为。然而实际上，在不存在竞争性供需机制的市场条件下，价格是契约自由协商的结果，限制竞争效果的产生实际上是契约设计所导致的负面效果，修改或拒绝修改价格应当适用契约法的相关原则，要求相应主体承担契约责任。

我国台湾地区学者王文宇在剖析台湾地区的台电与民营电厂价格协同纠纷案中，就从公用事业"契约外包"下的市场机能与"照付不议"（Take or Pay）条款两方面否定台湾地区公平交易委员会认为民营电厂行为具有共谋限制竞争的性质，主张以契约纠纷处理公用事业委托外包案件。理由在于：第一，企业之间联合行为规制的目的在于维护市场竞争以避免产生无效率的情形，企业实施联合行为的激励在于可以通过控制产量来提高价格，通过数量控制获得高额利润。但是，在不完全民营化的产业结构下，负责发电业务的民营电厂只能将其电力出售给经营自然垄断输电业务的单一主体，民营电厂无法借由控制电力产量来提高售电价格，不存在借由供给与需求决定价格数量的市场机能。[②] 因此，在公部门业务委托外包的关系中，在前述产业结构下，并不存在实质上具有有效供给需求的发电市场，输电企业与几家民营电厂之间的争议纯粹为契约法上的争议，在契约有效期内，电力供应的数量与价格均由双方所签订的契约决定。第二，公用事业在委外经营后，项目企业与政府之间往往采用"照付不议"条款，即买卖双方约定供需数量，卖方须承担照供无误的义务，买方承担不间断地购买卖方产品的义务，无特殊情况下买方不得随意终止或变更契约，否则将承担相应的违约责任。在长期契约关系中，契约中照付不议条款的制度设计提高了政府或公共购电企业拒绝购买的成本，降低了长期契约关系的不确定性，但是同时也减损了竞争效用，对买方而言会产生购买价格过高或者绝对损失等负面效果。但这种负面效果是照付不议条款所必然产生的

[①] 陈富良、刘红艳：《基础设施特许经营中承诺与再谈判研究综述》，载《经济与管理研究》2015年第1期，第88页。

[②] 王文宇：《正本清源——评台电与民营电厂纷争涉及的多重法律议题》，载《月旦法学》2013年第6期，第86页。

负面效果,而非民营电厂拒绝降低价格导致的。[①]

因此,在处理公共服务委托外包以及特许授权经营方式的 PPP 项目时,需要谨慎区分契约所引致的限制竞争效果与反竞争行为所引致的限制竞争效果,对于在不具有完全市场机能条件下运作的契约所导致的限制效果问题,通过契约责任和违约救济来解决该限制竞争负效果。当公用事业 PPP 项目采用长期契约委外经营或者特许授权时,特别是契约加入"照付不议"条款时,不宜将所有责任都归咎于私营企业,并以反垄断法追究其协同价格的责任,而应通过法律制度明确此种情况下通过情势变更修改契约价格或其他条件的可能性,推动政府和企业之间协商修改契约,并在违反原契约义务时追究相应主体在民事上的违约责任。但需要考虑到的是,由于传统契约救济的弱点,传统私法上所采用的撤销契约、终止契约的损害救济在公用事业领域可能是不够充分的,因为公用事业领域的主要违约损失将发生在消费者身上,而不是发生在作为特许权人的政府机构身上。[②] 大多数案例也证明基于公共服务提供持续性的考虑,在撤销和终止契约之后也往往很难在短期内找到替代者。[③] 因此,强化对违约方的金钱惩罚,将金钱赔偿作为违约责任的主要手段,是在公用事业公私合作中较为有效的救济手段。

此外,在放松管制的自然垄断性公用事业业务部分中,由于存在自然垄断性业务和竞争性业务之间的衔接环节,如果具有垄断地位的项目企业可以通过拒绝交易控制上下游的竞争性市场,放松管制的目的就难以实现。因此,在我国反垄断法律制度"必要设施理论"尚不完备的情况下,有必要通过合理的契约设计和司法救济保证上下游竞争性业务部分经营者的网络接入权,以实现公平竞争。

(二) 政府作为公用事业 PPP 项目监管者的监管责任与司法救济

公用事业的自然垄断性和公益性决定了其一直是政府规制的重点对象,政

[①] 王文宇:《正本清源——评台电与民营电厂纷争涉及的多重法律议题》,载《月旦法学》2013 年第 6 期,第 89 页。
[②] 胡敏洁:《作为治理工具的契约:范围与边界》,载《中国行政管理》2015 年第 1 期,第 90 页。
[③] 〔英〕安东尼·奥格斯:《规制:法律形式与经济学理论》,骆梅英译,北京:中国人民大学出版社 2008 年版,第 338 页。

第六章
公用事业公私合作中竞争促进的竞争执法实现路径

府在公私合作项目的竞争性监管中负有广泛的责任。有学者指出，公共行政部门的公法责任包括监管责任、维持与促进竞争的责任、承诺责任、临时接管责任、赔偿与补偿责任、程序责任六个方面。[1] 其中，维持与促进竞争的责任要求，在市场化配置公共资源的条件下政府应着力提高对 PPP 模式运行的监管能力，防止公共领域缺乏竞争或者竞争不充分而影响公共产品和服务的多元供给，从而损害公共利益。[2] 根据乔斯科（Paul Joskow）的"管制契约"（Regulatory Contract）理论，作为监管者的政府负有双重责任：一方面，政府要负责对公用事业企业的价格进行规制，防止其过高定价或者不合理歧视性定价损害终端消费者利益；另一方面，政府要负责确定合理的定价机制，能够让经营公用事业的企业获得合理的利润回报。如果没有合理的定价，公用事业企业很可能在预期无法收回投资成本的情况下拒绝提供公共服务或者低效提供服务。[3] 特别是对于委托外包和特许经营等完全由私人社会资本方履行的公共任务而言，政府一方面应当确保私人对公共产品给付的持续性，避免民众基本生活因公共服务的中断而遭受危害；另一方面还有义务确保公共服务的价格、服务品质和标准不因提供主体的改变而改变，预防和控制私人社会资本方利用垄断地位以提高价格或者降低质量的方式追求利润最大化。[4]

首先，政府作为公用事业 PPP 项目监管者，负有违法垄断行为的监管责任。对于 PPP 项目公司在项目实施过程中的违法垄断行为，不仅应当由反垄断执法机构承担监管责任，政府项目管制机构以及负责发包的订约机构也应承担相应的垄断发现与监督责任。例如，针对促进公共采购领域中的有效竞争和减少串通投标的风险，OECD 就对订约机构提出了若干建议，包括：在设计招标程序前要掌握全面信息，关注近期可能影响招标竞争的行业活动或趋势；在设计招标程序时最大限度地增加愿意参与竞标的投标人等等。[5] 欧盟 2014 年

---

[1] 卢护锋：《公私合作中政府责任的行政法考察》，载《政治与法律》2016 年第 8 期，第 30—31 页。

[2] 陈婉玲：《公私合作制的源流、价值与政府责任》，载《上海财经大学学报》2014 年第 5 期，第 82 页。

[3] Paul L. Joskow, The Role of Transaction Cost Economics in Antitrust and Public Utility Regulatory Policies, Journal of Law, Economics and Organization, Volume 7, Special Issue, 1991, p. 68.

[4] 卢护锋：《公私合作中政府责任的行政法考察》，载《政治与法律》2016 年第 8 期，第 30 页。

[5] OECD, Guidelines for Fighting Bid Rigging in Public Procurement: Helping Governments to Obtain Best Value for Money, 2009, pp. 4-10. OECD, Recommendation of the OECD Council on Fighting Bid Rigging in Public Procurement, as approved by Council on 17 July 2012, C（2012）115-C（2012）115/CORR1-C/M（2012）9, 2012, p. 2.

公用事业公私合作的竞争促进

《特许经营合同授予指令》也要求订约当局和订约实体采取适当措施应对欺诈、管制偏宠、腐败，并有效预防、识别和解决特许经营权授予过程中的利益冲突，以避免任何扭曲竞争的行为，确保授予过程的透明度和所有竞标者的平等待遇。[①]

其次，政府负有在公用事业公私合作的立项阶段中引入竞争性招标程序，保障经营者能公平参与公用事业特许经营权的竞争的监管责任。我国《政府采购竞争性磋商采购方式管理暂行办法》要求政府购买服务采用竞争性磋商采购方式，即采购人、政府采购代理机构通过组建竞争性磋商小组与符合条件的供应商就采购货物、工程和服务事宜进行磋商，供应商按照磋商文件的要求提交响应文件和报价，采购人从磋商小组评审后提出的候选供应商名单中确定成交供应商的采购方式。《基础设施和公用事业特许经营管理办法》也要求政府采用通过招标、竞争性谈判等竞争方式选择特许经营者。虽然《基础设施和公用事业特许经营管理办法》特别规定，实施机构、有关行政主管部门及其工作人员不履行法定职责、干预特许经营者正常经营活动应当依法给予行政处分，但不明确的是政府如果未引入或未成功引入竞争性程序是否视为不履行法定职责而应当承担相应的行政责任。政府在引入竞争性招投标和谈判过程中，应当采取必要措施减少在位企业的竞争优势，保障参与谈判和投标的竞争者之间的公平竞争。例如，有些规制者会采用"不对称规制"做法（Asymmetric Regulation），对在位企业实施严格化、对新进入企业实施宽松化的双轨规制体系来矫正市场垄断行为，[②] 但不对称规制会造成"在位者负担"，实际上是保护竞争者而非保护竞争，可能会背离竞争公平性的要求。因此，要真正促进竞争，管制者应当谨慎设计规则，使所有竞争者处于平等的管制地位。[③]

再次，政府在公用事业经营过程中还负有竞争机制培育责任，尽量避免产生新的垄断。除因公用事业的性质特殊需要大量的资金或者特殊的设备，须由

[①] Directive 2014/23/EU of the European Parliament and of the Council of 26 February 2014 on the Award of Concession Contracts (Text with EEA Relevance), OJ L 94, 28.3.2014, article 35.

[②] Martin Peitz, Asymmetric Regulation of Access and Price Discrimination in Telecommunications, 28 Journal of Regulatory Economics, 2005, p. 328.

[③] J. Gregory Sidak and Daniel F. Spulber, Deregulatory Takings and the Regulatory Contract: The Competitive Transformation of Network Industries in the United States, Cambridge: Cambridge University Press, 1998, p. 534.

第六章
公用事业公私合作中竞争促进的竞争执法实现路径

单一企业承接外，应充分考虑是否可以由不同企业分别承接，共同参与市场经营；①或者通过区域划分，将承包契约细分为若干分支契约进行招标，从而形成更具竞争性的环境。②这样做不但可增加竞争，避免垄断，确保商品或服务的提供，还可以避免因个别企业发生问题而使公共服务提供陷于中断。在解决在位企业的竞争优势时，正如萨瓦斯指出，政府可以通过向潜在竞争者提供公有设施的租用权来促进竞争者参与，创造更为公平竞争的市场环境。③政府还应当在PPP项目的运营过程中，灵活利用政府补贴机制、收益分配机制、价格调整机制、特许期调整机制、退出机制和再谈判机制等动态调节措施，在保障公用事业公私合作项目竞争性的同时，维护公共利益以及保障项目经营者的收益。④

最后，根据"国家担保理论"，政府负有公平竞争秩序的担保责任。德国行政法学界提出"担保国家"理念，使国家和政府责任从履行责任向担保责任转化。德国学者认为，公私合作中的责任分担，是指合作的社会资本方承担部分或全部公共任务执行责任，而政府则负责确保社会资本方的公共任务履行符合公共利益的要求，此即为国家担保责任。⑤在民营化与公私合作中，国家虽然不再负责直接提供公共服务，而是将其交由私人社会资本方提供，但是应该确保私人履行公共任务时必须遵循法律的规定并以合乎公共利益的方式进行。因此，在公私合作中，虽然国家从公共服务提供者转变为监管者，其责任承担方式也相应发生了改变，从直接的履行责任者转变为担保者的角色，但国家并没有完全免责，对于公私合作中损害造成的赔偿应当承担最终责任。⑥在公用事业公私合作的竞争促进上，这种国家的担保责任就意味着政府有义务要担保

---

① 邓敏贞：《论公用事业特许经营中的政府责任》，载《山东社会科学》2010年第9期，第180页。
② 〔美〕E.S.萨瓦斯：《民营化与公私部门的伙伴关系》，周志忍等译，北京：中国人民大学出版社2002年版，第171页。
③ 同上书，第194—195页。
④ 冯珂等：《基于案例的中国PPP项目特许权协议动态调节措施的研究》，载《工程管理学报》2015年第3期，第90页。
⑤ 〔德〕Jan Ziekow：《从德国宪法与行政法观点论公私协力：挑战与发展》，詹镇荣译，载《月旦法学》2010年第5期，第227页。
⑥ 邹焕聪：《国家担保责任视角下公私协力国家赔偿制度的构建》，载《天津行政学院学报》2013年第6期，第80页。

负责提供公共服务的私人社会资本方能够获得公平竞争的环境。[①] 一方面，政府基于基本权利的保护义务，应该担保新进入市场的经营者能够与在位经营者公平竞争；另一方面，政府基于担保责任，在选择社会资本方时应当采用竞争性程序，并采取措施保障每个投标参与者的自由竞争权和平等竞争权。[②]

在司法救济上，应当在法律上完善"竞争者诉讼"来保障公用事业领域公平竞争的实现，给因竞争受损害的利益相关主体提供相应的司法救济机制。[③] 我国台湾地区学者詹镇荣将"竞争者诉讼"界定为，"多数人经营者之间受行政权影响的竞争状态的基础上所形成的司法争讼事件"，是一种借助于法院之权利救济途径，来达到影响行政机关分配程序的法律制度，它以经营者之间竞争关系的存在、行政权的介入、需通过诉讼权的行使寻求权利救济为主要特征。[④] 竞争者诉讼实际上是基于竞争者"确保平等的程序权利"而衍生的竞争者"无歧视程序形成请求权"，以赋予竞争者一种独立的程序基本权。[⑤] 基于资源的有限性或利益选择，在符合法定标准的前提下，即使竞争结果排除了条件较差者或使条件最佳者享有特殊权利，也不能说是侵害了竞争自由。但如果竞争者在程序上受到了侵害或漠视，导致最终实体决定的公平正确性受到了侵害，并且无客观理由上的正当性来对差别待遇合理化，则可以认定是侵害了其公平竞争的权利。[⑥] 保障竞争者的自由竞争权和公平竞争权尤为重要，应当允许竞争者获得司法上的救济。[⑦] 此外，还应当在公用事业公私合作的相关立法中引入"等待期"概念来保障竞争者的公平竞争权利。"等待期"的存在意味着在政府机构作出授权决定之后，不能立刻签订契约，要经过一段时间的公示期，如果在公示期内没有其他竞争者提出自己公平参与谈判和投标竞争的权利受到损害，才可以缔约。否则就要配合相对迅速的法律救济程序来处理先前授

[①] 杨彬权：《论国家担保责任：主要内涵、理论依据及类型化》，载《西部法学评论》2016年第2期，第50页。
[②] 同上文，第77页。
[③] 詹镇荣：《论经济行政法上之竞争者诉讼》，载《政大法学评论》2013年第4期，第261页。
[④] 詹镇荣：《公私协力与行政合作法》，台北：新学林出版股份有限公司2014年版，第316—323页。
[⑤] 詹镇荣：《竞争者"无歧视程序形成请求权"之保障：评"最高行政法院"九十五年度判字第一二三九号判决》，载《月旦法学》2006年第11期，第38页。
[⑥] 詹镇荣：《公私协力与行政合作法》，台北：新学林出版股份有限公司2014年版，第184页。
[⑦] 杨彬权：《论国家担保责任——担保内容、理论基础与类型化》，载《行政法学研究》2017年第1期，第77页。

第六章
公用事业公私合作中竞争促进的竞争执法实现路径

权决定程序的合法性问题。[①]

但是需要指出的是，政府作为公用事业 PPP 项目监管者，在承担竞争抑制的责任时，应当有所限制。第一，如对政府公权力引起的不当限制竞争的行为或状态，包括通过政策、规章实施的重组、联合等，在适用司法救济时，有必要参考晚近发达国家通行的"主权"原则进行处理。例如，涉及政府机构及其权力义务设置、加入 WTO 的应对政策、法律作相应的修改调整，则受影响的当事人不得就此提起诉讼。[②] 如果只是单纯涉及 PPP 模式中的产业结构分拆或重组、授权特许经营、实施价格管制措施等，一般而言都是可诉的，其行为如果具有不当限制竞争效果，利害关系人可以申请反垄断执法机构进行调查或者寻求司法救济。第二，并非所有涉及竞争问题的公权力措施，都构成对竞争自由的侵害。只有当公权力行为存在实体或者程序瑕疵而影响了竞争者的自由竞争或者公平竞争，例如对社会资本方进行评估筛选的过程违反法定程序，或者因为串通投标而排除投标参与者资格不符合比例原则，才构成对于竞争自由的侵害。例如，在欧盟法院所判决的伦敦劳合社诉意大利卡拉布里亚地区环境保护局案[③]中，欧盟法院就认为订约当局因为串通投标而排除投标者资格不符合比例原则，构成对于其竞争自由的侵害。[④] 我国台湾地区学者詹镇荣也指出："在国家就有限资源或利益为选择性或分配性之高权决定情形，例如政府采购抑或公共建设征求民间参与兴建及营运案，虽然决标或最优申请人甄审决定公权力行为本身，在制度建构上甄审决定本具有排挤竞争条件相对较为不佳之竞争者的效果，然该决标或甄审决定本身若未违反甄选标准抑或其他宪法基本原则者，尚不得被评价为对竞争自由之侵害。"[⑤]

[①] 王文宇等：《"公私合作与法律治理"研讨会会议综述》，载《月旦法学》2014 年第 1 期，第 282 页。

[②] 史际春、肖竹：《反公用事业垄断若干问题研究——以电信业和电力业的改革为例》，载《法商研究》2005 年第 3 期，第 60 页。

[③] Judgment of the Court of Justice of the European Union (Sixth Chamber) of 8 February 2018 in Case No. C-144/17-Lloyd's of London v. Agenzia Regionale per la Protezione dell'Ambiente della Calabria, ECLI: EU: C: 2018: 78, [2018] EUECJ C-144/17.

[④] Giuseppe Bitti, Competition in the Competitor: Collusion in Public Procurement Procedures and Insurance Syndicates Case Law, European Procurement and Public Private Partnership Law Review, Volume 14, Issue 2, 2019, p.139.

[⑤] 詹镇荣：《公私协力与行政合作法》，台北：新学林出版股份有限公司 2014 年版，第 182 页。

第七章
公用事业公私合作中竞争促进的竞争倡导实现路径

一、公用事业公私合作中通过竞争倡导路径促进竞争的必要性

政府在借助公私合作模式提供公共服务的过程中,必须确保一定程度的竞争机制的存在,否则即便采用公私合作模式来提供公共服务,也很难保证公共服务的供给效率和质量,因为由垄断性民间资本来供给公共服务,并不比由政府垄断公共服务供给具备任何优势,甚至比由政府垄断供给更加糟糕。因此,在公用事业引入私人资本运营后,应当最大限度地保障竞争、促进竞争,遏制私营企业以损害消费者利益、损害社会公共利益为代价的私人逐利行为,确保公私合作不会使公用事业从政府垄断变成私人寡头垄断、公私合谋垄断,扭曲公私合作的竞争价值。

公用事业公私合作中竞争促进应当在竞争执法和竞争倡导两个层面推进。竞争执法与竞争倡导被认为是竞争政策的两大支柱。[1] "竞争倡导"(Competition Advocacy),是指竞争主管机构实施的除竞争执法以外所有改善竞争环境的行为。[2] 这些行为主要包括两类:一类针对法律、政策的制定机构和管制机

---

[1] 徐士英:《竞争政策视野下行政性垄断行为规制路径新探》,载《华东政法大学学报》2015年第4期,第38页。

[2] International Competition Network, Advocacy and Competition Policy, 2002, http://www.internationalcompetitionnetwork.org/uploads/library/doc358.pdf, last visited on October 20, 2020.

第七章
公用事业公私合作中竞争促进的竞争倡导实现路径

构,目的在于促进立法以有利于竞争的方式设计,管制以有利于竞争的方式实施;另一类针对所有社会成员,以提升其对竞争的好处以及竞争政策在促进和保护竞争中的作用的认知。有代表性的竞争倡导措施例如,针对立法机构提出有利于竞争的立法建议,针对管制机构提出取消或修改不合理限制竞争的管制措施的建议,发布指导企业行为竞争合规的指南等。① 反垄断执法机构除了负责执行竞争法,还需要承担竞争倡导的任务。② 国际经验表明,竞争倡导有利于促进执法,而且转型经济体国家的竞争执法机构特别需要在制定、实施反垄断法的初期给予倡导优先于执法的地位。③

公用事业公私合作中竞争促进的竞争倡导实现路径的重要意义在于探索反垄断执法机构的竞争执法之外的竞争促进措施,特别是解决反垄断执法机构所无力解决的PPP项目中的垄断难题。例如,我国《反垄断法》在处理行政垄断问题上被称为"无牙老虎",④ 因为它在处理行政垄断时将规制权交给实施了行政垄断行为的上级主管机构,要求当行政机关和法律、法规授权的具有管理公共事务职能的组织滥用行政权力,实施排除、限制竞争行为时,由上级机关责令改正,对直接负责的主管人员和其他直接责任人员依法给予处分。然而,在公用事业PPP项目中,由于政府行政机构也是PPP项目的当事方,其很可能在授予独家经营权时以设定歧视性资质要求、评审标准或者不依法发布信息等方式,排斥或者限制外地经营者参加本地PPP项目招标投标活动,歧视对待外地经营者,或者为了保证项目盈利强迫或协助项目方实施垄断行为。⑤ 地方上级行政机关之间能否完全摆脱对地方GDP和政绩的追求,公正处理下级地方政府在PPP项目中的行政垄断问题,是值得怀疑的。《反垄断法》特别规定,在上级行政机关处理行政垄断问题时,反垄断执法机构可以向

---

① 张占江:《竞争倡导研究》,载《法学研究》2010年第5期,第113页;王先林:《我国反垄断法实施的基本机制及其效果——兼论以垄断行业作为我国反垄断法实施的突破口》,载《法学评论》2012年第5期,第97页。

② International Competition Network,Advocacy and Competition Policy,2002,http://www.internationalcompetitionnetwork.org/uploads/library/doc358.pdf, p. 3, last visited on October 20, 2020.

③ 王先林:《我国反垄断法实施的基本机制及其效果——兼论以垄断行业作为我国反垄断法实施的突破口》,载《法学评论》2012年第5期,第97页。

④ Gordon Y. M. Chan, Administrative Monopoly and the Anti-Monopoly Law: An Examination of the Debate in China, Journal of Contemporary China, Volume 18, Issue 59, 2009, p. 263.

⑤ 曹珊、李达昊:《PPP项目与违法垄断行为:基于华衍水务滥用市场支配地位案例分析》,载曹珊:《PPP运作重点难点与典型案例解读》,北京:法律出版社2018年版。

有关上级机关提出依法处理的建议，这也意味着反垄断执法机构对行政机构限制竞争行为的预防和消除主要依赖竞争倡导。[①] 又如，研究公用事业民营化和公私合作的著名学者萨瓦斯指出，公用事业领域需要进行产业结构重组来创造更好的竞争环境。[②] 能否实现竞争性经营环境的产业重组，有效拆分公用事业领域的自然垄断业务与竞争性业务，并不是反垄断执法机构单纯凭借竞争执法就可以做到的，需要建立有利于竞争促进的管制与放松管制框架，在很大程度仍然依赖于管制机构的规制作用以及管制机构与反垄断执法机构的协调运作。若能落实公平竞争审查机制，由反垄断执法机构对立法机构提出有利于促进竞争的产业立法建议，对管制机构提出取消或修改不合理限制竞争的管制措施的建议，[③] 将在更大程度上促进公用事业公私合作领域的竞争性。再如，反垄断执法机构只能在现行反垄断法律制度的框架之内规制公用事业领域的限制竞争问题，如果能够随着放松管制和市场机制的引入，渐进性扩大反垄断法在管制行业领域的适用范围，就可以更大限度地让反垄断执法机构发挥竞争执法的作用，在更大程度上促进竞争。

因此，本部分重点探索公用事业公私合作竞争倡导层面的制度建构，包括完善公用事业公私合作的法律制度供给，落实公平竞争审查制度，逐步缩减公用事业领域的反垄断法适用除外，通过改善准入管制来扩大社会资本参与，健全对管制的竞争评估，推动竞争性磋商以及建立公私企业监管中立的法律与政策环境。

二、完善公用事业公私合作的法律制度体系

为了促进经济性规制的理性发展，首要任务在于建立更为一贯适用的制度框架，以制度理性引领公用事业公私合作的可持续发展。有关公私合作模式的研究指出："假设存在市场激励，公私合作似乎比有等级的命令关系或者对抗性的规制方法更为适当。但是，公私合作实施的成功很大程度上取决于早就界

[①] 张占江：《竞争倡导研究》，载《法学研究》2010 年第 5 期，第 114 页。
[②] 〔美〕E. S. 萨瓦斯：《民营化与公私部门的伙伴关系》，周志忍等译，北京：中国人民大学出版社 2002 年版，第 324 页。
[③] 王先林：《我国反垄断法实施的基本机制及其效果——兼论以垄断行业作为我国反垄断法实施的突破口》，载《法学评论》2012 年第 5 期，第 97 页。

第七章
公用事业公私合作中竞争促进的竞争倡导实现路径

定好了政府和私人企业之间伙伴关系的合理的法律程序、协议和契约的发展。"[1] 耶鲁大学的恩格尔（Eduardo Engel）等人在对成功的 PPP 项目的制度进行研究后指出，法律制度与法治环境对于 PPP 的成功而言至关重要。在缺乏法治的环境中，PPP 项目的投资者可能会被敲诈，或遭受监管部门的盘剥，还可能因为项目运营良好的高回报率而面临被征用或者收回的风险。这些会限制私营部门参与具有长期性的 PPP 项目。[2] 诸多国家推行公用事业民营化和公私合作的经验表明，需要构建有效的规章制度来保障公共利益、消费者利益和私人利益的平衡，保证公平竞争以及促进市场机制的发挥。

目前，我国公用事业领域 PPP 项目运行的实际情况是管理部门过多，各个部门基于财政管理、项目建设、项目融资考虑分别出台法律规则以及政策文件，会导致 PPP 项目实际上失去有效的制度指引。[3] 从法律层级来看，目前有关 PPP 模式的法律规定除了国务院公布的条例外，多表现为部委规章或地方性法规，不但立法的层级较低，也缺乏统一的法律制度构建，不利于 PPP 项目在授权与管理上的统一性，也不利于竞争机制在 PPP 模式中的全面落实，甚至会影响 PPP 项目的顺利运营。例如，媒体调研显示，涉及工程建设内容的 PPP 项目就可能与不涉及该内容的 PPP 项目在招投标流程中存在不一致的地方。在涉及工程建设内容的 PPP 项目中，一般首先要通过公开招标选定社会资本方，然后再通过公开招标选定工程建设企业，即进行两阶段招标。而根据《招标投标法实施条例》第 9 条的规定，具有相应建设资质的施工企业经过第一阶段招标后可以直接进行工程建设，可以通过一次招标将上述两次招标采购的程序予以合并。但是，对于不涉及工程建设内容的 PPP 项目，大多采用竞争性磋商方式选择社会资本方，社会资本方中选后是否仍然可以采用这种合并选择模式项目运营主体，尚不明确，会导致作为订约机构的地方政府以及参与投标的社会资本方均无所适从。[4] 又如，由国家发改委主导制定的《中华人

---

[1] Nutavoot Pongsiri, Regulation and Public Private Partnership, International Journal of Public Sector Management, Volume 15, Issue 2, 2002, p. 489.

[2] Eduardo Engel et al., Public-Private Partnerships: When and How, July 19, 2008, https://www.researchgate.net/publication/251176256_Public_Private_Partnerships_When_and_How, p. 17, last visited on October 20, 2020.

[3] 韩侣：《论 PPP 模式的起源、价值及趋势》，载《实事求是》2016 年第 5 期，第 25 页。

[4] 罗建钢：《PPP 困境：挑战与对策》，http://news.ifeng.com/a/20160711/49331606_0.shtml，2020 年 10 月 23 日最后访问。

民共和国招标投标法》（以下简称《招标投标法》）和由财政部主导制定的《中华人民共和国政府采购法》（以下简称《政府采购法》）也存在一定冲突，反而有可能引发立法冲突和监管失效问题，① 以至于相关规定并不能为PPP项目运行提供充分的法律保障。②

从现有法律制度中的竞争机制保障来看，虽然目前《政府采购法》《招标投标法》《政府采购竞争性磋商采购方式管理暂行办法》等法律法规都强调公用事业项目评审与授权时的竞争性磋商，但是，在具体如何保护竞争者权利的措施上仍然存在不足。2017年国务院法制办公布的《基础设施和公共服务领域政府和社会资本合作条例（征求意见稿）》（以下简称《征求意见稿》）中，除了要求订约机构采用竞争性方式选择社会资本方之外，几乎没有提及PPP中如何保障竞争的问题：

首先，在一般性原则中并没有汲取其他国家以及国际组织的示范性做法，将不得限制竞争作为PPP立法的原则之一。③ 与之相比，欧盟《政府采购指令》《供水、能源、运输和邮政服务部门实体采购的指令》均在采购原则中规定，订约实体应当平等、非歧视地对待所有经济经营者，并且应以透明和符合比例原则的方式行事。采购程序的设计不应当出于人为限制竞争的意图。如果采购的设计是为了对某些经济经营者给予不适当的竞争优势或劣势，则应认为构成人为地减少竞争。④ 联合国国际贸易法委员会也建议将竞争作为立法原则之一。《贸易法委员会公私合作示范立法条文》第1条"PPP指导原则"中的两个条文备选方案均将"竞争"作为批准PPP项目的原则之一。⑤ 世界银行将秘鲁PPP立法作为良好的示范性实践。在秘鲁PPP立法中确立的各种PPP项

---

① 喻文光：《PPP规制中的立法问题研究——基于法政策学的视角》，载《当代法学》2016年第2期，第77页。

② 章志远、李明超：《我国公用事业特许经营的法律困境及其消解》，载《河北科技大学学报（社会科学版）》2011年第2期，第41—46页。

③ 《基础设施和公共服务领域政府和社会资本合作条例（征求意见稿）》第5条仅规定："基础设施和公共服务项目采用政府和社会资本合作模式，应当积极稳妥、依法合规，遵循平等协商、诚实守信、长期合作、公开透明的原则，坚持公共利益优先。"

④ Directive 2014/24/EU of the European Parliament and of the Council of 26 February 2014 on Public Procurement and Repealing Directive 2004/18/EC（Text with EEA Relevance），OJ L 94, 28.3.2014, article 18. Directive 2014/25/EU of the European Parliament and of the Council of 26 February 2014 on Procurement by Entities Operating in the Water, Energy, Transport and Postal Services Sectors and Repealing Directive 2004/17/EC（Text with EEA Relevance），OJ L 94, 28.3.2014, article 36.

⑤ UNCITRAL Model Legislative Provisions on Public-Private Partnerships, 2020, model provision 1.

第七章
公用事业公私合作中竞争促进的竞争倡导实现路径

目指导原则中,竞争是其中之一。秘鲁 PPP 立法中要求,必须寻求竞争以确保效率以及降低公共基础设施和公共服务的提供成本。政府必须避免任何反竞争或共谋的行为。[①]

其次,《征求意见稿》也没有对联合串通投标、限制竞争的投标者予以参与者资格排除。在欧盟,一旦发现串通投标的行为,投标者除了会被订约当局根据《特许经营合同授予指令》《政府采购指令》《供水、能源、运输和邮政服务部门实体采购的指令》中的相关要求而排除投标者资格,[②] 还会因为违反《欧盟运作条约》第 101 条中禁止经营者之间达成以扭曲竞争为目的或具有限制竞争影响的协议而被竞争执法机构处罚。德国《反对限制竞争法》中的公共采购部分也将串通投标作为排除投标参与者资格的理由。《反对限制竞争法》将排除分为"强制性排除理由"(Compulsory Grounds for Exclusion)与"有条件排除理由"(Facultative Grounds for Exclusion)两大类型。"强制性排除理由"包括的一般都是投标者存在洗钱、欺诈等严重犯罪行为,而投标者之间的限制竞争行为,被放在"有条件排除理由"内。如果公共订约当局有充分的迹象表明该企业与其他企业缔结了协议或从事了以限制或扭曲竞争为目的或产生了该效果的一致行动;或者执行采购程序中存在利益冲突,这可能会损害为公共订约当局工作的人员在执行采购程序中的公正性和独立性,并且不能通过其他限制性较小的措施来有效地加以纠正;或者竞争的扭曲是由于企业事先参与了采购程序的准备,而这种竞争的扭曲不能用其他限制性较小的措施来纠正。[③]

再次,在 PPP 项目的转让上,《征求意见稿》规定,PPP 项目在建设期内

[①] Ley No. 30167: Ley que Modifica el Decreto Legislativo 1012. Lima: Presidente de la Republica del Peru, 2014, cited in World Bank, Public-Private Partnerships Reference Guide, Version 3, 2017, p. 64.

[②] Directive 2014/23/EU of the European Parliament and of the Council of 26 February 2014 on the Award of Concession Contracts (Text with EEA Relevance), OJ L 94, 28.3.2014, article 38 (e); Directive 2014/24/EU of the European Parliament and of the Council of 26 February 2014 on Public Procurement and Repealing Directive 2004/18/EC (Text with EEA Relevance), OJ L 94, 28.3.2014, article 57; Directive 2014/25/EU of the European Parliament and of the Council of 26 February 2014 on Procurement by Entities Operating in the Water, Energy, Transport and Postal Services Sectors and Repealing Directive 2004/17/EC (Text with EEA Relevance), OJ L 94, 28.3.2014, article 80.

[③] Act against Restraints of Competition in the version published on 26 June 2013 (Bundesgesetzblatt (Federal Law Gazette) I, 2013, p.1750, 3245), as last amended by Article 10 of the Act of 12 July 2018 (Federal Law Gazette I, p.1151), https://www.gesetze-im-internet.de/englisch_gwb/englisch_gwb.html#p1289, articles 123-124, last visited on October 12, 2020.

时，社会资本方不得转让其持有的 PPP 项目公司股权；PPP 项目在建设后的运营期内，只要经政府实施机构报本级人民政府同意，社会资本方就可以转让其持有的 PPP 项目公司的股权。[①] 但是，这种转让可能导致新的社会资本方不需要经过竞争性程序，直接通过转让就可以获得 PPP 项目公司的经营权和控制权，特别是对于这种转让未附加经营者集中申报与审查的要求时，公共服务提供者之间的资产或股权的收购，甚至有可能在自由化部门形成寡头垄断或独家垄断局面。

最后，如果存在情势变更致使第一顺位者无法履行 PPP 项目时，是由次顺位者递补签约还是重启竞争性磋商，尚不明确。竞争者能否通过诉讼或者仲裁等方式寻求救济，因行政权力不当干预而未能参与公平竞争的申请人是否可以主张政府赔偿等问题，在《征求意见稿》中也缺乏明确规定。[②]

由于制度供给上缺乏顶层性和系统性，PPP 上位法体系未建立，下位法冲突[③]会造成实践工作中的众多困惑和难题，因此，有必要通过完善涉及公用事业公私合作模式的现有法律制度，为参与 PPP 项目竞标的竞争者提供充分的权利保障，保障竞争机制的有效落实，明确 PPP 项目中政府方与社会资本方以及其他参与方的权利义务，保障和规范政府监管权力的运用，防止权力滥用和不当行使，切实保障社会资本方的利益和社会公共利益。[④]不过，在制度设计时要注意不宜全盘照搬西方国家的 PPP 竞争规制制度，而必须结合我国 PPP 模式中的现实困境，寻求因应之策。目前，PPP 制度是由我国政府所主导的"强制性制度变迁"，[⑤] 国务院及各部委给予充分政策支持，使得我国 PPP 制度发展具有"激进式改革"的力度，PPP 项目一直保持着野蛮发展的态势，原本关于公私合作的设想变为"国企狂欢"的现实，缓解地方债务的目标再度沦为地方债务危机的泥塘。我国 PPP 项目"井喷式"发展之后的乱象是因为西方国家公私合作的 PPP 制度进入我国本土之后出现了制度"低效"

[①] 《基础设施和公共服务领域政府和社会资本合作条例（征求意见稿）》，第 26 条。
[②] 詹镇荣：《公私协力与行政合作法》，台北：新学林出版股份有限公司 2014 年版，第 310 页。
[③] 管清友：《PPP 既要关注规模更要注重质量》，http://finance.people.com.cn/n1/2016/0831/c1004-28678993.html，2020 年 10 月 25 日最后访问。
[④] 邢会强：《PPP 模式中的政府定位》，载《法学》2015 年第 11 期，第 22 页。
[⑤] 依据制度变迁的理论，制度变迁包括自下而上的"诱致性制度变迁"（Imposed Institutional Chang，也称"需求主导型制度变迁"）和自上而下的"强制性制度变迁"（Induced Institutional Chang，也称"供给主导型制度变迁"）两大基本类型。"强制性制度变迁"，主要是指通过行政权力和立法手段等外在强制力推行制度、变革制度的一种制度变迁方式。

第七章　公用事业公私合作中竞争促进的竞争倡导实现路径

的情形。① 正如以皮斯托（Katharina Pistor）、米尔哈特（Curtis Milhaupt）、霍奇森（Geoffrey Hodgson）等为代表的"法律制度主义"（Legal Institutionalism）研究所指出的，某些标准化的方法可能会实际上削弱制度更不发达的国家改善治理的目标，新的规则或者新移植的法律要融入本国法律和市场变迁持续不断进程的一部分，需要充分考虑本国的法律、经济和政治制度，获得当地理解法律的民众的支持。② 因此，在借鉴联合国以及OECD的实践指南和欧美经验推动PPP制度构建与完善时，要充分考虑其与我国社会主义市场经济下的法律、经济甚至政治制度的衔接，注意在现实可行的基础上设计渐进变迁式的制度。

三、在涉及竞争问题的立法时落实"公平竞争审查"机制

国际竞争网络（International Competition Network）倡导各国采用"立法优先咨询"（Priory Statutory Consultation）机制，要求相关机构在制定涉及竞争问题的法律和政策时，需要事前咨询或听取竞争主管机构的意见，从而最大限度确保竞争不被不当扭曲。通过事先咨询防范反竞争规则的生成要比事后修改容易很多，因此，这一机制被认为是减少国家权力进行反竞争干预的主要途径。③ 2015年3月，《中共中央、国务院关于深化体制机制改革加快实施创新驱动发展战略的若干意见》明确提出："打破地方保护，清理和废除妨碍全国统一市场的规定和做法，纠正地方政府不当补贴或利用行政权力限制、排除竞争的行为，探索实施公平竞争审查制度。"2016年6月，国务院印发了《国务院关于在市场体系建设中建立公平竞争审查制度的意见》，要求建立公平竞争审查制度，防止出台新的排除限制竞争的政策措施，并逐步清理废除已有的妨碍公平竞争的规定和做法。根据国务院的这一要求，2017年10月，国家发展和改革委员会、财政部、商务部、国家工商行政管理总局、国务院法制办

---

① 陈婉玲、胡莹莹：《民营企业参与PPP项目的困境与风险控制》，载《福州大学学报（哲学社会科学版）》2020年第2期，第35页。
② Curtis J. Milhaupt and Katharina Pistor, Law and Capitalism: What Corporate Crises Reveal about Legal Systems and Economic Development around the World, Chicago and London: The University of Chicago Press, 2008, p.217.
③ 张占江：《竞争倡导研究》，载《法学研究》2010年第5期，第120页。

共同制定了《公平竞争审查制度实施细则（暂行）》。该实施细则第2条要求，行政机关以及法律法规授权的具有管理公共事务职能的组织，在制定市场准入、产业发展、招商引资、招标投标、政府采购、经营行为规范、资质标准等涉及市场主体经济活动的规章、规范性文件和政策措施时，应当进行公平竞争审查，评估对市场竞争的影响，防止排除、限制市场竞争。经审查认为不具有排除、限制竞争效果的，可以实施；具有排除、限制竞争效果的，应当不予出台或者调整至符合相关要求后出台；未经公平竞争审查的，不得出台。与行政垄断规制制度侧重垄断行为发生后的事后规制和矫正不同，公平竞争审查机制采用事前规制的方法，更能够预防行政垄断的发生。

因此，如果公用事业公私合作模式的立法和政策涉及竞争议题，应当落实公平竞争审查机制，要求相关产业机构在制定或修订涉及产业管制、费率管制、接入管制、限制竞争行为等内容的法律与政策时，评估其可能的限制竞争效果。不过，我国的公平竞争审查制度主要依赖于政策制定机构的"自我审查"模式，以实现行政权力的自我规范、自我约束和自我控制，[①] 但是在实践中这种自我审查模式可能会减损公平竞争审查制度的执行力。[②] 对此，黄勇等学者建议，在必要的情况下，对于正在制定中的社会和利益相关方反响、争议较大的，可能引起竞争关注的规范性文件和政策措施，应保留竞争执法机构事先介入并提出建议的权力。[③] 涉及公用事业公私合作的立法也可以事先咨询反垄断执法机构的意见，由反垄断执法机构负责核查相关草案是否含有不合法或不正当阻碍竞争的内容，并提出相关修改建议。对涉及公私合作的立法、政策与措施进行公平竞争审查，将《反垄断法》的事后行政垄断规制权前移，可以

[①] 金善明：《公平竞争审查机制的制度检讨及路径优化》，载《法学》2019年第12期，第11页。

[②] Yong Huang and Baiding Wu, China's Fair Competition Review：Introduction, Imperfections and Solutions, Competition Policy International Antitrust Chronicle, Volume 3, 2017, p.16. 有学者通过对国家发改委公布的公平竞争审查案例的实证分析研究发现，现有公平竞争审查主要通过上级机关来启动，而通过政策制定机关自我审查启动公平竞争审查并最终清理出违反审查标准政策措施的案例仅占5%，公平竞争审查制度的"自我审查"效果并不理想，政策措施制定主体的审查效率及积极性仍有较大的提升空间。参见朱静洁：《公平竞争审查制度实施情况的实证研究——以国家发改委公布的59个审查案例为样本》，载《竞争政策研究》2018年第4期，第128页。有学者指出，"自我审查"的设定就决定了公平竞争审查制度的实际效能将取决于行政首长的意志和上级机关的态度，而非源自制度本身的自主性、公开性和可监督性，因而实践前景并不容乐观。参见金善明：《公平竞争审查机制的制度检讨及路径优化》，载《法学》2019年第12期，第13页。

[③] 黄勇等：《竞争政策视野下公平竞争审查制度的实施》，载《价格理论与实践》2016年第4期，第34页。

第七章
公用事业公私合作中竞争促进的竞争倡导实现路径

事前阻止具有行政垄断性质的政策、措施与规范性文件的发布,[①] 能够有效预防目前我国在公用事业公私合作模式中频发的行政性垄断问题,[②] 契合完善行政性垄断规制的法律治理需求。[③]

为了增加竞争程序的透明度,竞争主管机构还可以通过"发布指南""合规指引"等方式促进竞争。目前,我国公用事业领域中的公部门和私部门都可能存在潜在的竞争不合规问题,不仅会影响公共服务的有效提供,损害消费者利益,也会给通过公私合作引入私人资本运营公用事业带来阻力。我国反垄断执法机构在加强公用事业领域反垄断执法的同时,可以借鉴英国做法,推动PPP项目企业竞争合规指引制度的建立与发展,帮助PPP项目经营者避免实施违反反垄断法的行为,有效弥补以"事后规制"模式为主的反垄断执法的不足,保障公用事业PPP项目的稳健运行。[④] PPP项目企业竞争合规指南可以针对公用事业PPP模式中不同的限制竞争行为,包括PPP项目企业防止滥用市场支配地位指南、管制影响指南、竞争性磋商合规指南等;也可以针对不同公用事业产业内的PPP模式发布竞争促进指南。[⑤]

四、逐步缩减公用事业领域的反垄断法适用除外

在公用事业公私合作模式中促进竞争,还需要探索如何逐步缩减公用事业领域的"反垄断法适用除外",扩大公用事业领域反垄断法的适用范围。长期以来,基于产品或服务的公共性、规模经济效应、自然垄断性特征,公用事业

[①] 丁茂中:《行政行为的竞争合规制度研究》,载《现代法学》2017年第2期,第29页。

[②] 例如,在湖南省工商局纠正湖南省相关市州经信部门滥用行政权力排除、限制竞争行为案中,湖南省8个市的经信部门所制定和发布的文件,或者要求各电站统一设备生产厂商和型号,或者要求限定供应商数量等。湖南省工商局认为,这些文件违反了《反垄断法》和《国务院关于在市场体系建设中建立公平竞争审查制度的意见》的相关规定,要求所有涉案经信部门均撤销或停止执行违法文件。在潍坊市住房城乡建设局、财政局、发展改革委主动纠正滥用行政权力排除限制竞争行为案中,新建住宅小区供电设施建设施工,原本应由小区建设单位按照国家招投标的规定,自主选择,但是这些行政机关联合发布文件,要求新建住宅小区的供电设施由专业经营单位统一建设、统一施工、统一收费,其费用由小区建设单位缴纳,剥夺了小区建设单位选择供电设施建设单位的权利。参见国家市场监管总局关于发布2018年市场监管部门制止滥用行政权力排除、限制竞争行为典型案例的公告。

[③] 丁茂中:《论我国行政性垄断行为规范的立法完善》,载《政治与法律》2018年第7期,第144页。

[④] 丁茂中:《英国竞争合规指引机制的考察与思考》,载《价格理论与实践》2014年第9期,第24页。

[⑤] 张占江:《竞争倡导研究》,载《法学研究》2010年第5期,第123页。

管制行业往往是不适用反垄断法的领域。但随着20世纪70年代放松管制的兴起，由于竞争机制的引入，政府管制主要存在于剩余的自然垄断业务部分或者自然垄断业务与竞争业务相交接的界面，政府管制也趋向于以促进有效竞争为导向，因此，公用事业领域反垄断法的适用范围不断扩大，反垄断法适用除外制度的范围有不断缩小的趋势。[1] 在公用事业放松管制下被拆分和剥离的竞争性业务一般完全采用市场化机制运作，其在原有产业管制下所享有的反垄断豁免特权也往往被取消，主要由反垄断法律制度进行事后反垄断规制，甚至完全替代管制政策起规制作用。正如苏永钦指出，竞争机制在资源分配上扮演着愈来愈重要的角色，国家利用产业管制介入经济活动，无论从量的方面还是从质的方面来看，都愈来愈少。逐步放松管制的国家都倾向于建立"以竞争政策为主，以管制政策为辅"的规制政策。[2]

反垄断法对公用事业领域的适用也应当从以前的"整体豁免标准"转变为"一般适用、特殊豁免"原则。[3] 即使公用事业行业还存在反垄断法的适用除外情况，也不应是该行业整体豁免于反垄断法，而应当是行业整体适用反垄断法，特殊情况或特殊行为才享有反垄断豁免。[4] 例如，德国《反限制竞争法》1998年第6次修订和2005年第7次修订时就废除了电力、天然气、交通运输业、保险业和体育业的适用除外，仅保留了对农业和报纸、杂志行业的转售价格维持的适用除外规定。[5] 日本2000年修订的《禁止私人垄断及确保公正交易法》废止了对电力、煤气、铁路等管制行业的适用除外。[6]

只有在公用事业领域构建起促进竞争的有效法律框架，公用事业公私合作模式才能在项目立项、项目建设、项目运营、特许授权、价格监管等阶段中都尊重与维护竞争价值，参与PPP项目的私人主体、政府资本、作为监管者的政府机构才都能够在反垄断法框架内约束自身的不当限制竞争行为。正如王先林指出，在公用事业的垄断行业通过实施反垄断法，打破垄断，引入和维护竞

---

[1] 史际春、杨子蛟：《反垄断法适用除外制度的理论和实践依据》，载《学海》2006年第1期，第75—76页。
[2] 苏永钦：《走入新世纪的私法自治》，北京：中国政法大学出版社2002年版，第183页。
[3] 张占江：《自然垄断行业的反垄断法适用——以电力行业为例》，载《法学研究》2006年第6期，第57页。
[4] 曾晶：《论管制行业的反垄断法规制》，载《政治与法律》2015年第6期，第94页。
[5] 张占江：《反垄断法的地位及其政策含义》，载《当代法学》2014年第5期，第110页。
[6] 同上。

争机制，不但对于推动经济增长、改善民生、解决收入分配不公、提高国际竞争力具有重要意义，还可以彰显反垄断法应有的权威，切实推进我国垄断行业改革。[①] 反垄断法适用范围的扩大可以循序渐进，与公用事业产业放松规制改革的趋势相协调，同时为了提高扩大反垄断法适用范围的科学性，使促进竞争的改革更具说服力，可以借鉴日本做法，成立由学者、行业管制机构、消费者等组成的专门研究机构，深入调查研究，广泛听取意见，在形成广泛共识后再提出相关建议。[②]

五、推动产业管制与竞争政策的协调运作，共同促进公私合作模式的竞争性

产业管制与竞争政策均意在防止不当限制竞争行为损害消费者利益。虽然从公用事业行业的完全管制到放松管制引入私人资本与市场机制，政府管制的范围在不断缩减，但保留的产业管制与竞争政策之间不可避免地会产生并存，在这种情况下如果某一纳入产业管制法的行为限制了市场竞争，就会产生产业管制与竞争政策的适用分歧，特别需要维持竞争政策与产业补贴政策的平衡运作，共同推动公用事业公私合作模式的有效开展。产业管制与竞争规制的协调运作至少通过以下几个途径实现：首先，为了防止产业立法阻碍该领域内促进竞争性质的改革，产业立法除了必须满足实体与程序上的立法正当性要求之外，还应当对其阻碍竞争的内容设定限度。可以参照欧盟法的规定，要求产业政策的扭曲竞争做法应当是实现产业目标所必需的，同时确保该做法是所有可能采取的做法中竞争扭曲影响最小的措施，避免对竞争政策造成过度扭曲，损害公共利益。[③] 其次，产业立法还应当在垄断经营的业务范围内探索如何打破独占，尽可能创造竞争。产业立法可以确立某公用事业及其分支产业开放竞争的程度以及如何开放竞争。[④] 在暂时不能完全开放竞争的业务范围内，通过具体管制条件的设定尽可能实现有效竞争，比如确立两家以上企业竞争性经营，

[①] 王先林：《我国反垄断法实施的基本机制及其效果——兼论以垄断行业作为我国反垄断法实施的突破口》，载《法学评论》2012 年第 5 期，第 103 页。

[②] 张占江：《竞争倡导研究》，载《法学研究》2010 年第 5 期，第 125 页。

[③] 王文宇：《正本清源——评台电与民营电厂纷争涉及的多重法律议题》，载《月旦法学》2013 年第 6 期，第 69 页。

[④] 史际春：《公用事业引入竞争机制与"反垄断法"》，载《法学家》2002 年第 6 期，第 64 页。

或通过特许权投标竞争，实现管制范围内的有效竞争。[1] 最后，通过竞争执法来规制违法管制与不合理管制行为，为民间资本的引入创造公平竞争的市场环境。

六、通过改善准入管制来扩大公用事业公私合作的私人参与

新福利经济学家鲍莫尔（William Baumol）等人提出的"可竞争市场理论"（Theory of Contestable Markets）证明，只要市场准入和退出自由，市场中即使存在垄断也并不必然导致福利损失，因为垄断者会出于对潜在进入者的担心而采取符合市场供求的价格策略，市场准入和退出自由使垄断者无法获取超额垄断利润。[2] 即使在自然垄断结构的市场中，潜在企业的进入威胁可以有效地制约在位企业，因为潜在的新进者会对现有企业的定价和绩效施加竞争性约束。[3] 范伯格（Robert Feinberg）和莫伊尔斯（Mieke Meurs）的研究指出，放宽市场准入所产生的市场竞争效果可能甚至比反垄断执法的效果更好。[4] 因此，自然垄断的企业也可以为提供市场服务而展开竞争，放松公用事业管制，消除进入原本处于垄断状态的产业市场的各种壁垒，允许新企业进入市场进行竞争，是一种更为有效的提供公共物品、规制公用事业的方法。改善准入管制，逐步消除准入壁垒，甚至能够成为替代反垄断执法以促进公用事业 PPP 中的竞争的有效措施。[5]

虽然《国务院关于鼓励和引导民间投资健康发展的若干意见》鼓励民营资本参与交通运输建设、水利工程建设、电力建设、石油天然气建设、电信建设、土地整治和矿产资源勘探开发以及进入市政公用事业，然而最近民营资本参与公用事业建设投资实际上呈现下滑趋势，而其中民营资本"准入难"则是

---

[1] 王俊豪等：《中国垄断性产业结构重组分类管制与协调政策》，北京：商务印书馆2005年版，第91页。

[2] William J. Baumol, Contestable Markets: An Uprising in the Theory of Industry Structure, The American Economic Review, Volume 72, Issue 1, 1982, p. 2.

[3] William J. Baumol, John C. Panzar and Robert D. Willig, Contestable Markets and the Theory of Industry Structure, New York: Harcourt Brace Jovanovich, 1982, p. 7.

[4] Robert M. Feinberg and Mieke Meurs, Privatization and Antitrust in Eastern Europe: The Importance of Entry, Antitrust Bulletin, Volume 39, 1994, p. 806.

[5] Alexander Volokh, Privatization and Competition Policy, in Thomas K. Cheng et al., Competition and the State, Stanford, California: Stanford University Press, 2014, p. 27.

第七章
公用事业公私合作中竞争促进的竞争倡导实现路径

重要的原因之一。根据管清友的统计，在全国PPP中心项目库中已签约项目中，国企签约的PPP项目金额是民营企业项目金额的近3倍。民企投资的PPP项目大多集中在投资额在3亿元以下的项目，而且主要集中在养老、生态环保、文化等投资规模小的项目。根据相关统计，从2014年到2017年，民企在PPP项目中所占的份额从35.5%下滑到24.77%。[①] 影响民营资本参与PPP项目建设的原因包括：(1) 在社会资本一方为非关联国有资本的情况下，行政机关会对国有资本和民间资本差别以待，甚至导致优质PPP项目被国企垄断。不少地方政府将公益性项目以PPP模式交由社会资本运营，但是将利润收益较高的项目留给政府平台公司或国有企业来做，这也降低了社会资本方尤其是民营资本方参与PPP项目的积极性。[②] (2) 配套改革和制度建设不到位，导致民营资本参与PPP项目的困难。由于公用事业领域的价格和费用体系较为模糊，财政补贴机制尚未完善，制约社会资本投资回报的合理测算，影响了民营资本参与公用事业PPP项目的积极性。[③] (3) 对民营资本权益的法律保障不足，导致民营资本担心PPP项目契约无法正常履行，特别是在政府方违反合约时，缺乏有效渠道维护自身的合法权益。[④] (4) 相较于国有企业，民营企业在参与公用事业PPP项目时在获得融资上更为困难，融资成本更高，这也造成了公用事业PPP模式中国有企业对民营企业的挤出效应。[⑤]《国务院办公厅关于进一步做好民间投资有关工作的通知》中指出，民营企业普遍反映，在市场准入条件、资源要素配置、政府管理服务等方面，仍难以享受与国有企业同等的"国民待遇"。

公用事业领域的不合理准入管制不仅会给民营资本参与PPP项目带来障碍，也可能成为行政权力寻租的温床。为了维护公用事业公私合作领域的有序竞争、保障消费者利益和社会公共利益，应当坚持扩大融资渠道、促进投资多

[①]《数据报告系列：民营企业参与PPP项目"双降"原因探析及政策建议》，http://www.bridata.com/report/detail?id=1187，2020年10月2日最后访问。

[②] 罗建钢：《PPP困境：挑战与对策》，http://news.ifeng.com/a/20160711/49331606_0.shtml，2022年10月2日最后访问。

[③] 管清友：《解读中国式PPP十大痛点》，http://finance.sina.com.cn/china/gncj/2016-06-13/doc-ifxszkzy5213693.shtml，2022年10月2日最后访问。

[④]《财政部：着力提高PPP民营资本参与率》，http://kuaixun.stcn.com/2016/1215/12980173.shtml#_cj，2022年10月2日最后访问。

[⑤] 张继峰：《PPP融资困局及解决之道》，http://business.sohu.com/20161023/n471056872.shtml，2022年10月2日最后访问。

元化。①《财政部关于进一步推动政府和社会资本合作（PPP）规范发展、阳光运行的通知》（财金〔2022〕119号）中特别强调要保障社会资本充分竞争；要求项目实施机构应坚持公平、公正、公开原则，依法择优选择具有投资、运营能力的社会资本参与PPP项目；鼓励国有企业、民营企业、外资企业等各类市场主体作为社会资本方平等参与PPP项目。这就需要改善准入管制，消除不合法和不合理的市场准入壁垒，从而真正确保PPP模式中公平竞争的环境，或者即使市场中存在垄断，但至少能够保障市场的结构是"可竞争的"（Contestable），竞争者存在进入相关市场与退出相关市场的自由。改善准入管制可以从设置负面准入清单、公用事业行业分类制度革新、业务经营许可制度革新三方面入手：

第一，推动公用事业行业的市场准入从"正面清单"模式向"负面清单"模式逐渐过渡。《国务院办公厅关于进一步做好民间投资有关工作的通知》指出，各级政府应当对照国家政策要求，坚持一视同仁，抓紧建立市场准入负面清单制度，进一步放开民用机场、基础电信运营、油气勘探开发等领域准入，在基础设施和公用事业等重点领域去除各类显性或隐性门槛，促进公平竞争。以该通知为依据，可以推动公用事业行业市场准入逐渐向"负面清单"模式过渡，在法律和法规未作准入禁止的产业部门上，允许民营资本自由参与竞争。

第二，推动公用事业行业的分类制度革新。在审慎调研和论证的基础上，改革现有电信、电力、燃气等公用事业领域的产业部门分类标准，列出尚具有自然垄断特性的业务部门，规定合理的准入门槛，完全开放其他竞争性业务，鼓励民营资本进入，促进市场竞争的实现。②

第三，推动公用事业行业的竞争性业务部分由经营许可向一般授权的革新。一般授权，是指要求企业在进入市场前只需备案即可。欧盟在电信市场准入上就采用一般授权做法，只有在无线频率和码号资源的分配方面才需要单独

---

① 高旺：《西方国家公用事业民营化改革的经验及其对我国的启示》，载《经济社会体制比较》2006年第6期，第27页。
② 何源：《垄断与自由间的公用事业法制革新：以电信业为例》，载《中外法学》2016年第4期，第1097页。

许可证的批准。① 这一做法能够在准入环节确保平等对待每个运营商，极大程度地促进欧盟成员国电信市场的竞争。② 我国可以参照欧盟做法，将公用事业行业的竞争性业务的委外由许可经营改为一般授权，无论公营还是民营企业，在进入市场时只要履行备案手续即可；对于仍具自然垄断特性的业务部分，可以暂时保留许可制，但应逐步降低准入条件，简化准入程序，以实现向"一般授权"转化的最终目标。③

七、在公用事业公私合作中采用促进竞争的契约设计

要让公用事业的运营既能充分发挥民间资本的积极性，提高公共服务的供给效率，又能兼顾消费者利益和公共利益，就必须坚持在有限竞争的行业内在获得垄断性经营权方面引入竞争，④ 实现"为了市场的竞争"（Competition for the Market），并确保市场具有"可竞争性"（Contestable）。⑤ 公平竞争是公用事业领域招投标和特许权分配程序的关键要求，这不仅是程序正义相关的法的价值要求，也是整个特许制度正当性的要求。⑥ 为了防止 PPP 项目因竞争参与者不足、程序违法或不公正、公私合谋而流于形式，有必要通过采用能够促进竞争的契约设计在公用事业公私合作中促进竞争。我国相关法律法规已经明确规定了政府采购和招投标要采用竞争性程序。《政府采购竞争性磋商采购方式管理暂行办法》要求政府购买服务采用"竞争性磋商"采购方式，即采购人、政府采购代理机构通过组建竞争性磋商小组与符合条件的供应商就采购货物、工程和服务事宜进行磋商，供应商按照磋商文件的要求提交响应文件和报价，采购人从磋商小组评审后提出的候选供应商名单中确定成交供应商的采购方

---

① 詹镇荣：《电信法上不对称管制措施之形塑及界限："最高行政法院"2011 年度判字第 1860 号相关判决评析》，载《中研院法学期刊》2015 年第 16 期，第 83 页。

② 何源：《垄断与自由间的公用事业法制革新：以电信业为例》，载《中外法学》2016 年第 4 期，第 1098 页。

③ 同上。

④ W. Kip Viscusi et al., Economics of Regulation and Antitrust, Cambridge: MIT Press, 2005, p. 465.

⑤ Alexander Volokh, Privatization and Competition Policy, in Thomas K. Cheng et al., Competition and the State, Stanford, California: Stanford University Press, 2014, p. 25.

⑥〔英〕安东尼·奥格斯：《规制：法律形式与经济学理论》，骆梅英译，北京：中国人民大学出版社 2008 年版，第 333 页。

式。但是，只凭"竞争性磋商"机制本身并不足以达到竞争最大化的结果，如果参与磋商的申请人在数量上就是不足的，或者缺少相应的制度保障竞争参与者的程序权利，仍然无法在公用事业的委外经营中有效促进竞争。因此，需要构建合理的契约拆分机制来解决公用事业委外经营中的竞争者不足问题，以及通过确立合理的契约期限设计、申请人竞争权利程序保障机制来保障竞争者公平竞争的权利。

第一，PPP立法可以通过拆分契约来解决公用事业委外经营中的竞争者不足问题。美国民营化与公私合作领域的著名学者萨瓦斯早就提出可以通过契约拆分的方法来促进竞争。[①] 美国也曾经采用该方法在电信产业的外包经营中促进竞争。在1985年美国联邦政府电话系统外包经营项目中，由于项目的初期投入巨大，在公开招标后只有美国电话电报公司（AT&T）和马丁·玛丽埃塔公司（Martin Marietta）两家公司参与竞争。如果采用实力强大者赢者通吃的做法，赢者一定是更具技术和资金优势的AT&T。在失去政府采购合同后，其他小公司在私人市场的竞争力也将大打折扣，甚至被淘汰出局。一旦这些小公司被淘汰出局，政府和公众面临的就将是一个由AT&T独家垄断的电信市场。为了避免这种结果，政府将采购契约进行拆分，将60%的契约委托给最低价投标者，将40%的契约委托给第二低价的投标者。[②] 欧盟《政府采购指令》和《供水、能源、运输和邮政服务部门实体采购的指令》就都允许订约当局将采购合同分割为若干部分，分别进行招标。[③] 这样做不但可以鼓励更多中小企业参与竞标，而且指令序言中也写明，为了促进竞争，应鼓励订约当局将大合同分成若干部分。[④] 在2012年《OECD关于公私合作公共治理原则的建议》中建议，即使当市场竞争参与者较少时，政府也应当确保在招投标中存在公平竞争的环境，保障非在位企业在相关市场的市场准入。为了进一步加强

[①] 〔美〕E. S. 萨瓦斯：《民营化与公私部门的伙伴关系》，周志忍等译，北京：中国人民大学出版社2002年版，第194页。

[②] 井敏：《竞争性市场：PPP模式有效运行的前提》，载《学习时报》2015年10月12日第5版。

[③] Directive 2014/24/EU of the European Parliament and of the Council of 26 February 2014 on Public Procurement and Repealing Directive 2004/18/EC (Text with EEA Relevance), OJ L 94, 28. 3. 2014, article 46. Directive 2014/25/EU of the European Parliament and of the Council of 26 February 2014 on Procurement by Entities Operating in the Water, Energy, Transport and Postal Services Sectors and Repealing Directive 2004/17/EC (Text with EEA Relevance), OJ L 94, 28. 3. 2014, article 65.

[④] Directive 2014/24/EU of the European Parliament and of the Council of 26 February 2014 on Public Procurement and Repealing Directive 2004/18/EC (Text with EEA Relevance), OJ L 94, 28. 3. 2014, recital 78.

第七章
公用事业公私合作中竞争促进的竞争倡导实现路径

竞争,精心设计 PPP 项目以确保市场持续运转是有益的。这可以通过拆分供应链来实现,这样不同的运营商可以进入供应链的各个业务环节,也可以将大型的国家性或地区性项目按照地理区域拆分为不同的部分。这在 PPP 经营者后来在某一地区成为垄断经营者的情况下尤其重要。《OECD 关于管制性行业结构分离的建议》可以在这方面提供指导。[①] 保持开放和非歧视性的投资环境是有益的,应采取步骤确保本国和外国拥有的公司能够平等竞争。[②] 我国也可以在公用事业委外业务中借鉴此种契约拆分的做法,通过培育长期竞争性力量,解决现在和未来可能出现的参与者不足困境。也可以考虑 OECD 的建议,鼓励港澳台资本以及外资参与 PPP 项目,增加参与竞标者的数量。[③] 但这一点需要配合相应的外资准入立法、负面清单、自贸区立法以及双边投资协定、区域国际投资协定进行协调,平衡外资准入与东道国规制权。[④]

第二,PPP 立法可以通过确立合理的契约期限来保障市场的可竞争性。为了防止契约期限过长形成在位 PPP 项目企业的独占优势,影响相关市场的可竞争性,导致其他社会资本方没有机会在未来参与竞标,[⑤] 契约中应当设定合理的项目运营期限,在确保投资者收回投资并合理盈利的基础上,为未来项目续约时培育竞争者。联合国国际贸易法委员会就要求将 PPP 契约的存续期限与竞争问题结合在一起考虑,以防止长期契约对于市场竞争的过度限制。《贸易法委员会公私合作示范立法条文》第 48 条"PPP 合同的期限"中规定,PPP 合同应当载明期限,在设定该期限需要考虑的因素中,该条文将"适用

[①] OECD, Recommendation concerning Structural Separation in Regulated Industries, 2001, as approved by Council on 26 April 2001 [C (2001) 78/FINAL-C/M (2001) 9/PROV], amended on 13 December 2011- [C (2011) 135-C (2011) 135/CORR1-C/M (2011) 20/PROV] and on 23 February 2016 [C (2016) 11-C/M (2016) 3].

[②] OECD, Recommendation of the Council on Principles for Public Governance of Public-Private Partnerships, May 2012, point 9.

[③] OECD, Competition Issues in Public-Private Partnerships, http://www.oecd.org/competition/competitionissuesinpublic-privatepartnerships.htm, last visited on October 20, 2020.

[④] Yongjie Li, Factors to be Considered for China's Future Investment Treaties, in Wenhua Shan and Jinyuan Su, eds., China and International Investment Law: Twenty Years of ICSID Membership, Leiden, Boston: Brill Nijhoff, 2015, p.179.

[⑤] 研究显示,特许契约的期限将对竞争过程产生显著影响:如果契约的期限过短,它将减少投标人的数量;但如果太长,又会使在位企业在能力和经验上获得绝对优势。因此,契约期限应当合理设置,足以使特许权人获得合理的投资回报,但同时又不足以使其形成阻碍潜在竞争者进入市场的垄断地位。参见〔英〕安东尼·奥格斯:《规制:法律形式与经济学理论》,骆梅英译,北京:中国人民大学出版社 2008 年版,第 337 页。

的法律规章所规定的涉及相关基础设施或服务部门的竞争和市场结构的任何相关政策"作为因素之一。[①] OECD 建议，对于 PPP 项目中的辅助性服务业务，即非核心服务，应分开订约，并且对于辅助性服务设置较短的合同期限，从而确保只有在那些确实需要长期合同的业务中才设定较长的合同期限。[②] 也可以考虑采用"最小收益净现值"（Least Present Value of Revenue）的方法弹性确定特许契约的期限。当中标特许权经营者收到的收费收入达到投标的最低金额时，特许权期即告结束。然后，经营者需要出让 PPP 项目，重新开始投标竞争。[③] 国外已经有很多成功实施弹性特许期的典型案例。例如，澳大利亚政府采用 PPP 模式运营的"M2 收费公路"项目合同确定的特许期上限为 45 年，但为了配合项目收益率的变动，政府与项目公司在特许经营协议对特许期的提前终止作了例外的约定。[④] "弹性特许期"条款允许政府和社会资本方根据项目实际运营状况对特许期进行动态调整，解决了"固定特许期"的局限性，有利于平衡各方利益，合理消化和分担项目风险，彰显社会公平和 PPP 价值。[⑤] 此外，通过立法确立合理的签约"等待期"，也有利于保障竞争者公平竞争的权利。政府机构作出授权决定之后，不能立刻签订契约，要经过一段时间的公示期，如果在公示期内没有其他竞争者提出自己公平参与谈判和投标竞争的权利受到损害，才可以缔约，否则就应当通过法律救济机制处理行政授权决定程序的合法性问题。[⑥]

第三，PPP 立法或者 PPP 合同指南中还需要对契约修改、转让、不竞争条款的终止等问题作出尽可能详细的规定，防止经营者利用条款漏洞，限制竞

---

① UNCITRAL Model Legislative Provisions on Public-Private Partnerships, 2020, model provision 48. (d).
② OECD, Competition Issues in Public-Private Partnerships, http：//www.oecd.org/competition/competitionissuesinpublic-privatepartnerships.htm, last visited on October 20, 2020.
③ R. Richard Geddes, Competition Issues and Private Infrastructure Investment through Public-Private Partnerships, in Thomas K. Cheng et al. , Competition and the State, Stanford, California：Stanford University Press, 2014, pp. 67-68.
④ 陈婉玲：《PPP 合同弹性调整机制研究》，载《上海财经大学学报》2018 年第 5 期，第 9 页。
⑤ 同上。
⑥ 王文宇等：《"公私合作与法律治理"研讨会会议综述》，载《月旦法学》2014 年第 1 期，第 282 页。英国商务部和财政部联合发布的《竞争性对话程序指南》中也规定，在确定中标者后和签约阶段，订约当局在作出授予合同的决定和签订合同之间应当保持有 10 天的"等待期"。指南认为，设置这样的"等待期"的做法鼓励了授予过程的透明度，并使潜在的争议和问题能够在合同签署前得到解决。See Office of Government Commerce and Her Majesty's Treasury, Guidance on Competitive Dialogue, 2008, p. 30, article 5. 5. 5.

第七章
公用事业公私合作中竞争促进的竞争倡导实现路径

争。首先，PPP契约应当通过限制不合理的契约变更，防止投标申请人采用掠夺性低价排挤其他竞标者。正如奥格斯（Anthony Ogus）指出，如果竞争者意识到契约条款可以在将来作出变通，它会提出一个非常低的报价，待中标后再修改定价直至垄断水平。① OECD也建议谨慎设计合同，避免非必要的重新谈判。② 因此，应当严格限制PPP契约中因情势变更导致契约修改的情况。除非在客观上能够举出存在缔约方在缔约当时无法预料的情势变更之外，在特许契约这种长期契约关系中的价格条款与买卖约定条款实际上应当被认为属于当事方风险分配的结果。③ 立法应明确启动合同调整的条件，明确不可抗力、情势变更等PPP合同调整触发条件的基本内涵和适用范围。④ 其次，PPP立法还需要限制契约或者股权转让的条件，防止PPP项目企业通过分包、转租或者转让股权或者控制权权益等形式绕开竞争性程序，在不具有自然垄断性质的业务部分中形成垄断。正如联合国国际贸易法委员会在《贸易法委员会公私合作立法指南》中的解释说明，禁止权益转让的理由之一即在于，订约当局控制公共服务提供者、控制股份的收购，是为了避免在自由化部门形成寡头垄断或垄断局面。⑤ 因此，为了防止契约转让或者项目公司股权转让所引起的限制竞争问题，PPP立法应当明确可以转让契约或股权的特殊情况，并且附加必须经过订约当局以及相关者政府的批准要求，同时要求符合条件的经营者进行反垄断经营者集中申报。再次，对于并入"不竞争条款"的PPP项目，除了通过设置合理的期限来促进竞争，还可以考虑并入补偿条款来作为终止不竞争条款的条件。⑥ 但是，补偿条款的启动情形必须严格限制，只有在为了维护公共利益的极特殊情况下，才能在给予经营者合理补偿后，允许终止合同或者允许

---

① 〔英〕安东尼·奥格斯：《规制：法律形式与经济学理论》，骆梅英译，北京：中国人民大学出版社2008年版，第338页。
② OECD, Competition Issues in Public-Private Partnerships，http：//www.oecd.org/competition/competitionissuesinpublic-privatepartnerships.htm，last visited on October 20，2020.
③ 王文宇：《正本清源——评电与民营电厂纷争涉及的多重法律议题》，载《月旦法学》2013年第6期，第91页。
④ 陈婉玲：《PPP长期合同困境及立法救济》，载《现代法学》2018年第6期，第92—93页。
⑤ UNCITRAL Legislative Guide on Public-Private Partnerships，2020, pp. 162-163, para. 75.
⑥ 由于"不竞争条款"会限制公共服务提供的质量改善，因此，在美国，很多特许合同中会并入补偿条款，规定公部门的合作伙伴可以建造计划外的与PPP项目互相竞争的设施，但必须补偿私人合作伙伴的收入损失。See R. Richard Geddes, Competition Issues and Private Infrastructure Investment through Public-Private Partnerships, in Thomas K. Cheng et al., Competition and the State, Stanford, California: Stanford University Press, 2014, p. 59.

其他竞争者进入相关市场。最后，借鉴国外先进经验，在 PPP 立法中引入"早期警告"和"定期审查"机制，并提出 PPP 项目必须建立权威且中立的专家小组的立法要求。①

八、建立监管中立的政策环境，促进公用事业公私合作的竞争

我国公用事业 PPP 项目的监管存在偏重产业政策而忽视竞争政策、政府偏袒公用事业公部门运营机构和国有企业、监管者既当裁判员又当运动员的角色错位或角色混同等严重问题。由于政府与公用事业公部门运营机构存在着千丝万缕的联系，由其负责实施 PPP 项目监管，难以真正落实竞争政策，保障社会公众利益。② 施蒂格勒的"管制俘获"（Regulatory Capture）理论早就指出，如果有组织利益集团会因其在管制过程中获得的利益而对政治家贡献选票和政治献金，那么管制的过程将导致利润和收入向有组织利益集团转移，政府的管制存在被俘获的可能，③ 导致管制者在设计和执行管制政策时为被管制产业的利益服务。④ 虽然"管制俘获"理论自身存在某些局限性，但是该理论证明了通过制度约束确保管制机构独立性与中立性的重要性。如果缺少监管中立的宏观环境，民营企业在公用事业行业的市场准入就会受到不当限制，社会资本参与公用事业 PPP 项目就会在竞争中处于劣势，政府机构的行政垄断就容易被助长。因此，特别需要建立监管中立的政策环境，保障公私参与者的公平竞争。⑤

第一，应当推动公用事业的监管机构与授权 PPP 项目立项的行政主体分离，监管机构与 PPP 项目的出资者分离，解决 PPP 项目的监管者既当参与者

---

① 陈婉玲：《PPP 长期合同困境及立法救济》，载《现代法学》2018 年第 6 期，第 92—93 页。
② 陈婉玲：《公私合作制的源流、价值与政府责任》，载《上海财经大学学报》2014 年第 5 期，第 83 页。
③ Paul L. Joskow and Roger C. Noll, Regulation in Theory and Practice: An Overview, in Gary Fromm, ed., Studies in Public Regulation, Cambridge, Massachusetts: MIT Press, 1981, p. 36.
④ George J. Stigler, The Theory of Economic Regulation, Bell Journal of Economics and Management Science, Volume 2, Issue 1, 1971, p. 3.
⑤ 在美国对于社会资本方投标建议书进行评估的过程中要进行与公部门方案之间的比较（Public Sector Comparator），美国学者格迪斯（R. Richard Geddes）强调这一比较应当建立在竞争中立的基础上。See R. Richard Geddes, Competition Issues and Private Infrastructure Investment through Public-Private Partnerships, in Thomas K. Cheng et al., Competition and the State, Stanford, California: Stanford University Press, 2014, pp. 60-61.

又当裁判者的角色混同,纯化其公共事务监管者的角色,消除利益冲突,使监管者能够真正维护市场的公平竞争。[①] 为避免政府规划、决策、实施与监管功能的错位,需要以法律形式明确区分政府的 PPP 项目规划、决策主体与 PPP 项目谈判、合作和实施主体,以法律手段建立一个有别于政府 PPP 决策、实施部门且独立地执行监管政策的监管机构。[②]

第二,引入"竞争中立政策",为国有企业和私人企业创造公平竞争的市场环境。"竞争中立政策"(Competitive Neutrality)主要涉及政府干预市场的公平问题,它要求所有影响市场竞争的政府行为原则上都必须保持中立,为国有企业和私人企业创造公平竞争的市场环境。[③] 澳大利亚提出竞争中立政策的目标是消除本国国有企业凭借政府支持获得的竞争优势,从而在其参与的商业活动中造成资源配置扭曲,促使政府在国有企业与私有企业竞争时保持中立。[④] 该政策的实现途径不但包括国有企业私有化改革、国有企业公司化改革、国有企业商业回报率要求等针对国有企业行为的规则,还包括政府税收中立、债务中立、监管中立等针对政府监管层面的改革措施。[⑤] 在促进公用事业公私合作的竞争上,政府应当做到补贴中立、价格规制中立、市场进入中立、在管理者参与的竞争中确保监管中立、政府采购中立五个方面,从而更好地促进公用事业公私合作的竞争性:

(1)政府补贴中立。研究显示,由于体制的原因,我国的某些产业和企

---

① 史际春、肖竹:《公用事业民营化及其相关法律问题研究》,载《北京大学学报(哲学社会科学版)》2004 年第 4 期,第 84 页。

② 陈婉玲:《基础设施产业 PPP 模式独立监管研究》,载《上海财经大学学报》2015 年第 6 期,第 52 页。

③ 竞争中立政策源自澳大利亚国内法律制度。1995 年澳大利亚联邦各州和地区间达成《竞争原则协定》,要求政府在所有企业的商业竞争之间保持中立。1996 年《联邦竞争中立政策声明》中明确了竞争中立概念:"竞争中立是指公共部门的商业行为不得因其国家所有权的特殊性而享受私人部门不能享受的竞争优势。" See Australian Commonwealth Competitive Neutrality Policy Statement,Jun. 1996,http://archive.treasury.gov.au/documents/275/PDF/cnps.pdf, p.4, last visited on October 20, 2020.
然而,需要注意的是,在竞争中立政策上升为国际层面国有企业的行为准则时,美国,而不是竞争中立政策的提出者澳大利亚扮演着主导者角色。以美国为代表的国家积极通过双边和区域贸易协定植入竞争中立条款。产业联盟游说将竞争中立政策并入区域贸易协定的目的并不在于纯粹的国有企业治理改革,而是隐含着通过重塑国际规则以平衡来自新兴经济体国有企业竞争压力的目的。因此,在引入竞争中立政策时,应当有选择地借鉴其中的具体内容,而不宜全盘照搬,在国际层面也不宜全面接受美国提出的竞争中立规则版本。

④ 杨静:《竞争中立规则:国企"走出去"面临的挑战》,载《光明日报》2015 年 4 月 19 日第 7 版。

⑤ 应品广:《竞争中立:多元形式与中国应对》,载《国际商务研究》2015 年第 6 期,第 64 页。

业，尤其是国有垄断企业，在经营活动中会得到政府补贴以及在税收、信贷、土地等方面享有优惠待遇。① 国有企业的补贴优势会使其在与私营企业竞争公用事业项目时处于有利的竞争地位。要改变国有企业和私营企业的不公平竞争优势，需要确保政府在补贴对象和补贴标准两方面坚持中立。在补贴对象上，政府如果利用公共财政对企业进行补贴，则补贴必须公平地面向该产业内所有市场主体，凡是符合条件的经营者都应当能够获得政府补贴。② 在补贴标准上，政府应当对符合条件的企业采用统一的形式进行补贴，而且应当确保补贴在额度标准上是中立的，不会对企业之间的公平竞争产生负面影响。③ 我国可以借鉴欧盟关于国家援助的做法，制定"政府补贴法"，规范政府补贴程序，设置补贴监督机构。在独立的监督机构尚未建立或建立有困难的情况下，可以考虑将补贴监督权授予反垄断执法机构。④ 在政府及其部门提出对某些行业或者企业补贴、免税等优惠政策时，法律可以要求它们将相关计划向反垄断执法机构通报，由反垄断执法机构依照《反垄断法》对其进行公平竞争审查，评估如果实施该计划对相关市场竞争可能产生的影响。⑤ 在设定补贴标准时，可以参照欧盟法院在 Altmark 案的判决中所确立的四项标准，防止给予社会资本方的补偿和付费构成不当补贴。⑥

（2）价格规制中立。竞争中立政策要求政府在对市场主体的定价进行规制时保持中立，包括在价格违法认定时采取中立性的标准，在决定是否启动对价格违法行为的立案调查程序时坚持中立，对价格违法行为给予行政处罚时坚持

---

① 天则经济研究所：《国有企业的性质、表现与改革》，http：//www.chinaelections.org/NewsInfo.asp? NewsID=204550，2020 年 1 月 5 日最后访问。

② 丁茂中：《竞争中立政策视野下的政府补贴中立研究》，载《中国矿业大学学报（社会科学版）》2015 年第 5 期，第 50—55 页。

③ 同上。

④ 张卫东：《欧美竞争法在邮政行业的适用及其对我国的借鉴意义》，载《环球法律评论》2013 年第 3 期，第 160—161 页。

⑤ 同上。

⑥ 在 Altmark 案的判决中，欧盟法院确立了国家援助的四项标准：（1）受益人已被委托承担明确界定的公共服务义务；（2）计算履行公共服务受到的补偿的参数是事先以客观和透明的方式确定的；（3）公共服务补偿不超过支付履行公共服务义务所产生的全部或部分费用所需的数额；（4）如果履行公共服务的事业不是通过公共采购程序选择出来的，补偿的水平应当按照一般典型的运行良好，能够满足必要的公共服务需求的事业的运营成本来计算。See Judgment of the Court of Justice of the European Union of 24 July 2003 in Case No. C-280/00-Altmark Trans GmbH and Regierungspräsidium Magdeburg v. Nahverkehrsgesellschaft Altmark GmbH, and Oberbundesanwalt beim Bundesverwaltungsgericht, ECLI：EU：C：2003：415, [2003] ECR I-07747, paras. 89-93.

第七章
公用事业公私合作中竞争促进的竞争倡导实现路径

中立,从而确保各类企业在相关市场上实现公平竞争。① 政府在对公用事业PPP项目进行价格和费率规制时,不应当因为PPP项目企业中国有企业的股权和出资比例而有所歧视,对私人资本运营或者主要由私人资本参股的PPP项目企业施加更为严格的费率规制标准,限制其通过运营PPP项目取得合理投资利润回报。

(3) 市场进入中立。市场进入中立是竞争中立政策的重要内容之一,它要求政府在干预市场过程中应当在经营资质的赋予、业务市场的拓展、商业契约的缔结等方面保持中立,确保企业能够公平地进入市场进行交易、参与竞争。② 政府可以从设置负面准入清单、公用事业行业分类制度革新、业务经营许可制度革新三方面入手来改善公用事业的准入管制,从制度上减少和消除私人企业参与公用事业PPP项目的准入壁垒。

(4) 在管理者参与的竞争中确保监管中立与竞争公平。管理者参与的竞争是指政府和任何外部投标者同时参与招标项目的竞争。③ 虽然管理者参与的竞争被引入很多原本由政府垄断的公共服务领域,但是民营企业还是经常抱怨这样会导致不公平竞争,理由就在于公共机构和私营企业的竞标要求体现了监管非中立的内容。例如,在竞标时,私营竞标者需要作出绩效承诺,而来自公共部门的竞标者则无须作出绩效承诺。在中标后,如果中标的是私营竞标者,则要求私营竞标者自行承担项目运营风险,但如果中标的是来自公共部门的竞标者,其经营风险却不是由竞标者自己承担,而是由整个行政辖区承担。私营竞标者必须缴税和遵守相关监管规定,而来自公共部门的竞标者却可能被豁免纳税义务和其他要求。此外,来自公共部门的竞标者有时候还会被特许可以推迟出价,直到私营竞标者完全出价,甚至被允许参照私营竞标者的出价而调整自己的价格。④ 因此,在管理者参与的竞争中,需要相应的监管中立的要求,要求公共机构、国有企业财务公开、商业行为和非商业行为账户分离,要求参与投标的公共部门与私营企业承担同等风险,受制于同样的监管制度,从而确保

---

① 丁茂中:《竞争中立政策视野下的价格规制中立研究》,载《竞争政策研究》2015年第2期,第35页。
② 丁茂中:《竞争中立政策视野下的市场进入中立研究》,载《价格理论与实践》2015年第3期,第27页。
③ 〔美〕E.S.萨瓦斯:《民营化与公私部门的伙伴关系》,周志忍等译,北京:中国人民大学出版社2002年版,第203页。
④ 同上书,第203—205页。

公私企业的竞争中立。

（5）政府采购中立。订约机构应当设计适当的招投标机制和流程，确保原则上不偏袒任何一类投标参与者。对此，OECD建议，如果国有企业参加公共采购，无论是作为招标方还是竞标方，都应当遵循一套具有竞争性、非歧视性且具有透明度的招投标流程，确保参与招投标的全体竞争者处于公平竞争环境。① 具体措施包括：确保采用竞争性程序进行采购；确保国有企业与私营企业在政府采购上的规则一致；② 确保政府采购政策和程序的透明度；订约机构在评选时应当公平公正对待所有参与者，无论其所有权属于国有还是私有。③ 此外，在对PPP项目进行"物有所值"评审中，如果要进行"公部门比较"（Public Sector Comparator），即将社会资本方运营PPP项目的成本与政府部门自己提供公共服务的成本进行比较，可以借鉴澳大利亚的做法，对"公部门比较值"进行"竞争中立"调整（Competitive Neutrality Adjustment），防止公部门因为其政府所有权在提供PPP项目时具有私人经营者不具有的优势，导致私人申请者建设和运营PPP项目的成本被不合理低估，对其"物有所值"评估造成负面影响。④

---

① OECD，Guidelines on Corporate Governance of State-Owned Enterprises (2015 Edition)，Paris：OECD Publishing，2015，p.50.

② OECD，Competitive Neutrality：Maintaining a Level Playing Field between Public and Private Business，Paris：OECD Publishing，2012，p.76.

③ Ibid.，p.77；OECD，Recommendation for Enhancing Integrity in Public Procurement，2009，p.22.

④ Australian Government，Department of Infrastructure and Regional Development，National Public Private Partnership Guidelines Overview，December 2008，article 6.2.

主要参考文献

一、中文文献

1. 〔英〕安东尼·奥格斯：《规制：法律形式与经济学理论》，骆梅英译，北京：中国人民大学出版社 2008 年版。

2. 〔德〕于尔根·巴泽多：《限制与促进竞争的经济管制》，董一梁、刘鸿雁译，载《环球法律评论》2004 年第 3 期。

3. 白让让：《行政权力、纵向约束与管制困境》，载《财经问题研究》2006 年第 9 期。

4. 白让让：《国有企业主导与行政性垄断下的价格合谋》，载《中国工业经济》2007 年第 12 期。

5. 白让让、王小芳：《规制权力配置、下游垄断与中国电力产业的接入歧视——理论分析与初步的实证检验》，载北京大学中国经济研究中心：《经济学（季刊）：第 8 卷·第 2 期》，北京：北京大学出版社 2009 年版。

6. 白让让、王光伟：《结构重组、规制滞后与纵向圈定——中国电信、联通"反垄断"案例的若干思考》，载《中国工业经济》2012 年第 10 期。

7. 〔美〕理查德·波斯纳：《法律的经济分析（第七版）》，蒋兆康译，北京：法律出版社 2012 年版。

8. 蔡从燕：《公私关系的认识论重建与国际法发展》，载《中国法学》2015 年第 1 期。

9. 曹博：《公用企业竞争与管制立法问题探析》，载《法学》2002 年第 6 期。

10. 曹珊、李达昊：《PPP 项目与违法垄断行为：基于华衍水务滥用市场支配地位案例分析》，载曹珊：《PPP 运作重点难点与典型案例解读》，北京：法律出版社 2018 年版。

11. 查勇、梁云凤：《在公用事业领域推行 PPP 模式研究》，载《中央财经大学学报》2015 年第 5 期。

12. 常江：《美国政府购买服务制度及其启示》，载《政治与法律》2014 年第 1 期。

13. 陈爱娥：《公营事业民营化之合法性与合理性》，载《月旦法学》1998 年第 4 期。

14. 陈冬华等：《法律环境、政府管制与隐性契约》，载《经济研究》2008 年第 3 期。

15. 陈富良、刘红艳：《基础设施特许经营中承诺与再谈判研究综述》，载《经济与管理研究》2015 年第 1 期。

16. 陈富良、黄金钢：《政府规制改革：从公私合作到新公共服务——以城市水务为例》，载《江西社会科学》2015 年第 4 期。

17. 陈铭聪：《政府特许经营的法律性质与监管问题研究》，载张守文主编：《经济法研究（第 13 卷）》，北京大学出版社 2014 年版。

18. 陈天昊：《在公共服务与市场竞争之间：法国行政合同制度的起源与流变》，载《中外法学》2015 年第 6 期。

19. 陈婉玲：《公私合作制的源流、价值与政府责任》，载《上海财经大学学报》2014 年第 5 期。

20. 陈婉玲：《基础设施产业 PPP 模式独立监管研究》，载《上海财经大学学报》2015 年第 6 期。

21. 陈婉玲、曹书：《政府与社会资本合作（PPP）模式利益协调机制研究》，载《上海财经大学学报》2017 年第 2 期。

22. 陈婉玲：《PPP 合同弹性调整机制研究》，载《上海财经大学学报》2018 年第 5 期。

23. 陈婉玲：《PPP 长期合同困境及立法救济》，载《现代法学》2018 年第 6 期。

24. 陈婉玲、胡莹莹：《民营企业参与 PPP 项目的困境与风险控制》，载《福州大学学报（哲学社会科学版）》2020 年第 2 期。

25. 陈信元、黄俊：《政府管制与企业垂直整合——刘永行"炼铝"的案例分析》，载《管理世界》2006 年第 2 期。

26. 陈学辉：《我国公路经营权契约规制论——以政府特许经营协议为中心》，载《上海财经大学学报》2018 年第 1 期。

27. 陈阵香、陈乃新：《PPP 特许经营协议的法律性质》，载《法学》2015 年第 11 期。

28. 陈志敏等：《中国的 PPP 实践：发展、模式、困境与出路》，载《国际经济评论》2015 年第 4 期。

29. 程明修：《经济行政法中"公私协力"行为形式的发展》，载《月旦法学》2000 年第 4 期。

30. 程明修：《公私协力契约相对人之选任争议——以"最高行政法院"九十五年判字第一二三九号判决（ETC 案）之若干争点为中心》，载《月旦法学》2006 年第 11 期。

31. 程明修：《公私协力契约与行政合作法：以德国联邦行政程序法之改革构想为中心》，载《兴大法学》2010 年第 7 期。

32. 邓峰：《传导、杠杆与中国反垄断法的定位——以可口可乐并购汇源反垄断法审查案为例》，载《中国法学》2011年第1期。

33. 邓敏贞：《论公用事业特许经营中的政府责任》，载《山东社会科学》2010年第9期。

34. 邓敏贞：《公用事业公私合作合同的法律属性与规制路径——基于经济法视野的思考》，载《现代法学》2012年第3期。

35. 邓敏贞：《论公用事业消费者的权利——基于公私合作背景的考察》，载《河北法学》2014年第4期。

36. 邓搴：《论政府在购买公共服务中的角色定位及其法律责任——以法律关系基本构造为分析框架》，载《行政法学研究》2018年第6期。

37. 丁茂中：《英国竞争合规指引机制的考察与思考》，载《价格理论与实践》2014年第9期。

38. 丁茂中：《竞争中立政策视野下的政府补贴中立研究》，载《中国矿业大学学报（社会科学版）》2015年第5期。

39. 丁茂中：《竞争中立政策视野下的市场进入中立研究》，载《价格理论与实践》2015年第3期。

40. 丁茂中：《竞争中立政策视野下的价格规制中立研究》，载《竞争政策研究》2015年第2期。

41. 丁茂中：《论我国行政性垄断行为规范的立法完善》，载《政治与法律》2018年第7期。

42. 方小敏：《论反垄断法对国有经济的适用性——兼论我国〈反垄断法〉第7条的理解和适用》，载《南京大学法律评论》2009年第1期。

43. 付大学、林芳竹：《论公私合作伙伴关系（PPP）中"私"的范围》，载《江淮论坛》2015年第5期。

44. 付大学：《PPP合同争议解决之司法路径》，载《上海财经大学学报》2018年第5期。

45. 傅宏宇：《美国PPP法律问题研究——对赴美投资的影响以及我国的立法借鉴》，载《财政研究》2015年第12期。

46. 高秦伟：《美国行政法中正当程序的"民营化"及其启示》，载《法商研究》2009年第1期。

47. 高秦伟：《私人主体的行政法义务？》，载《中国法学》2011年第1期。

48. 顾功耘主编：《公私合作（PPP）的法律调整与制度保障》，北京：北京大学出版社2016年版。

49. 顾功耘主编：《当代主要国家公私合作法》，北京：北京大学出版社2017年版。

50. 贺馨宇：《论 PPP 合同中单方解除、变更权的法律属性与控制机制》，载《法律科学》2020 年第 3 期。

51. 胡鞍钢、过勇：《从垄断市场到竞争市场：深刻的社会变革》，载《改革》2002 年第 1 期。

52. 胡改蓉：《PPP 模式中公私利益的冲突与协调》，载《法学》2015 年第 11 期。

53. 胡凯：《有效竞争导向的自然垄断产业规制改革研究》，北京：经济科学出版社 2015 年版。

54. 胡敏洁：《作为治理工具的契约：范围与边界》，载《中国行政管理》2015 年第 1 期。

55. 贾康、孙洁：《公私合作伙伴关系（PPP）的概念、起源与功能》，载《经济研究参考》2014 年第 13 期。

56. 贾康、孙洁：《公私合作伙伴机制：新型城镇化投融资的模式创新》，载《中共中央党校学报》2014 年第 1 期。

57. 江山、黄勇：《论自然垄断行业价格规制与反价格垄断》，载《价格理论与实践》2011 年第 3 期。

58. 江苏省高级人民法院民一庭课题组：《政府与社会资本合作（PPP）的法律疑难问题研究》，载《法律适用》2017 年第 17 期。

59. 龚强等：《政府与社会资本合作（PPP）：不完全合约视角下的公共品负担理论》，载《经济研究》2019 年第 4 期。

60. 何源：《垄断与自由间的公用事业法制革新：以电信业为例》，载《中外法学》2016 年第 4 期。

61. 黄勇等：《竞争政策视野下公平竞争审查制度的实施》，载《价格理论与实践》2016 年第 4 期。

62. 〔美〕赫伯特·霍温坎普：《联邦反托拉斯政策：竞争法律及其实践（第 3 版）》，许光耀等译，北京：法律出版社 2009 年版。

63. 江国华：《政府和社会资本合作项目合同性质及争端解决机制》，载《法商研究》2018 年第 2 期。

64. 江国华：《PPP 模式中的公共利益保护》，载《政法论丛》2018 年第 6 期。

65. 金善明：《公平竞争审查机制的制度检讨及路径优化》，载《法学》2019 年第 12 期。

66. 井敏：《竞争性市场：PPP 模式有效运行的前提》，载《学习时报》2015 年 10 月 12 日第 5 版。

67. 句华：《政府购买服务的方式与主体相关问题辨析》，载《经济社会体制比较》

2017 年第 4 期。

68. 柯永建等：《私营资本参与基础设施 PPP 项目的政府激励措施》，载《清华大学学报（自然科学版）》2009 年第 9 期。

69.〔法〕让·雅克·拉丰、让·泰勒尔：《电信竞争》，胡汉辉等译，北京：人民邮电出版社 2001 年版。

70.〔法〕让-雅克·拉丰、让·梯若尔：《政府采购与规制中的激励理论》，石磊、王永钦译，上海：格致出版社、上海三联书店、上海人民出版社 2014 年版。

71. 赖丹馨、费方域：《公私合作制（PPP）的效率：一个综述》，载《经济学家》2010 年第 7 期

72. 吕慧娜：《论政府特许经营协议中的不竞争条款——以与〈反垄断法〉的适用衔接为视角》，载《周口师范学院学报》2020 年第 1 期。

73. 李剑：《反垄断法中的杠杆作用——以美国法理论和实务为中心的分析》，载《环球法律评论》2007 年第 1 期。

74. 李剑：《反垄断私人诉讼困境与反垄断执法的管制化发展》，载《法学研究》2011 年第 5 期。

75. 李俊峰：《产业规制视角下的中国反垄断执法架构》，载《法商研究》2010 年第 2 期。

76. 李亢：《论我国特许经营合同规制的制度设计》，载张守文主编：《经济法研究（第 13 卷）》，北京：北京大学出版社 2014 年版。

77. 李蕊：《论我国地方政府融资平台公司二维治理进路》，载《法商研究》2016 年第 2 期。

78. 李蕊：《为效果付费债券：公私协同供给公共产品的创新构造及其本土化》，载《法学评论》2017 年第 2 期。

79. 李蕊：《为效果付费债券：一个创新的公私伙伴关系及其风险防范》，载《中外法学》2017 年第 3 期。

80. 李霞：《公私合作合同：法律性质与权责配置——以基础设施与公用事业领域为中心》，载《华东政法大学学报》2015 年第 3 期。

81. 李霞：《论特许经营合同的法律性质——以公私合作为背景》，载《行政法学研究》2015 年第 1 期。

82. 李以所：《德国公私合作制促进法研究》，北京：中国民主法制出版社 2013 年版。

83. 林明锵：《ETC 判决与公益原则：评台北高等行政法院 94 年度诉字第 752 号判决及 94 年度停字第 122 号裁定》，载《月旦法学》2006 年第 7 期。

84. 林明锵：《促进民间参与公共建设法事件法律性质之分析》，载《台湾法学杂志》

211

2006 年第 5 期。

85. 林明锵:《BOT 契约与给付拒绝:评台北高等行政法院九五年诉字第二七一〇号判决》,载《台湾法学杂志》2007 年第 6 期。

86. 林明锵:《公营事业组织民营化之法律问题——以公营事业移转民营条例为中心》,载《月旦法学》2013 年第 10 期。

87. 林明锵:《促进民间参与公共建设法制与检讨——从地方自治团体有效管制观点出发》,载《月旦法学》2014 年第 11 期。

88. 刘建宏:《公私协力合作模式纷争解决机制之困境》,载《月旦法学》2014 年第 11 期。

89. 刘梦祺:《政府与社会资本合作中政府角色冲突之协调》,载《法商研究》2019 年第 2 期。

90. 刘淑范:《公私伙伴关系(PPP)于欧盟法制下发展之初探:兼论德国公私合营事业(组织型之公私伙伴关系)适用政府采购法之争议》,载《台大法学论丛》2011 年第 2 期。

91. 刘薇:《PPP 模式理论阐释及其现实例证》,载《改革》2015 年第 1 期。

92. 刘晓凯、张明:《全球视角下的 PPP:内涵、模式、实践与问题》,载《国际经济评论》2015 年第 4 期。

93. 刘姿汝:《由民营电厂案论联合行为之认定》,载《兴大法学》2016 年第 19 期。

94. 卢护锋:《公私合作中政府责任的行政法考察》,载《政治与法律》2016 年第 8 期。

95. 卢护锋、邹子东:《PPP 项目异化的结构性诱因与矫正机制研究:基于政府治理视角》,载《现代财经(天津财经大学学报)》2018 年第 9 期。

96. 鲁篱:《公用企业垄断问题研究》,载《中国法学》2000 年第 5 期。

97. 亓霞等:《基于案例的中国 PPP 项目的主要风险因素分析》,载《中国软科学》2009 年第 5 期。

98. 秦虹、盛洪:《市政公用事业监管的国际经验及对中国的借鉴》,载《城市发展研究》2006 年第 1 期。

99. 仇保兴、王俊豪等:《中国城市公用事业特许经营与政府监管研究》,北京:中国建筑工业出版社 2014 年版。

100. 仇晓光:《PPP 模式中特殊目的公司(SPV)治理法律问题》,载《国家检察官学院学报》2019 年第 5 期。

101. 〔美〕E.S. 萨瓦斯:《民营化与公私部门的伙伴关系》,周志忍等译,北京:中国人民大学出版社 2002 年版。

102. 施从美:《政府服务合同外包:公共治理的创新路径——美国经验及其对中国的

启示》，载《国外社会科学》2014 年第 1 期。

103. 史际春：《公用事业引入竞争机制与"反垄断法"》，载《法学家》2002 年第 6 期。

104. 史际春、肖竹：《公用事业民营化及其相关法律问题研究》，载《北京大学学报（哲学社会科学版）》2004 年第 4 期。

105. 史际春、肖竹：《反公用事业垄断若干问题研究——以电信业和电力业的改革为例》，载《法商研究》2005 年第 3 期。

106. 史际春、肖竹：《〈反垄断法〉与行业立法、反垄断机构与行业监管机构的关系之比较研究及立法建议》，载《政法论丛》2005 年第 4 期。

107. 史际春：《资源性公用事业反垄断法律问题研究》，载《政治与法律》2015 年第 8 期。

108. 〔美〕丹尼尔·F. 史普博：《管制与市场》，余晖等译，上海：格致出版社、上海三联书店、上海人民出版社 2008 年版。

109. 〔美〕约瑟夫·斯蒂格利茨：《促进规制与竞争政策：以网络产业为例》，张昕竹等译，载《数量经济技术经济研究》1999 年第 10 期。

110. 苏华：《PPP 模式的反垄断问题与竞争中立——基于美国路桥基础设施建设项目的分析》，载《国际经济合作》2016 年第 9 期。

111. 苏永钦：《自由化、解除管制与公平交易法》，载《月旦法学》1997 年第 2 期。

112. 孙晋：《习近平关于市场公平竞争重要论述的经济法解读》，载《法学评论》2020 年第 1 期。

113. 孙祁祥等：《社保制度中的政府与市场——兼论中国 PPP 导向的改革》，载《北京大学学报（哲学社会科学版）》2015 年第 3 期。

114. 孙笑侠：《契约下的行政——从行政合同本质到现代行政法功能的再解释》，载《比较法研究》1997 年第 3 期。

115. 王健：《我国行政性垄断法律责任的再造》，载《法学》2019 年第 6 期。

116. 王俊豪：《论自然垄断产业的有效竞争》，载《经济研究》1998 年第 8 期。

117. 王俊豪、周小梅：《中国自然垄断产业民营化改革与政府管制政策》，北京：经济管理出版社 2004 年版。

118. 王俊豪：《垄断性产业市场结构重组后的分类管制与协调政策——以中国电信、电力产业为例》，载《中国工业经济》2005 年第 11 期。

119. 王俊豪等：《中国垄断性产业结构重组分类管制与协调政策》，北京：商务印书馆 2005 年版。

120. 王守清、刘婷：《PPP 项目监管：国内外经验和政策建议》，载《地方财政研究》

2014 年第 9 期。

121. 王守清等：《PPP 模式下城镇建设项目政企控制权配置》，载《清华大学学报（自然科学版）》2017 年第 4 期。

122. 王文宇：《政府、民间与法律：论公营事业民营化的几个基本问题》，载《月旦法学》1998 年第 4 期。

123. 王文宇：《公用事业管制与竞争理念之变革：以电信与电业法制为基础》，载《台大法学论丛》2000 年第 4 期。

124. 王文宇：《正本清源——评台电与民营电厂纷争设计的多重法律议题》，载《月旦法学》2013 年第 6 期。

125. 王文宇等：《"公私合作与法律治理"研讨会会议综述》，载《月旦法学》2014 年第 1 期。

126. 王文宇：《商事契约的解释：模拟推理与经济分析》，载《中外法学》2014 年第 5 期。

127. 王锡锌、郑雅方：《日本公私合作模式研究——以 PFI 立法过程为中心的考察》，载姜明安主编：《行政法论丛（第 20 卷）》，北京：法律出版社 2017 年版。

128. 王先林：《我国反垄断法实施的基本机制及其效果——兼论以垄断行业作为我国反垄断法实施的突破口》，载《法学评论》2012 年第 5 期。

129. 王先林：《垄断行业监管与反垄断执法之协调》，载《法学》2014 年第 2 期。

130. 王旭：《公民参与行政的风险及法律规制》，载《中国社会科学》2016 年第 6 期。

131. 王志诚：《公营事业民营化之台湾经验——思潮发展及法制因应》，载《月旦民商法》2004 年第 5 期。

132. 魏艳：《特许经营抑或政府采购：破解 PPP 模式的立法困局》，载《东方法学》2018 年第 2 期。

133. 肖华杰：《PPP 模式下政府监管的立法逻辑与规则构架》，载《社会科学家》2020 年第 2 期。

134. 谢煊等：《英国开展公私合作项目建设的经验及借鉴》，载《中国财政》2014 年第 1 期。

135. 邢会强：《PPP 模式中的政府定位》，载《法学》2015 年第 11 期。

136. 徐金海、邢鸿飞：《竞争法视角下的公用事业有限竞争》，载《南京社会科学》2010 年第 6 期。

137. 徐士英：《竞争政策视野下行政性垄断行为规制路径新探》，载《华东政法大学学报》2015 年第 4 期。

138. 杨彬权：《论国家担保责任：主要内涵、理论依据及类型化》，载《西部法学评论》2016年第2期。

139．杨彬权：《论国家担保责任——担保内容、理论基础与类型化》，载《行政法学研究》2017年第1期。

140．杨彬权：《我国PPP模式中评估与甄选法律机制之构建》，载《河北法学》2017年第7期。

141．杨彬权、王周户：《论我国PPP行政法规制框架之构建》，载《河北法学》2018年第3期。

142．杨寅：《公私法的汇合与行政法演进》，载《中国法学》2004年第2期。

143．杨岳平：《公营事业部分民营化后公股股权之管理：论政府股东于民营化事业的公司治理角色》，载《财产法暨经济法》2018年第51期。

144．叶晓甦、徐春梅：《我国公共项目公私合作（PPP）模式研究述评》，载《软科学》2013年第6期。

145．尹少成：《PPP协议的法律性质及其救济——以德国双阶理论为视角》，载《政法论坛》2019年第1期。

146．应品广：《竞争中立：多元形式与中国应对》，载《国际商务研究》2015年第6期。

147．于安：《我国PPP合同的几个主要问题》，载《中国法律评论》2017年第1期。

148．俞祖成：《日本政府购买服务制度及启示》，载《国家行政学院学报》2016年第1期。

149．余晖、秦虹主编：《公私合作制的中国试验——中国城市公用事业绿皮书No.1》，上海：上海人民出版社2005年版。

150．虞青松：《公私合作契约的赋权类型及司法救济——以公用事业的收费权为视角》，载《上海交通大学学报（哲学社会科学版）》2013年第5期。

151．喻文光：《PPP规制中的立法问题研究——基于法政策学的视角》，载《当代法学》2016年第2期。

152．袁曙宏：《服务型政府呼唤公法转型——论通过公法变革优化公共服务》，载《中国法学》2006年第3期。

153．臧俊恒：《PPP项目中反垄断风险规制路径分析》，载《财经政法资讯》2016年第4期。

154．曾晶：《论管制行业的反垄断法规制》，载《政治与法律》2015年第6期。

155．翟巍：《欧盟公共企业领域的反垄断法律制度》，载《法学》2014年第6期。

156．翟翌：《论"行政特许"对"民商事特许"的借鉴》，载《法学评论》2016年第3期。

215

157. 詹镇荣:《民营化后国家影响与管制义务之理论与实践——以组织私法化与任务私人化之基本型为中心》,载《东吴法律学报》2003 年第 1 期。

158. 詹镇荣:《论民营化类型中之"公私协力"》,载《月旦法学》2003 年第 11 期。

159. 詹镇荣:《促进民间参与公共建设法之现实与理论——评台北高等行政法院之 ETC 相关裁判》,载《月旦法学》2006 年第 7 期。

160. 詹镇荣:《论公私协力法制上之"递补签约机制"》,载《月旦法学》2014 年第 2 期。

161. 詹镇荣:《公私协力与行政合作法》,台北:新学林出版股份有限公司 2014 年版。

162. 湛中乐、刘书燃:《PPP 协议中的法律问题辨析》,载《法学》2007 年第 3 期。

163. 湛中乐、郑磊:《分权与合作:社会性规制的一般法律框架重述》,载《国家行政学院学报》2014 年第 1 期。

164. 张晨颖:《行政性垄断中经营者责任缺位的反思》,载《中外法学》2018 年第 6 期。

165. 张晋芬:《台湾公营事业民营化:经济迷思的批判》,台北:"中研院"社会科学研究所 2001 年版。

166. 张静:《论 PPP 项目监管的国外经验及启示》,载《中国政法大学学报》2019 年第 6 期。

167. 张丽娜:《合同规制:我国城市公用事业市场化中规制改革新趋向》,载《中国行政管理》2007 年第 10 期。

168. 张鲁萍:《私主体参与行政任务的界限研究》,载《北方法学》2016 年第 3 期。

169. 张守文:《PPP 的公共性及其经济法解析》,载《法学》2015 年第 11 期。

170. 张卫东:《欧美竞争法在邮政行业的适用及其对我国的借鉴意义》,载《环球法律评论》2013 年第 3 期。

171. 张一雄:《论行政行为形式选择裁量及其界限——以公私合作为视角》,载《行政法学研究》2014 年第 1 期。

172. 张一雄:《论行政合作契约的法律属性及其法制化进路——在公私合作背景下的展开》,载《法学论坛》2016 年第 4 期。

173. 张闫龙:《城市基础设施领域公私合作政策的扩散》,载《公共行政评论》2015 年第 3 期。

174. 张占江:《自然垄断行业的反垄断法适用——以电力行业为例》,载《法学研究》2006 年第 6 期。

175. 张占江:《竞争倡导研究》,载《法学研究》2010 年第 5 期。

176. 张占江:《反垄断法与行业监管制度关系的建构——以自然垄断行业内限制竞争

问题的规制为中心》，载《当代法学》2010 年第 1 期。

177. 张占江、徐士英：《自然垄断行业反垄断规制模式构建》，载《比较法研究》2010 年第 3 期。

178. 张占江：《反垄断法的地位及其政策含义》，载《当代法学》2014 年第 5 期。

179. 张占江：《反垄断机构规制政府反竞争行为能力建设研究》，载《竞争政策研究》2016 年第 1 期。

180. 章志远：《公用事业特许经营及其政府规制——兼论公私合作背景下行政法学研究之转变》，载《法商研究》2007 年第 2 期。

181. 章志远：《我国国家政策变迁与行政法学的新课题》，载《当代法学》2008 年第 3 期。

182. 章志远：《迈向公私合作型行政法》，载《法学研究》2019 年第 2 期。

183. 章志远：《中国行政诉讼中的府院互动》，载《法学研究》2020 年第 3 期。

184. 郑景元：《公私合作：我国农村信用社存续的有效路径——域外立法经验及其借鉴》，载《法商研究》2014 年第 1 期。

185. 周林军等主编：《中国公用事业改革：从理论到实践》，北京：知识产权出版社 2009 年版。

186. 周其仁：《竞争与繁荣——中国电信业进化的经济评论》，北京：中信出版社 2013 年版。

187. 周耀东、余晖：《政府承诺缺失下的城市水务特许经营——成都、沈阳、上海等城市水务市场化案例研究》，载《管理世界》2005 年第 8 期。

188. 周佑勇：《公私合作语境下政府购买公共服务现存问题与制度完善》，载《政治与法律》2015 年第 12 期。

189. 邹焕聪：《国家担保责任视角下公私协力国家赔偿制度的构建》，载《天津行政学院学报》2013 年第 6 期。

190. 邹焕聪：《公私合作主体的兴起与行政组织法的新发展》，载《政治与法律》2017 年第 11 期。

二、英文文献

1. Adams, John *et al.*, Public Private Partnerships in China: System, Constraints and Future Prospects, International Journal of Public Sector Management, Volume 19 Issue 4, 2006.

2. Anderson, Robert D., and William E. Kovacic, Competition Policy and International Trade Liberalisation: Essential Complements to Ensure Good Performance in Public

Procurement Markets, Public Procurement Law Review, Volume 18, 2009.

3. Areeda, Phillip E., Antitrust Laws and Public Utility Regulation, Bell Journal of Economics and Management Science, Volume 3, Issue 1, 1972.

4. Aschieri, Annalisa, Legal and Factual Background of the Spezzino Judgment (C-113/13): Inconsistencies and Advantages of the Special Role Played by Voluntary Associations in the Functioning of the Italian Social Protection Systems, European Procurement and Public Private Partnership Law Review, Volume 11, Issue 1, 2016.

5. Baumol, William J., Contestable Markets: An Uprising in the Theory of Industry Structure, The American Economic Review, Volume 72, Issue 1, 1982.

6. Baumol, William J., John C. Panzar and Robert D. Willig, Contestable Markets and the Theory of Industry Structure, New York: Harcourt Brace Jovanovich, 1982.

7. Bettignies, Jean-Etienne, and Thomas W. Ross, The Economics of Public-Private Partnerships, Canadian Public Policy, Volume 30, Issue 2, 2004.

8. Bitti, Giuseppe, Competition in the Competitor: Collusion in Public Procurement Procedures and Insurance Syndicates Case Law, European Procurement and Public Private Partnership Law Review, Volume 14, Issue 2, 2019.

9. Black, Bernard et al., Russian Privatization and Corporate Governance: What Went Wrong?, Stanford Law Review, Volume 52, Issue 6, 2000.

10. Bloomfield, Katherine, Risk Assessment in Public Contracts, European Procurement and Public Private Partnership Law Review, Volume 14, Issue 1, 2019.

11. Bloomfield, Pamela, The Challenging Business of Long-Term Public-Private Partnerships: Reflections on Local Experience, Public Administration Review, Volume 66, Issue 3, 2006.

12. Bortolotti, Bernardo, and Enrico Perotti, From Government to Regulatory Governance: Privatization and the Residual Role of the State, World Bank Research Observer, Volume 22, Issue 1, 2007.

13. Bovaird, Tony, Public-Private Partnerships: From Contested Concepts to Prevalent Practice, International Review of Administrative Sciences, Volume 70, Issue 2, 2004.

14. Bovis, Christopher H., Public-Private Partnerships versus Public Private Partnerships: Conceptual and Regulatory Issues, European Public Private Partnership Law Review, Volume 5, Issue 4, 2010.

15. Bovis, Christopher H., Risk and Public-Private Partnerships, European Procurement and Public Private Partnership Law Review, Volume 7, Issue 1, 2012.

16. Bovis, Christopher H., Risk in Public Contracts: The Treatment and the Regulation, European Procurement and Public Private Partnership Law Review, Volume 14, Issue 1, 2019.

17. Bovis, Christopher H., The Potential of European Public Procurement Regulation, European Procurement and Public Private Partnership Law Review, Volume 14, Issue 3, 2019.

18. Bull, Benedicte, and Desmond McNeill, Development Issues in Global Governance: Public-Private Partnerships and Market Multilateralism, New York: Routledge, 2007.

19. Burnett, Michael, The New Rules for Competitive Dialogue and the Competitive Procedure with Negotiation in Directive 2014/24—What Might They Mean for PPP, European Procurement and Public Private Partnership Law Review, Volume 10, Issue 2, 2015.

20. Caranta, Roberto, After Spezzino (C-113/13): A Major Loophole Allowing Direct Awards in the Social Sector, European Procurement and Public Private Partnership Law Review, Volume 11, Issue 1, 2016.

21. Caranta, Roberto, Damages in EU Public Procurement Law: Fosen-Linjen Can Hardly Be the Last Chapter, European Procurement and Public Private Partnership Law Review, Volume 14, Issue 4, 2019.

22. Ceruti, Marco, The Evolutionary Path of the Public-Private Partnerships (PPPs) within the Trans-European Networks (TENs): An Overview, European Procurement and Public Private Partnership Law Review, Volume 11, Issue 4, 2016.

23. Chan, Albert P. C. *et al.*, Empirical Study of Risk Assessment and Allocation of Public-Private Partnership Projects in China, Journal of Management in Engineering, Volume 27, Issue 3, 2011.

24. Chan, Gordon Y. M., Administrative Monopoly and the Anti-Monopoly Law: An Examination of the Debate in China, Journal of Contemporary China, Volume 18, Issue 59, 2009.

25. Cheng, Thomas K. *et al.*, Competition and the State, Stanford, California: Stanford University Press, 2014.

26. Clear, Stephen *et al.*, A New Methodology for Improving Penetration, Opportunity-Visibility and Decision-Making by SMEs in EU Public Procurement, Volume 15, Issue 2, 2020.

27. Mifsud-Bonnici, Clement, Equal Treatment and Incumbents in Neighbouring Markets, European Procurement and Public Private Partnership Law Review, Volume 14,

Issue 2, 2019.

28. Custos, Dominique, and John Reitz, Public-Private Partnerships, American Journal of Comparative Law, Volume 58, 2010.

29. Demsetz, Harold, Why Regulate Utilities?, Journal of Law and Economics, Volume 11, Issue 1, 1968.

30. Engel, Eduardo et al., Public-Private Partnerships: When and How, July 19, 2008, https://www.researchgate.net/publication/251176256_Public-Private_Partnerships_When_and_How.

31. Farley, Martin, and Nicolas Pourbaix, The EU Concessions Directive: Building (Toll) Bridges between Competition Law and Public Procurement?, Journal of European Competition Law and Practice, Volume 6, Issue 1, 2015.

32. Freeman, Jody, The Private Role in Public Governance, New York University Law Review, Volume 75, Issue 3, 2000.

33. Freeman, Jody, Extending Public Law Norms through Privatization, Harvard Law Review, Volume 116, Issue 5, 2003.

34. Geddes, R. Richard, Competition Issues and Private Infrastructure Investment through Public-Private Partnerships, in Thomas K. Cheng et al., Competition and the State, Stanford, California: Stanford University Press, 2014.

35. Giannino, Michele, Competition Law Enforcement and Public Contracts Procurement in Italy: The School Cleaning Services Case, European Procurement and Public Private Partnership Law Review, Volume 12, Issue 1, 2017.

36. Hart, Oliver, Incomplete Contracts and Public Ownership: Remarks, and an Application to Public-Private Partnerships, Economic Journal, Volume 113, Issue 486, 2003.

37. Hartung, Wojciech, In-House Procurement—The Discretion of Member States Confirmed, the Relationship with Competition Law Remains Open, European Procurement and Public Private Partnership Law Review, Volume 14, Issue 3, 2019.

38. Hasselgard, Pernille Edh, The Use of Tender Procedures to Exclude State Aid: The Situation under the EU 2014 Public Procurement Directives, European Procurement and Public Private Partnership Law Review, Volume 12, Issue 1, 2017.

39. Hovenkamp, Herbert, The Antitrust Enterprise: Principle and Execution, Cambridge, Massachusetts: Harvard University Press, 2005.

40. Huang, Yong and Baiding Wu, China's Fair Competition Review: Introduction, Imperfections and Solutions, Competition Policy International Antitrust Chronicle, Volume 3,

2017.

41. Iimi, Atsushi, Bundling Public-Private Partnership Contracts in the Water Sector: Competition in Auctions and Economies of Scale in Operation, The World Bank Finance, Economics and Urban Development Department, January 2008.

42. Jokovic, Slavica, Competition and Serbian Public Procurement Policy, European Procurement and Public Private Partnership Law Review, Volume 14, Issue 3, 2019.

43. Joskow, Paul L., and Roger C. Noll, Regulation in Theory and Practice: An Overview, in Gary Fromm, ed., Studies in Public Regulation, Cambridge, Massachusetts: MIT Press, 1981.

44. Joskow, Paul L., and Richard Schmalensee, Incentive Regulation for Electric Utilities, Yale Journal on Regulation, Volume 4, Issue1, 1986.

45. Joskow, Paul L., The Role of Transaction Cost Economics in Antitrust and Public Utility Regulatory Policies, Journal of Law, Economics and Organization, Volume 7, Special Issue, 1991.

46. Kearney, Joseph D., and Thomas W. Merril, The Great Transformation of Regulated Industries Law, Columbia Law Review, Volume 98, Issue 6, 1998.

47. Laffont, Jean-Jacques, and Jean Tirole, A Theory of Incentives in Procurement and Regulation, Cambridge, Massachusetts: MIT Press, 1993.

48. Laffont, Jean-Jacques, and Jean Tirole, Access Pricing and Competition, European Economic Review, Volume 38, Issue 9, 1994.

49. Lianos, Ioannis, Toward a Bureaucracy-Centered Theory of the Interaction, between Competition Law and State Activities, in Thomas K. Cheng et al., Competition and the State, Stanford, California: Stanford University Press, 2014.

50. Lovatt, Clive and Edward Banvard Smith, eds., Construction Law and Practice, London: Thomson Reuters, 2012.

51. Marais, Bertrand du, PPP Contracts in France through the 2015-2016 Big Bang Reform, European Procurement and Public Private Partnership Law Review, Volume 13, Issue 1, 2018.

52. Maskin, Eric, and Jean Tirole, Public-private Partnerships and Government Spending Limits, International Journal of Industrial Organization, Volume 26, Issue 2, 2008.

53. Minow, Martha, Public and Private Partnerships: Accounting for the New Religion, Harvard Law Review, Volume 116, Issue 5, 2003.

54. Organisation for Economic Co-operation and Development, Recommendation concerning Structural Separation in Regulated Industries, 2001, as approved by Council on 26

April 2001 [C (2001) 78/FINAL-C/M (2001) 9/PROV], amended on 13 December 2011-[C (2011) 135-C (2011) 135/CORR1-C/M (2011) 20/PROV] and on 23 February 2016 [C (2016) 11-C/M (2016) 3].

55. Organisation for Economic Co-operation and Development, State Owned Enterprises and the Principle of Competitive Neutrality, DAF/COMP (2009) 37, September 20, 2009.

56. Organisation for Economic Co-operation and Development, Guidelines for Fighting Bid Rigging in Public Procurement: Helping Governments to Obtain Best Value for Money, 2009.

57. Organisation for Economic Co-operation and Development, Dedicated Public-Private Partnership Units: A Survey of Institutional and Governance Structures, 2010.

58. Organisation for Economic Co-operation and Development, Recommendation of the Council on Principles for Public Governance of Public-Private Partnerships, 2012.

59. Organisation for Economic Co-operation and Development, Recommendation of the OECD Council on Fighting Bid Rigging in Public Procurement, as approved by Council on 17 July, 2012 C (2012) 115-C (2012) 115/CORR1-C/M (2012) 9, 2012.

60. Organisation for Economic Co-operation and Development, Competitive Neutrality: Maintaining a Level Playing Field between Public and Private Business, Paris: OECD Publishing, 2012.

61. Organisation for Economic Co-operation and Development, Summary of Discussion of the Hearing on Public-Private Partnerships, October 20, 2014.

62. Okhlopkova, Natalia, Public-Private Partnerships in Transitional Nations: Policy, Governance and Praxis, European Procurement and Public Private Partnership Law Review, Volume 12, Issue 4, 2017.

63. Panadès-Estruch, Laura, Competition in British Overseas Territories' Public Procurement, European Procurement and Public Private Partnership Law Review, Volume 15, Issue 1, 2020.

64. Parkera, David, and Keith Hartley, Transaction Costs, Relational Contracting and Public Private Partnerships, Journal of Purchasing and Supply Management, Volume 9, Issue 3, 2003.

65. Peitz, Martin, Asymmetric Regulation of Access and Price Discrimination in Telecommunications, Journal of Regulatory Economics, Volume 28, Issue 3, 2005.

66. Perlman, Lani A., Guarding the Government's Coffers: The Need for Competition Requirements to Safeguard Federal Government Procurement, Fordham Law Review, Volume

75, Issue 6, 2007.

67. Pitofsky, Robert *et al.*, The Essential Facilities Doctrine under U.S. Antitrust Law, Antitrust Law Journal, Volume 70, 2002.

68. Pongsiri, Nutavoot, Regulation and Public-Private Partnerships, International Journal of Public Sector Management, Volume15, Issue 2, 2002.

69. Posner, Richard A., The Appropriate Scope of Regulation in the Cable Television Industry, Bell Journal of Economics and Management Science, Volume 3, Issue 1, 1972.

70. Posner, Richard A., Natural Monopoly and Its Regulation, Washington D. C.: Cato Institute, 1999.

71. Ruhlmann, Marcel, Public-Private Partnership (PPP) in Germany-Current Developments, European Procurement and Public Private Partnership Law Review, Volume 11, Issue 2, 2016.

72. Sanchez, Sergi Nin, The Implementation of Decentralised Ledger Technologies for Public Procurement: Blockchain Based Smart Public Contracts, European Procurement and Public Private Partnership Law Review, Volume 14, Issue 3, 2019.

73. Sanchez-Graells, Albert, Competition and State Aid Implications of the Spezzino Judgment (C-113/13): The Scope for Inconsistency in Aid Assessments for Voluntary Organisations Providing Public Services, European Procurement and Public Private Partnership Law Review, Volume 11, Issue 1, 2016.

74. Sappington, David E. M., and J. Gregory Sidak, Incentives for Anticompetitive Behavior by Public Enterprises, Review of Industrial Organization, Volume 22, 2003.

75. Savas, E. S., Privatizing the Public Sector: How to Shrink Government, New Jersey: Chatham House, 1982.

76. Savas, E. S., Privatization: The Key to Better Government, New Jersey: Chatham House, 1987.

77. Savas, E. S., Privatization and Public-Private Partnerships, New Jersey: Chatham House Publishers, 1999.

78. Sidak, J. Gregory, and Daniel F. Spulber, Deregulation and Managed Competition in Network Industries, Yale Journal on Regulation, Volume 15, Issue 1, 1998.

79. Sidak, J. Gregory, and Daniel F. Spulber, Deregulatory Takings and the Regulatory Contract: The Competitive Transformation of Network Industries in the United States, Cambridge: Cambridge University Press, 1998.

80. Silveri, Sofia Gentiloni, Direct Agreements in Public-Private Partnerships, Italian

Journal of Public Law, Volume 6, Issue 2, 2014.

81. Stacy, Sean P., Government vs. Private Ownership—A Fresh Look at the Merits of Bank Privatization in Developing Economies, UC Davis Business Law Journal, Volume 12, Issue 2, 2012.

82. Stigler, George J. and Claire Friedland, What Can Regulators Regulate?, The Case of Electricity, Journal of Law and Economics, Volume 5, Issue 1, 1962.

83. United Nations Commission on International Trade Law, UNCITRAL Legislative Guide on Public-Private Partnerships, 2020.

84. United Nations Commission on International Trade Law, UNCITRAL Model Legislative Provisions on Public-Private Partnerships, 2020.

85. Verma, Sandeep, Government Obligations in Public-Private Partnership Contracts, Journal of Public Procurement, Volume 10, Issue 4, 2010.

86. Viscusi, W. Kip *et al.*, Economics of Regulation and Antitrust, Cambridge, Massachusetts: MIT Press, 2005.

87. Volokh, Alexander, Privatization and Competition Policy, in Thomas K. Cheng *et al.*, Competition and the State, Stanford, California: Stanford University Press, 2014.

88. Vornicu, Roxana, Procurement Damages in the UK and France—Why So Different? Special Issue on the Legal Remedies and Implications from the Fosen-Linjen Case, European Procurement and Public Private Partnership Law Review, Volume 14, Issue 4, 2019.

89. Wen, Xueguo, Market Dominance by China's Public Utility Enterprises, Antitrust Law Journal, Volume 75, 2009.

90. Williamson, Oliver E., Franchise Bidding for Natural Monopolies in General and with Respect to CATV, Bell Journal of Economics, Volume 7, Issue 1, 1976.

91. Williamson, Oliver E., Transaction-Cost Economics: The Governance of Contractual Relations, Journal of Law and Economics, Volume 22, Issue 2, 1979.

92. World Bank, Public-Private Partnerships Reference Guide, Version 3, 2017.

93. Zapatrina, Iryna, Unsolicited Proposals for PPPs in Developing Economies, European Procurement and Public Private Partnership Law Review, Volume 14, Issue 2, 2019.

94. Zhang, Ziwei, Foreign Investment and Public-Private Partnerships in China, European Procurement and Public Private Partnership Law Review, Volume 12, Issue 1, 2017.

95. Zhang, Ziwei, Legal Remedies for Public Private Partnerships in China, European Procurement and Public Private Partnership Law Review, Volume 15, Issue 3, 2020.

后　记

公用事业领域的公私合作是公共行政部门与私人部门围绕公用事业的投资与经营而建立起来的不同合作模式，从而实现政府公共部门的职能并同时也为民营部门带来利益。公私合作伙伴关系的核心理念及做法是在公共服务提供领域中引入市场机制，打破政府的垄断地位，构建政府、私营、第三部门多维互动的公共服务新秩序，以实现三者之间角色的重新安排及功能互补。公用事业公私合作在政府职能革新、政治治理方式的创新上起到重要作用，其通过在公共品供给中引入新的提供者来引入市场机制、重塑公共品供给的竞争性。

公用事业公私合作作为西方国家政府"再造"运动的重要内容之一，已逐渐成为公共事业改革以及公用事业治理模式变革的趋势，并对发展中国家的垄断产业改革和行政改革产生了重要影响。一方面，采用公私合作模式经营公用事业，可以将公共物品与服务提供中的供给机制交由民营以克服政府供给过程中的低效率与无效率，尤其意在扭转该过程中由于公共性垄断而导致的低效率与无效率。另一方面，公用事业公私合作可以以最易为人们所感知到的方式实现政府职能上由全面控制、严格干预、强制介入到放权委外承包的转变，是最符合权力转移、公私联合、伙伴关系措施性手段之表现。从这个意义上说，在政府职能转变的过程中，运用民营化方式经营原来掌控在政府或者公营企业手中的公用事业，无疑是各种政府新治理模式的核心要素之一。

2013年11月12日中国共产党第十八届中央委员会第三次全体会议通过的《中共中央关于全面深化改革若干重大问题的决定》明确指出，要积极发展混合所有制经济，实现国有资本、集体资本、非公有资本等交叉持股、相互融合。PPP作为一种公共资源配置与公共服务提供的模式，既是混合所有制经济改革的具体形式，也是转变政府职能、拓宽公共服务和公共产品供给渠道的重要方式。目前，PPP被视为化解地方政府债风险、减轻财政压力、开启民间投资的重要手段。在此轮PPP热潮中，财政部和国家发改委均颁发指导意见要求地方政府大力推广PPP模式。

然而，公私合作制绝非简单的产权改革，而是市场机制回归与政府监管革新相互作用、良性互动的过程。竞争机制与有效监管是PPP成功的关键。近年来的研究显示，产权权属与效率提升之间似乎并无必然正相关关系，将公用事业完全或部分交由私人经营，同样会产生限制竞争或损害消费者利益的情况。因此，目前学者们越来越强调在公用事业的改革中，将引入私人资本与引进竞争机制相结合。无论是缺少不同的利益主体，还是缺少必要的竞争机制，都不可能建立一个有效的竞争性市场。若没有法治主导、竞争机制保障以及成熟的治理文化，不仅政府部门与私营部门"利益共享、风险共担"的合作将被行政垄断彻底挫败，民众利益也会因为"政企合谋"受到侵害。就中国的实践来看，PPP模式还处于地方政府探索和实践阶段，缺少系统的法律制度安排和必要的"顶层设计"来维持有序竞争，实施有效监管。缺少法治主导，而仅靠相互冲突的部门指导意见，不但无法消除PPP中的各种利益冲突，反而更可能面临立法冲突、管制无效，甚至管制俘获、国有资产流失的风险。因此，如何通过法律制度在PPP过程中维持适度竞争、约束行政特权、规制垄断行为，是公用事业公私合作必须着力解决的核心问题。

本书以公用事业PPP项目的有效治理规则构建、竞争机制维护为立足点，以实现组织效率、保护公共利益为原则，使PPP的竞争促进制度建构既要重视实现PPP项目的组织效率，保护公共利益，又要重视私人投资者利益的保护。公用事业公私合作模式中的竞争促进可以通过推动产业管制与竞争规制的协调运作，在竞争执法和竞争倡导路径的双重引导下实现：

第一，公用事业的公私合作应当推动产业管制与竞争规制的协调运作，利用产业管制政策和竞争政策共同促进公用事业PPP项目的竞争性。虽然在放松管制趋势下，政府管制的范围在不断缩减，但保留的产业管制与竞争政策之间不可避免地会产生并存，特别需要维持产业竞争政策与产业政策的平衡运作，共同推动PPP的有效开展。具体而言，首先，通过立法明确划定管制政策的界限，确保产业立法与管制政策应当设定扭曲竞争的必要性标准。其次，推动管制机构角色转变，使传统以进入管制、产出与数量管制、费率价格管制为重心的无所不管的管制机构转变为契合新管制架构、履行新管制任务的新型管制机构。再次，竞争法实施应当坚持严格的克制主义，防止竞争法实施侵蚀合法的管制范围，造成管制与竞争执法之间的管辖权重叠乃至冲突。可以借鉴美国做法，要求法院要综合考虑各种相关因素后才能决定是否启动反垄断规制。最后，通过竞争执法规制违法和不合理管制行为，为民间资本的引入创造公平竞争的市场环境。

第二，通过竞争执法在公用事业公私合作模式中促进竞争。根据政府对行政任务的介入程度不同，美国民营化与公私合作领域的著名学者萨瓦斯认为公用事业引入私人资本的形式可以分为委托授权、政府撤资和政府淡出三大类。按照该分类框架，本书指出：（1）在委托授权方式中，竞争促进的重点在于确保合同授予和特许权授予中的竞争性过程，规制公私合谋或被授权私主体之间的共谋，防止串通投标，以及设置合理的价格上限机制进行价格监管。（2）在政府撤资方式中，竞争促进的重点在于防止项目企业形成寡头垄断或者独家垄断并滥用市场优势地位，防止国有资产流失。应当借鉴《OECD关于管制性行业结构分离的建议》，将产业的自然垄断部分业务与潜在竞争部分业务相分离，同时伴随有效的接入规制和费率规制，来防止经营者通过限制网络准入在纵向市场结构中干预上下游企业的公平竞争，防止其滥用市场支配地位实施超高定价、搭售、指定交易等不合理限制竞争的行为，损害消费者利益与社会公共利益。（3）在政府淡出方式中，竞争规制应以防止行政越位、国企补贴、公私合谋等形式的行政垄断为重点。应当扼制不当管制，为民间自主补缺参与公用事业建设消除准入壁垒，构建公共企业的有效竞争规制框架，消除违法补贴，防止国有企业补贴与特权挫败公私合作的目标。

第三，通过竞争倡导在公用事业公私合作模式中促进竞争。竞争倡导实现路径的重要意义在于探索反垄断执法机构的竞争执法之外的竞争促进措施，特别是解决反垄断执法机构所无力解决的PPP项目中的垄断难题。我国公用事业公私合作竞争倡导制度构建的重点在于：（1）完善公用事业公私合作的法律制度供给并在涉及竞争问题的立法时落实公平竞争审查机制。相关产业机构在制定或修订涉及产业管制、费率管制、接入管制、限制竞争行为等内容的法律与规则时，事先评估其限制竞争影响，在必要时可咨询反垄断执法机构的意见，由反垄断执法机构负责核查相关草案是否含有非法或不当阻碍竞争的内容，并提出相关修改建议。（2）逐步缩减公用事业领域的反垄断法适用除外，反垄断法对管制性公用事业行业的适用也应当从以前的"整体豁免标准"转变为"一般适用、特殊豁免"原则。(3)通过改善准入管制来扩大公用事业公私合作的私人参与,改善准入管制可以从设置负面准入清单、公用事业行业分类制度革新、业务经营许可制度革新三方面入手。(4)促进公用事业公私合作委外经营申请者的竞争性参与。通过法律制度的构建来完善次顺位申请人"递补签约机制"的公平公正程序和"竞争者诉讼"来促进公平竞争,保护PPP项目申请人的利益。(5)建立监管中立的政策环境,更好地促进公用事业公私合作的竞争性,政府应当做到补贴中立、价格规制中立、市场准入中立、在管理者参与的竞争中确保监管中立以及政府采购中立。

衷心感谢我的博士后导师林燕萍教授在本书写作过程中给予我的指导和帮助,她的指点使我对于写作本书的很多具体问题有了更深的认识和新的想法,她的言传身教将使我终身受益。也要特别感谢北京大学出版社王业龙主任和刘秀芹编辑的大力协助。本书能够顺利出版得益于上海高水平地方高校重点创新团队"中国特色社会主义涉外法治体系研究"项目的资助。

王秋雯

2023年1月17日